唐代の禅僧 12

田中良昭・椎名宏雄・石井修道 監修

法眼

唐代禅宗の変容と終焉

土屋太祐 著

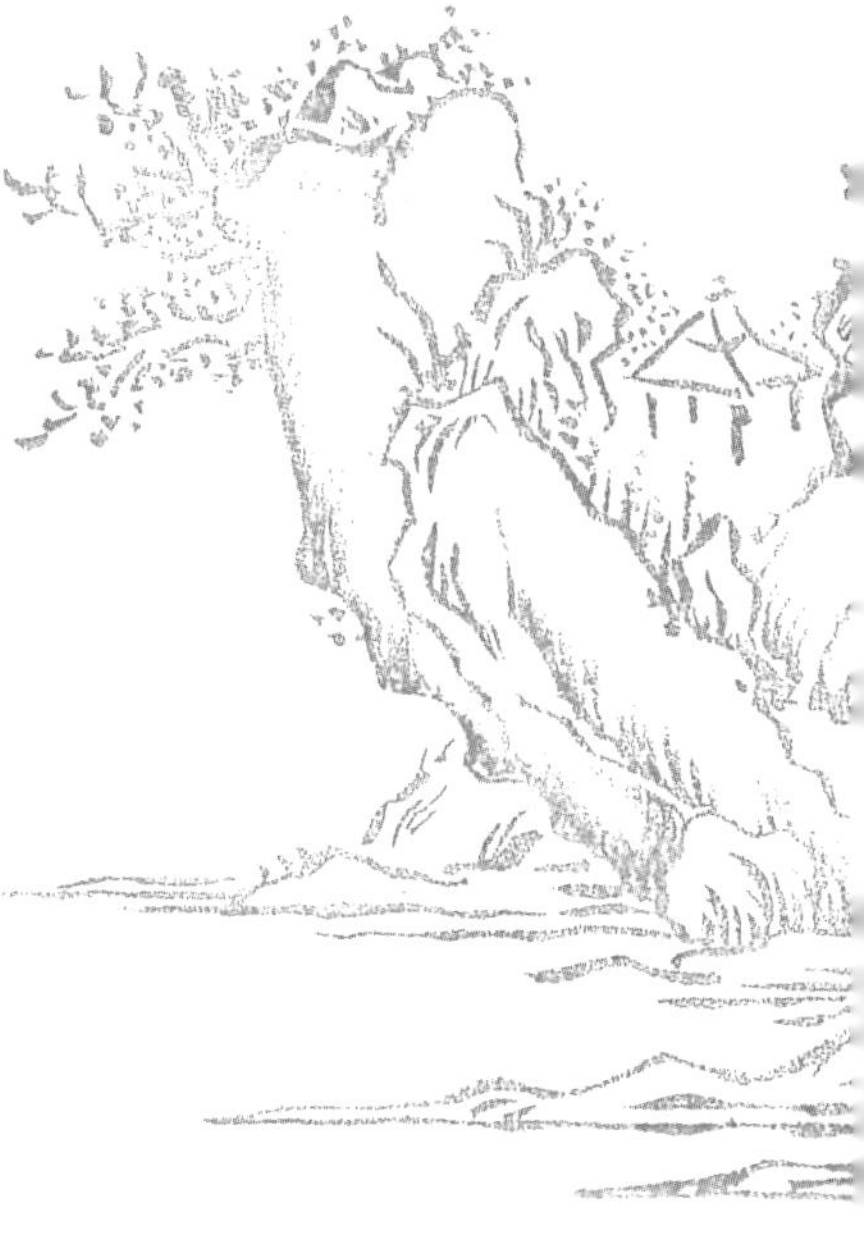

臨川書店

はしがき

中国の唐代に盛んとなった禅宗は、晩唐から五代にかけて五つの宗派に分かれたとされる。いわゆる禅宗五家である。このうち最も晩く成立したのが法眼宗で、その開祖とされるのが本書の主人公、法眼文益《ほうげんもんえき》である。

もうすこし正確に言うと、そもそも現在に伝わる資料の中で、初めて五家分類の原型に言及したのが、法眼の著書『宗門十規論《しゅうもんじゅっきろん》』である。つまり、「五家」の分立は、法眼の目に映った当時の禅宗の姿だった。それは、唐代の禅宗が高度な発展と細分化を遂げた最後の段階であり、そのような時代に現れ、それを受け止めて言葉に残したのが法眼だった。

法眼文益という名は、「法眼」が南唐より贈られた諡号で、「文益」が諱《いみな》である。生没年は八八五年―九五八年で、その全体が唐末五代の動乱期に当たっている。法眼の生まれる一年前の八八四年には、唐朝崩壊の引き金を引いた黄巣の乱の首謀者である黄巣が、およそ十年に及ぶ反乱の末に殺されている。しかし混乱はその後も収まることなく、法眼二三歳にあたる九〇七年には唐が滅亡、つぎの統一王朝となる宋は、法眼の死の二年後、九六〇年に後周から禅譲を受けてようやく成立した。そのような時代にありながら、彼は比較的安定した南方の割拠政権である南唐の庇護を受け、当時の仏教界に大きな足跡を残したのである。

この法眼の継承者たちは、五代から宋初にかけて大きく活躍し、後に法眼宗として認識される一派を形成した。法眼の法嗣《はっす》（開悟して師の法を受け継いだ弟子）である天台徳韶《てんだいとくしょう》は、呉越の忠懿王銭俶《ちゅういおうせんしゅく》より国師として迎えられ活躍した。さらにその法嗣である永明延寿《えいめいえんじゅ》も忠懿王の庇護のもと、仏教諸宗の思想を融合した大作『宗鏡録《すぎょうろく》』を著し、後世にまで大きな影響を残した。法眼宗は唐末から宋初へという混乱の時代に、禅、さらには仏教の命脈をつなぐ重要な役割を果たしたのである。

　しかし、代表的な禅の歴史書である『景徳伝灯録』の法眼章を読むと、法眼が必ずしも一宗一派の創始者として描かれていないことに気付く。そこでは法眼を評して「玄沙《げんしゃ》の正宗」の中興としているのである。玄沙の法系に対する強調は、いわゆる法眼宗に属するその他の禅僧の資料にも見ることができる。どうやら彼らの自己認識において、この集団は法眼文益の宗派ではなく、玄沙師備《しび》の宗派だったようである。

　玄沙師備（八三五—九〇八）は、法眼の師翁、すなわち法系上の祖父にあたる人物で、法眼にいたるまでの伝法の系譜は玄沙—羅漢桂琛《らかんけいちん》—法眼となる。玄沙は苦行に励んだことで知られ、その師である雪峰義存《せっぽうぎそん》からは「備頭陀《びずだ》」と呼ばれた。独立独歩のユニークな人物であったらしく、禅籍においても力量の高い禅者として描かれる。

　玄沙は閩の忠懿王王審知《ちゅういおうおうしんち》の庇護を受け大いに活躍した。しかし、それは決して玄沙一人だけの功績ではなかった。閩王室と強い関係を持ち、閩国仏教界の中心人物として玄沙以上に活躍したのは、外でもない玄沙の師、雪峰であった。

　この雪峰義存（八二二—九〇八）こそは唐末の福建において特徴ある大教団を築き上げた禅師だった。雪峰は会昌の廃仏終了後、江西や湖南の地を行脚し、福建に帰ってからは、福州郊外の雪峰山に新たな教団を組織した。雪峰の教団は閩国の庇護をうけながら大いに栄え、ここからは法眼宗と雲門宗という禅宗五家のうちの二宗が現れることになった。玄沙はこの雪峰教団の創設に参加し、雪峰の法嗣となった人物であった。

しかし、雪峰がそれほどの大禅師であったのならば、法眼宗の人々は雪峰を自らの派祖としても良さそうなものである。ところが彼らはそうしなかった。彼らは玄沙こそが自らの宗派の創始者であると見なした。つまり、玄沙の法系は雪峰教団から分かれ、一個の集団として独立したのである。さて、その理由はどこにあったのか。

雪峰と玄沙の関係が決して単純でなかったことはよく知られている。二人はともに福州芙蓉山の霊《れい》訓《くん》のもとで出家した禅僧であった。そのため両者の関係は、法系上の師と弟子というだけでなく、同門の兄弟弟子という側面も持っていた。事実、『景徳伝灯録』はこの二人を「法門の昆仲《きょうだい》」と言っている。

雪峰の教団において、玄沙はその他の弟子たちより年長で、一目置かれる存在だった。雪峰教団における玄沙のこのような特殊な地位が玄沙―法眼系が独立する遠因になったことは否定できない。しかし、それだけで、玄沙の法系が一派を為さねばならなかった理由を説明するのは無理がある。このあと本文で詳しく説明していくことになるが、玄沙―法眼系の分立を促した最も大きな理由は、やはり思想上の相違にあったと見られる。

雪峰と玄沙は、同じ時代、同じ地域に活躍した禅僧として、禅の思想に対してほぼ同様の問題意識を持っていた。しかし、その問題に対する回答は決して同じではなかった。より正確に言えば、玄沙のほうがより明確で徹底した思想体系を確立するに至った。最終的にはこのような思想上の違いが玄沙―法眼系の分立をもたらしたと考えるべきである。

雪峰教団の創建から玄沙―法眼系の分立、さらには法眼宗の繁栄とその断絶に至る過程は、相互に密接な関係を持ったひとつづきの物語である。それは唐代禅宗史を締めくくる最後の思想的な対決であり、また宋代禅宗の登場を促す前奏曲でもあった。もし法眼という禅僧を理解しようと思えば、彼をその全体像の中に置いてみなければならない。

本書は以上のような見通しに立ち、次のような構成で法眼文益と彼を取り巻く状況について論じる。まず第一章では、福建における雪峰教団の登場とその背景からはじめ、雪峰系と玄沙系の分裂に至る歴史的な経過を述べる。第二章では、両法系の分裂に至った思想的な背景に関する議論へと進む。雪峰と玄沙の少し前から話をはじめ、両者の思想的な特徴と対立点について論じる。第三章では、本書の主人公である法眼文益の伝記を追いながら、法眼の言葉を通じてその思想の特徴を明らかにする。第四章では、法眼の著作「宗門十規論」とそれが示す禅林の状況からはじめ、法眼の後継者の活躍と法眼宗の断絶、さらには宋代禅宗の胎動へと至る過程を論じる。

この全体を通じて、法眼文益の思想の特徴と、それが持つ思想史的な意義を議論することになる。また伝統的に法眼および法眼宗は華厳思想の影響を受けているとされる。これはあくまで伝統的な捉え方であるが、本書はこのような見かたに一定の根拠があると考える。実際に、華厳思想の援用は法眼だけでなく、玄沙師備の思想にも見られる。本書では、このような華厳思想の援用がどのような意味を持つかという問題も議論することになる。

本書は法眼文益の評伝として、できる限り原典資料の読解を通じて、以上の内容を論じていきたいと考えている。原典の解釈に当たっては、まず「書き下し」と「漢文原文」を示し、その後に地の文で原典の大意を示した。大意は、原文を読まなくても理解できるよう、原文との厳密な対応よりもわかりやすさを優先した。そのため、単純に翻訳だけを示したところもあれば、ときには言葉を補いながら、原典資料の内容を解説したところもある。体裁にやや不統一な部分があるが、ご寛恕いただきたい。

本書において、原典の読解は、禅の歴史を解明するための手段であるだけではない。禅は不立文字を標榜しながら、実に多くの文献を残した。それは非常に難解でありながら、同時に非常に興味深く、魅力的なものでもある。このような文献の読解はそれ自体が一つの目的である。ただ、そのような文献の読解において、正解は必ずしも一つだけとは限らない。読者の皆様にも本書の解釈を批判的に捉え、読みの過程をともに楽しんでいただければと思う。

参考文献の書誌については、文中ではできるだけ簡潔に示し、詳しい情報は文末の参考文献表に示した。

目次

第一章　雪峰教団の登場と分裂

第一節　雪峰義存の帰還と雪峰山の創建

唐の懿宗《いそう》の咸通七年（八六六。資料によっては咸通六年ともするが取らない。王栄国「雪峰義存的生平考述」二〇―二二頁参照）、雪峰義存が福建に帰った。長い求学の旅の末、湖南朗州の徳山宣鑑《とくさんせんかん》の法を嗣いで、その出家の地である福州の芙蓉山へと帰ったのである。この後、義存は雪峰山に伽藍を整備し、一五〇〇衆といわれる大教団を組織していく。後の時代から振り返ってみれば、これは福建の仏教界に新たな時代を告げる出来事だっただけでなく、ひいては中国禅宗の歴史にとっても小さくない変革をもたらすものであった。まずはこの雪峰の生涯をたどりつつ、当時の雪峰教団が置かれた状況を確認することから話を始めよう。

雪峰の伝記とその資料については、本シリーズ第九巻の鈴木哲雄『雪峰』、王栄国「雪峰義存的生平考述」、同「雪峰義存生平再研究―兼与日本学者鈴木哲雄商榷」、徐文明「雪峰義存生平中的幾個問題」、禅文化研究所唐代語録研究班訳注『唐末五代転型期の禅宗―九、十世紀福建禅宗の思想史的動向（一）『祖堂集』巻七雪峰和尚章訳注』（以下『雪峰和尚章訳注』と略す）などが紹介と細かな考証を行っている。詳細についてはこれら先行研究にゆずり、ここでは雪峰の生涯の大きな流れを見ていくことにしたい。

一　福建と馬祖系の禅

馬祖の弘法

雪峰が徳山の法を伝えるより前、福建に広まっていたのは馬祖道一《ばそどういつ》の系統の禅だった。雪峰が伝えた徳山の法系は、石頭希遷《せきとうきせん》につらなる石頭系の禅である。馬祖系と石頭系は、六祖慧能に発する南宗禅を二分する法系として有名であるが、雪峰以前に石頭系の禅を福建に伝えた禅僧はきわめて少なかった。

そもそも、文献上に確認できるものとして、福建に初めて南宗禅を伝えたのは、ほかならぬ馬祖道一（七〇九―七八八）その人であった（鈴木哲雄『唐五代禅宗史』八〇頁、王栄国『福建仏教史』八三頁）。馬祖は、漢州什仿《かんしゅうじゅうほう》（現四川省什邡市）の出身。俗姓は馬氏で、これにちなんで馬祖と呼ばれる。資州（現四川省資中県付近）で出家し、のちに南岳懐譲《なんがくえじょう》に参じて大悟したとされる。伝法の次第は、六祖慧能―南岳懐譲―馬祖道一となる。「中国の禅は、実質的には馬祖から始まった」（入矢義高編『馬祖の語録』序）とも言われ、後にも論じる通り、その画期的な思想によって中国の禅宗に多大な影響を与えた禅僧であった。彼とその後継者たちが築いた特色ある教団は洪州宗として知られる。

馬祖はその弘法の活動の初め、天宝元年（七四二）ごろに福建の建陽（現福建省建甌市）にある仏迹巌《ぶっせきがん》で開法した。馬祖の教えは、当時の福建の仏教者に新鮮な驚きと魅力を感じさせたらしく、紫玉山道通や甘泉志賢、天目山明覚といった僧が、泉州や建陽など福建の各地からこの仏迹巌へ至り馬祖に参じたことを確認できる。その他にも馬祖の門下には福建出身の人物が少なくない。『頓悟入道要門論』の著者として知られる大珠慧海《だいじゅえかい》（生卒年不詳）は建州の人、鄧隠峰《とういんほう》（生卒年不詳）は建州邵武の人、長安の章敬寺に住した懐暉《えき》（七五四—八一五）は泉州同安の人、そして、後に馬祖下の代表的な禅師と目されることになる百丈懐海《ひゃくじょうえかい》（七四九—八一四）は福州長楽の人である。このことからも、福建における馬祖禅の影響をうかがうことができるだろう（鈴木哲雄『唐五代禅宗史』八三頁。王栄国『福建仏教史』八三—八五頁。賈晋華『古典禅研究』五一—五二頁、また同書一〇三—一一五頁に馬祖門人の一覧表を附す）。

百丈の影響

ただ、馬祖の仏迹巌滞在は短期間にとどまったらしく、その思想がすぐさま福建に浸透したわけではなかった。その後、馬祖下の禅者の継続的な活動によって、馬祖の禅は徐々に福建に定着していくことになる。のちに長安に進出して名を知られることになる興善惟寛《こうぜんいかん》（七五五—八一七）は、「貞元六年（七九〇）、始め閩越（福州を中心に福建省から浙江省南部あたりの地域）の間に行化し、歳余にして廻心改服する者、百数」であったという（白居易「伝法堂碑」、『白居易文集校注』一八五頁。王栄国『福建仏教史』八六頁）。

また特に注目されるのは、百丈懐海の果たした役割である。百丈の法を嗣いだ古霊神讃《これいしんさん》（生卒年不詳）の物語は、当時の福建の様子を伝えるものとしてとても興味深い。神讃の出生地は知られないが、幼くして福州の大中寺で出家したというので、福州かその近辺の人と思われる。彼は行脚ののち百丈に参じ、悟りを得たあとは、出家の師の恩に報いようと再び福州に帰ってきた。そこでのやり取りを、『祖堂集』では次のように記している。

後《のち》に帰省して、本師に侍《はべ》る。発悟せしめ、以って其の恩に報いんと思欲《ほっ》し、方便を俟《ま》つ。偶因《たまたまちな》みに一日、師の為に澡浴し垢を去る次《つい》で、師の背を撫でて曰く、「好个の仏殿なるに、而して仏は聖ならず。」其の師、乍《たちま》ち異語を聞き、頭《こうべ》を廻らして之を看る。弟子曰く、「仏は聖ならずと雖も、且《か》つ能《よ》く光を放つ。」師深く疑うも問うこと能わず。

後帰省、侍本師、思欲発悟、以報其恩、而俟方便。偶因一日為師澡浴、去垢之次、撫師背曰、「好个仏殿、而仏不聖。」其師乍聞異語、廻頭看之。弟子曰、「仏雖不聖、且能放光。」師深疑而不能問。

出家の師のもとへと戻ったあと、神讃は師を悟らせることで出家の恩に報いようと機会を待っていた。ある日、風呂に入った師の垢を流していたおり、神讃はその背中をさすりながらこう言った。「素晴らしい仏殿ではありますが、仏は目覚めておりません。」師はその常ならぬ言葉を聞き、はっと振り返ってこれを見た。神讃は続ける。「仏は目覚めておりませぬが、光を放つことはできる。」師はこれを聞き、たいそう怪しんだが、それ以上に問いただすことはできなかった。

ここで神讃が述べたのは、馬祖禅の特徴である「即心是仏」、つまり我々が当たり前に持つこの現実の心こそが仏である、という考えかただろう。そしてその後、いよいよ怪しく思った師は、いったい何を学んできたのかと神讃に問いただしたのである。

弟子問わるるに、恰《あたか》も本意に称《かな》い、為《ため》に百丈大師の指授せる禅門の心要を説く。「霊光洞《あき》らかに耀き、迥《はる》かに根塵を脱す。体は真常を露わし、文字に拘《かか》わらず。心性は染《けがれ》無く、本自《もと》より円明たり。

妄縁を離却せば、則ち如如仏たり。」師、言下に於いて万機頓《とみ》に息《やす》み、嘆じて曰く、「不可思議なり。吾、本《もと》と仏を聞くに、独一なりと将謂《おも》えり。今、始めて心源を返照すれば、有情は皆な爾《しか》り。」

（以上、『祖堂集』巻一六・古霊章、中華書局標点本、七三七―七三八頁）

弟子見問、恰称本意、為説百丈大師指授禅門心要、「霊光洞耀、迥脱根塵。体露真常、不拘文字。心性無染、本自円明。離却妄縁、則如如仏。」師於言下万機頓息、嘆曰、「不可思議！　吾本聞仏、将謂独一、今始返照心源、有情皆爾。」

神讃は問いを受け、ここぞとばかり、百丈に授けられた禅門の心要を説いた。「心の光は澄み輝き、はるかに感覚を超えている。本体は真実を表し、言葉にとらわれない。こころの本性は穢れなく、もとより円明。妄心を離れれば、すなわち真実の仏である。」師はこの言葉を聞き、たちまち心が静まった。「すばらしい。仏はこの世にただ一人とばかり思うておったが、いまこうして自らの心を振り返ってみれば、生きとし生けるもの、みな仏と違わない。」このあと神讃は人々のために百丈の教えを述べ、人々は遠方にいる百丈をはるかに礼して師としたという。

百丈が示寂したのが八一四年、神讃は百丈の生前に参じているはずであるから、およそ九世紀初めごろの出来事と考えられる。物語には多少の潤色もあるだろうが、馬祖系の禅に初めて触れた福建の人々の新鮮な驚きをよく表している。その傍証としては、百丈の碑文である陳詡「唐洪州百丈山故懐海禅師塔銘」の記事を挙げることができよう。

初め閩越の霊藹律師、一川の教宗、三学の帰仰なり。嘗て仏性の有無を以て、風を嚮《した》い問を発す。大師、書を寓《よ》せて以て之を釈す。今、語本と並《なら》び後学に流《つた》わる。（『全唐文』巻四四六、四五四九頁）

初閩越霊藹律師、一川教宗、三学帰仰。嘗以仏性有無嚮風発問、大師寓書以釈之。今与語本、並流于後学。

福建の高名な律師であった霊藹は、仏性の有無についてかつて百丈に問い、百丈は書簡をもってこれに答えた。その書簡は百丈の「語本」とともに後学に伝えられているという。この記述もまた、福建の仏教者が百丈を通して馬祖系の禅を理解していったことを示している。福建の人々にとって、百丈は南宗禅を知るための重要な窓口の一つだったのである（石井修道「百丈教団と潙山教団」一一一―一一二頁）。

二　雪峰義存

出家

のちに雪峰教団の創始者となる雪峰義存（八二二―九〇八）は、泉州南安県（現福建省南安市）の曾氏の子として生を受けた。祖父をはじめ、一家そろって仏教に親しむ家庭であったという。雪峰自身もまた幼くして仏教に興味を示し、十二歳で故郷より遠からぬ莆田県（現福建省莆田市）玉澗寺の慶玄律師について童子となった。その後、十七歳で出家するが、折の悪いことに、ここで唐武宗の会昌廃仏に出くわしてしまう。この会昌の廃仏は、中国史上で最も徹底した寺院の破却と僧侶の還俗をおこなったとされ、晩唐の仏教界にきわめて大きな打撃を与えていた。雪峰もまた例に漏れず還俗を余儀なくされ、僧服を脱いで俗服に着替えると、福州城の北三〇キロメートルばかりにある芙蓉山の霊訓のもとに身を寄せたのである。ただ、この廃仏政策は長くは続かなかった。廃仏の主導者でもある若き皇帝武宗がまもなく世を去ったからである。道士の献ずる丹薬に耽溺したことが原因であったともいわれる。そして、次の皇帝である宣宗が即位すると、廃仏政策はすぐに中止され、仏教はここから徐々に復興の道を歩みはじめる。雪峰も、霊訓のもとでもう一度出家しなおし、ふたたび仏道修行に打ち込むことになった。

雪峰が師とした霊訓は、福州侯官の人、俗姓は危氏。法系を馬祖道一—帰宗智常《きすちじょう》—霊訓と承ける、やはり馬祖系に属する禅者であった。この霊訓に関する資料は多くない。そのためはっきりとは分からないが、その師である帰宗智常には江西の廬山帰宗寺で参じたと見られる。そして、法を得たあと再び福建へと帰り、福州近郊の芙蓉山で禅僧としての活動を始めたのである。後年、雪峰が雪峰山の教団のために制定した『規制』の第一条には、「但《た》だ芙蓉先師の規制に依らば、即ち其の義を知らん」という一文が見える。雪峰は徳山の法を嗣いだ後も、もとの師である霊訓を尊重し、雪峰山の集団規則制定に際しては芙蓉山の規制に範をとったのである。芙蓉山は雪峰の僧としての故郷であり、また雪峰教団の事実上の母体でもあった。雪峰はこの馬祖系の禅者のもとで禅僧としての第一歩を踏み出したのである。

行脚へ出る

大中四年（八五〇）、雪峰は幽州（現北京市付近）宝刹寺で具足戒を受けた。このとき雪峰はすでに二十九歳、通常の僧侶に比べると晩めの受戒であった。さらに大中七年（八五三）、三十二歳にして長い求法の旅に出ることになる（徐文明「雪峰義存生平中的幾個問題」三二頁。禅文化研究所唐代語録研究班訳注『雪峰和尚章訳注』一〇頁）。おそらくは旅に出てまだ間もないころと思われるが、杭州の大慈寰中《だいじかんちゅう》（七八〇―八六二）の会下で、巌頭全豁《がんとうぜんかつ》（八二八―八八七）、欽山文邃《きんざんぶんすい》（生卒年未詳）と知り合う（『景徳伝灯録』巻一七・欽山章。禅文化研究所唐代語録研究班訳注『雪峰和尚章訳注』一三七頁）。巌頭は泉州の人、文邃は福州の人で、いずれも若い世代に属する福建の修行僧であった。同郷の気安さが三人を結び付けたことは想像に難くない。寰中は河東蒲坂（現山西省永済市付近）の人で、百丈懐海の法嗣。杭州の大慈山に出世（寺院の住持となって世に出ること）したが、会昌の廃仏に際してひとたび還俗し、廃仏政策が停止されると、ふたたび宗旨を挙揚したという（『景徳伝灯録』巻九・大慈章）。ここにもまた百丈の影が見える。あるいは福建で百丈とその後継者について知るところがあり、復興して間もない大慈山に若い福建僧が集まったのではないだろうか。

　雪峰の道連れとなる巌頭は、後に雪峰と同じく徳山の法を嗣ぐことになる。優秀な禅者として描かれ、しばしばその師徳山を上回る力量を示す。実際の年齢は雪峰よりも六歳若いが、雪峰は巌頭を「師兄」と呼ぶ。雪峰の授戒が二十九歳と晩く、法臘が巌頭よりも低かったからだろう。とはいえ、その悟境からいって師兄と呼ばれるにふさわしい禅者という印象を与える。彼は後に雪峰の修行にも決定的な影響を与えるのだが、これについては後で詳しく紹介しよう。もう一人の道連れである欽山は、巌頭とは対照的に軽率な禅者として描かれ、二人とは異なって洞山良价の法を嗣ぐ。このあと三人は長い行脚の道連れとなり、その道中の多くの逸話が禅門の機縁として今に伝えられている。

三　洞山─石頭系の禅と出会う

禅宗の復興

この三人が、途中、連れ立って洞山を訪れていることは注目に値する。洞山良价《とうざんりょうかい》はこのころ世に出たばかりの、新しい禅の潮流を代表する禅僧であった。三人のうち最終的に洞山の法を嗣ぐのは欽山一人であるが、三人のいずれにとっても洞山の影響は小さくない。当時、洞山はどのような存在であったのか。『宋高僧伝』巻一三・曹山伝には次のような記事が見られる。

咸通の初め、禅宗興盛す。風は大潙に起こる。石頭・薬山の如きに至りては其の名寝頓す。会《たま》ま洞山、物を憫れみ、其の石頭を高くす。往来請益《しんえき》して学は洙泗に同ず。（中華書局標点本、三〇八頁）

咸通之初、禅宗興盛、風起於大潙也。至如石頭薬山、其名寝頓。会洞山憫物、高其石頭、往来請益、学同洙泗。

咸通年間（八六〇─八七四）の初め、禅宗の勢いは盛んであったが、その趨勢は潙山より始まった。一方、石頭・薬山の法系は、いまだその名が知られていなかった。ちょうどそのころ、洞山良价禅師が衆生を憐れみ、石頭の教えを広められた。修行者たちは行きかって教えを請い、その様はまるで孔子の門下のようであった。

さて、ここでは咸通年間に禅宗が盛んだったというが、しかし、それ以前の禅宗が盛んでなかったともいえない。これはどういうことか。この点について、まずはこれよりも前に、先にも触れた会昌の廃仏があったことを考慮する必要がある。

すでに述べた通り、会昌の廃仏は中国史上最も徹底した仏教排斥政策として知られる。特に会昌四年から五年にかけては苛烈を極め、当時の仏教界に壊滅的な打撃を与えた。会昌五年八月に出された詔によれば、破拆された寺院四千六百余所、還俗させられ両税戸（税の徴収対象）とされた僧尼二十六万余人、破拆された招提、蘭若（朝廷の公許を得ていない寺院）四万余所、没収された良田数千万頃、奴婢のうち両税戸に当てられたもの十五万人。このほか大量の仏像や財宝、器具が没収された。わずかに黄河以北の一部の節度使だけは命令を聞かず、廃仏が実行されなかったという（湯用彤『隋唐仏教史稿』三一―四一頁、吉川忠夫「裴休伝」一七五―一九七頁参照）。

ところが、武宗は翌会昌六年（八四六）三月二三日、三三歳の若さで世を去ってしまう。続いて宣宗が即位すると、廃仏政策は中止され、仏教は次第に復興へと向かった。宣宗の大中年間は十三年まで続き、続く懿宗の咸通元年（八六〇）頃、禅宗はすでに大きな勢力となっていたのである。

風は大潙に起こる

その際、禅宗復興の先駆けとなったのは馬祖系に属する潙山の勢力だった。潙山霊祐（七七一―八五三）は、百丈懐海の法嗣であり、そしてこの人もまた福建の出身、福州長渓の人である。『宋高僧伝』によれば、元和の末（八二〇頃）に潙山に住したとするが、『祖堂集』や『景徳伝灯録』によれば四十年あまり教化の活動を行ったとされるので、あるいはもっと早い時期の出世だったかもしれない。いずれにせよ、会昌の当時、潙山の法会はすでに一定の歴史を有していた。

会昌廃仏の際には霊祐も例にもれずひとたび還俗することになる。しかし、宣宗の世になると、湖南観察使であった裴休に請われてふたたび潙山の住持となり、修行者たちもまた以前と同じように集まってきた。潙山同慶寺は裴休のほか、李景譲や崔慎由といった有力な外護者の支持のもと大刹となり、一千人余り、あるいは一千五百、六百の僧を集めたといわれる。会昌以前からそのような規模を有していたかについては、本シリーズ第五巻『潙山』で著者の尾崎正善が疑問を呈しているが、大中年間における仏教復興のさきがけとなったことは間違いない。

この霊祐自身は大中七年に示寂する。これはちょうど雪峰が行脚の旅に出た年である。ただ、霊祐の有力な法嗣である仰山慧寂は、このころすでに仰山に出世して活躍していたと見られ（石井修道『中国禅宗史話』三三二—三三四頁）、また咸通元年には、やはり霊祐の法嗣である福州大安《ふくしゅうだいあん》（七九三—八八三）が潙山に戻り、衆僧を率いたというから、咸通の初年にかけて、潙山の法系はそれなりの規模を維持していたことがわかる。ちなみに、この大安もまた福建の出身で、後に雪峰と接点をもつことになる。これもあとにもう一度触れることになる。

洞山の出世と石頭系の登場

一方、石頭系の禅は、洞山が出世するより以前に広く知られることはなかった。たしかに会昌以前の多くの資料において、慧能以下の南宗禅を分かつ二大勢力とされるのは荷沢神会《かたくじんね》を継承する荷沢宗と馬祖を継承する洪州宗であり、石頭系に触れられることはほとんどない。石頭の名を挙げる数少ない資料としては、圭峰宗密《けいほうしゅうみつ》（七八〇―八四一）の『禅源諸詮集都序《ぜんげんしょせんしゅうとじょ》』が知られる。これは、当時の禅家・教家の諸派を分類した、いわゆる教判の書であるが、ここで禅における主要な十の宗派の一つとして石頭の名が挙げられている。また禅の思想を三分類したうちの第二類である泯絶無寄《みんぜつむき》宗、すなわち般若空観を旨とする宗派としても石頭に触れている。ここで石頭がこのように分類されていることは、石頭系の思想と関係があると思われるが、このこともあとで改めて論じることにしよう。

しかし、いずれにおいても石頭に関する記述は詳しくない。宗密にとって石頭が主要な関心の対象でなかったことは明らかである。泯絶無寄宗にしても、この思想類型の代表とされるのはあくまで牛頭《ごず》宗であり、石頭派はそのついでに触れたというおもむきである。宗密が意を砕くのは、なんといっても自らが信奉する荷沢宗と、彼がその論敵とみなした洪州宗という二派の比較であった（賈晋華『古典禅研究』三六七―三七四頁）。この『禅源諸詮集都序』が執筆されたのは太和七年（八三三）以降のこととされる（鎌田茂雄『宗密教学の思想史的研究』六七―六八頁）。太和七年は武宗の会昌元年から数えて八年前にあたり、宗密の記述する内容は、まさに会昌廃仏直前の禅の勢力図を反映したものといえる。石頭に関して言えば、その実在を疑うことはできないが、いまだ二大法系の一つという地位を与えられていなかったことは確かである。

先に見た『宋高僧伝』の記述にもとづけば、石頭系が広く認知されるようになったきっかけは、洞山の出世だったということになる（賈晋華『古典禅研究』三七六―三七七頁）。洞山良价（八〇七―八六九）

は、法系を石頭―薬山《やくさん》惟儼《いげん》―雲巌《うんがん》曇晟《どんじょう》―洞山と承け、曹洞宗の祖としても知られる人物である。これまでの考証により、良价が洞山の住持として出世したのは大中六年（八五二。石井修道『宋代禅宗史の研究』一六四頁、椎名宏雄『洞山』七二頁）と考えられる。じつに雪峰が遊学の旅に出る前年のことである。洞山は会昌廃仏後の禅宗復興のさなか、石頭系という新たな禅を担って現れた禅僧であった。そしてこの洞山に続いて、石霜慶諸《せきそうけいしょ》や、以下にも見る徳山宣鑑《とくさんせんかん》など、石頭系の諸禅師もまた注目を集めはじめる。ここに到って、我々にとってなじみ深い南岳―馬祖、青原―石頭という禅の二大法系が現実のものとして現れてくるのである。『宋高僧伝』の「咸通の初め、禅宗興盛す」とは、このような状況を背景とした評価であった。

雪峰ら若き福建僧は、まさにこのような時代の転換点に、法を求めて江西湖南を行脚した。とくに出世したばかりの洞山の会下では、福建で見ることのできなかった石頭系の禅を詳しく学んだにちがいない。『宋高僧伝』は、洞山門下では修行僧が行きかって教えを請うたとするが、若い雪峰たちもまたこの行きかう人々のなかにいた。彼らはこの新たな風に触れ、大いに触発されたことだろう。

四　徳山にて

雪峰は「九たび洞山に上」ったとも伝えられるほどで、この洞山が雪峰にとって重要な修行の場であったことは間違いない。洞山と雪峰の問答も比較的多く残されている。これについては、鈴木哲雄『雪峰』（五六―六五頁）がすでに紹介しているので、ここでは触れないことにしよう。ただ、これらの問答を見ると、どうも雪峰が答えに詰まって終るものが多いという印象が残る。悟りの端緒をつかみかね、呻吟しているようである。結局のところ、雪峰が洞山のもとで大悟の縁に恵まれることはなかった。彼が最終的に法を嗣ぐことになるのは、もう一人の石頭系禅師、朗州《ろうしゅう》（現湖南省常徳市）の徳山宣鑑《とくさんせんかん》（七八〇―八六五）であった。

徳山宣鑑の伝記は『宋高僧伝』巻一二、『祖堂集』巻五、『景徳伝灯録』巻一五に見られる。これらによると徳山は剣南西川（現四川省西部）の出身で、俗姓は周氏。幼くして出家し、二十歳で受戒。その後は律蔵を窮め、教学にも精通した。『景徳伝灯録』によると、『金剛般若経』を常に講じたため「周金剛」と呼ばれたという。あとに述べるとおり、般若経典に通じていたことは、徳山の禅風ともかかわりがあるように思われる。

徳山はその後、禅を学ぶために行脚の旅へ出かけ、澧州《れい》（現湖南省澧県）の龍潭崇信《りゅうたんそうしん》のもとでついに大悟を果たした。伝法の次第は石頭―天皇道悟―龍潭―徳山となる石頭系の禅師である。徳山は大悟ののちも龍潭のもとに三十年ほどとどまったが、その後、会昌の廃仏に遭って独浮山の石室に逃れたという。そうであるとすれば、およそ三十歳から六十歳までの時間を龍潭で過ごしたことになる。廃仏が終了した後には太守の薛庭望の請により、咸通初年、徳山に出世した。これもまた「咸通の初め、禅宗興盛す」といわれる状況の一部である。この時、徳山はすでに八十歳ぐらいである。洞山の出世から数年遅れて現れたもう一人の石頭系禅師であった。

風を打《ふ》かせ雨を打《ふ》らせ

徳山の禅風は、非常に厳しいことで知られる。しばしば修行僧を棒で打ちすえる接化のありさまは、当時から「臨済の喝」とならぶ「徳山の棒」として有名であった。それは言葉による説明を拒み、空無の第一義に徹する峻厳なものであった（衣川賢次「徳山と臨済」）。彼は若いころに『金剛般若経』を講じたというが、彼の禅風はその般若空観の思想からも影響を受けたのかもしれない。上に見た通り、石頭派の祖である石頭希遷も「泯絶無寄宗」に分類されていたが、徳山には特にこの「泯絶無寄」の禅風をはっきりと見ることができる。やや後の時代になるが、北宋の圜悟克勤《えんごこくごん》（一〇六三―一一三五）による『撃節録』第一則・評唱には次のような評価が見える。

龍潭に及至《いた》りて言下に大悟す。後に徳山に住しては、三日に一回、堂を捜《さが》し、凡そ文字《もんじ》を見ば、即時に焼却す。十二時中、風を打《ふ》かせ雨を打《ふ》らせ、後来《のち》に巌頭・雪峰を出だして、龍の如く虎の似《ごと》くに相似たり。他《かれ》の葛藤を打す時に到りては、自《おのずか》ら奇特の処有り。（『卍続蔵経』第一一七冊、四五一頁下）

及至龍潭、言下大悟。後住徳山、三日一回捜堂、凡見文字、即時焼却。十二時中打風打雨、後来出巌頭・雪峰、如龍似虎相似。到他打葛藤時、自有奇特処。

徳山は龍潭崇信の法会にいたり、一言のもとに大悟した。のちに徳山の住持となってからは、三日に一度、堂内を点検し、文字を書いたものを見つければすぐさま燃やしてしまった。常に激しい接化を振るい、のちには巌頭・雪峰を打出した。とはいえ、彼が言葉を使う時にはおのずと優れたところがあった。

最後の一句は、徳山の説法を称えているが、とはいえ言語を絶した接化こそ徳山の特徴とする評価が定着していたことが分かる。

欽山の問い

また雪峰の道連れであった欽山と徳山の間には、次のような機縁もある。これもやや後出の資料であるが、北宋の『宗門統要集』巻八・欽山章で見てみよう。

師、巌頭・雪峰と同《とも》に徳山に到る。師乃《すなわ》ち問う、「天皇（道悟）も也《ま》た与麼《かくのごと》く道《い》い、龍潭も也た与麼く道う。未審《いぶか》し徳山は作麼生《いかに》か道う。」山云く、「汝試みに天皇、龍潭の底《もの》を挙し看よ。」師、擬議するに、山便ち打つ。師、打たれて延寿堂に帰して云く、「是なることは即ち是なるも、我を打つこと太《はなは》だ煞し。」巌頭云く、「汝、与麼《かくのごと》くんば、他後《こののち》、徳山に見《まみ》えりと道《い》うを得ず。」（『禅学典籍叢刊』第一巻、一七二頁下）

師与巌頭・雪峰同到徳山。師乃問、「天皇也与麼道、龍潭也与麼道、未審徳山作麼生道？」山云、「汝試挙天皇・龍潭底看。」師擬議、山便打。師被打、帰延寿堂、云、「是即是、打我太煞。」巌頭云、「汝与麼、他後不得道見徳山。」

雪峰・巌頭・欽山の三人が徳山にいたった時、欽山は次のように問うた。「天皇禅師はあのようにおっしゃられ、龍潭禅師もあのようにおっしゃられましたが、さて徳山老師はどのようにおっしゃられますか。」これに対し徳山はかえって次のように言う。「その天皇・龍潭が言ったとかいうもの、おまえ、ひとつ試しに言ってみろ。」そこで欽山が何事か言おうとしたとたん、徳山はしたたかこれを打ちすえ、そのまま延寿堂（病気やけがをした僧が行く寺院内の医務室）送りにしてしまった。延寿堂に担ぎ込まれた欽山はぼやく、「徳山のやり方は確かにごもっともだが、しかし、それにしてもこの打ち方はきつすぎる。」すると巌頭が一言、「お前、このざまじゃ、このさき徳山に会ってきたなどと言えんな。」

この欽山の問いについて、北宋の雪竇重顕《せっちょうじゅうけん》は「欽山、箇の問端を致すは甚是《はなは》だ奇特なるも、争奈《いかん》せん龍頭蛇尾」と言う（『明覚禅師語録』巻三「拈古」、『大正蔵』第四七巻、六八九頁上）。あらゆる方便説法を退ける「捨遣一辺倒」の徳山にひとこと言わせようとした欽山の問いはなかなかに巧みであったが、しかし徳山の切り返しに答えることができず、散々な結果に終わってしまったのである。徳山、欽山、巌頭それぞれの性格がよく表れた問答である。

雪峰の参問

雪峰もまたここで徳山の教えを受けることになった。その時の様子を『祖堂集』巻七・雪峰章は次のように記している。

方《はじ》めて武陵に造《いた》り、纔《わず》かに徳山に見《まみ》ゆるや、宿契に逢うが如し。便ち問う、「従上の宗乗の事、学人還《は》た分有りや。」徳山、起来して之を打ち、云く、「什麼《なに》をか道《い》う。」師、言下に於いて頓《とみ》に旨要を承《う》け、対《こた》えて云く、「学人の罪過なり。」徳山云く、「己《おの》が身を担負して、他に軽重を詢《と》う。」師、礼謝して退く。（中華書局標点本、三四六頁。禅文化研究所唐代語録研究班『雪峰和尚章訳注』一一－一四頁参照）

方造武陵、纔見徳山、如逢宿契。便問、「従上宗乗事、学人還有分也無？」徳山起来打之、云、「道什摩？」師於言下頓承旨要、対云、「学人罪過。」徳山云、「担負己身、詢他軽重。」師礼謝而退。

武陵（朗州の別名）を訪れ徳山に見えた雪峰は、まるで前世から因縁のある人に出会ったかのように思い、すぐさま尋ねた、「これまで祖師がたが伝えられてきた禅の真理を学ぶ資格が、私にあるでしょうか。」徳山は立ち上がってこれを打ちすえて言った、「たわごとを言うでない！」この一言のもと、雪峰はたちまちに禅の要諦を知ったのである。雪峰は「このように質問をしたこと自体、私の誤りでありました」と非を認め、徳山は「わが身の重さをわざわざ他人に尋ねるとは」と返す。禅の真理は自らのうちに具わっている、他人に聞いて理解するものではない、と言うのであろう。この言葉に、雪峰は感謝の礼拝をして退いた。

雪峰のもう一つの問い

以上の問答で、雪峰は「頓《とみ》に旨要を承《う》け」たとする。この記述に従えば、雪峰は徳山とのこの問答によって大悟の経験を得たということになりそうである。しかし、この点についてはどうも確証が持てない。この一段のほかに、『祖堂集』巻七・巌頭章には次のような話も載せている。

雪峰、徳山に問う、「従上の宗乗、和尚の此間にては、如何にか稟授して人に与うる。」徳山云く、「我宗に語句無く、実に一法の人に与うる無し。」師（巌頭）挙すを聞きて云く、「徳山老漢一条の脊梁骨、拗《お》りて折れず。此《かく》の如しと雖然《いえど》も、唱教中に於いては猶お些子に較《たが》えり。」（中華書局標点本、三三七頁）

雪峰問徳山、「従上宗乗、和尚此間如何稟授与人？」徳山云、「我宗無語句、実無一法与人。」師聞挙云、「徳山老漢一条脊梁骨拗不折。雖然如此、於唱教中猶較些子。」

雪峰が徳山に問うた、「和尚様のもとでは、いかにして祖師がたの教えを伝えておられるのでしょうか。」徳山云く、「我が宗に言葉は無く、人に与えるような法は一つも無い。」これを聞いた巌頭はこう言った。「徳山のオヤジ、信条を曲げないのは立派だが、とはいえ方便説法の点ではいま一つだな。」

先に見た通り、第一義の接化が徳山の特徴であったが、一方で、その「第一義一本やり」の立場から転換できないことは、ひとつの問題とも捉えられていた（衣川賢次「徳山と臨済」三八―三九頁）。圜悟克勤も、『碧巌録』第四則・本則評唱で「徳山、後来《のち》に仏を呵し祖を罵り、風を打《ふ》かせ雨を打《ふ》らすも、旧に依りて他《かれ》の窠窟を出でず」（岩波文庫本、上八七頁）と言う。徳山は仏も祖も認めぬ激しい接化を振るったが、相変わらずひとつの型から抜け出すことはできなかったというのである。巌頭の「方便説法の点ではいま一つ」という批判もその点を突いたものであろう。

珍重に止《とど》まりて出ず

さて、徳山の禅風はひとまず置くとして、この一段における雪峰の問いかけはやはり「従上の宗乗」に関するもので、ひとつ前の問答と重なる部分がある。しかし、前の問答は徳山と初めて会ったときのこととされており、そのうえ徳山の言葉を聞いてすぐにその要諦を知ったというのだから、同じようなことを別の場面でもう一度聞くのは、やはりすこしおかしい。

あるいはこの点に矛盾を感じたのか、『祖堂集』よりも成立の遅れる『景徳伝灯録』では、第一の問答を収録せずに第二の問答のみを採り、雪峰と徳山の出会いについてはただ「久しく禅会を歴《へ》て、縁は徳山に契《かな》う」（『景徳伝灯録』巻一六・雪峰章）と言うだけにとどめている。こうなると、『祖堂集』の記述とはだいぶ異なり、雪峰が徳山からどのような教えを受けたのかはっきりしない。

また、それより後の『宗門統要集』では、以上二つの問答を一つにつなぎ合わせたうえで、雪峰は第一の問答における徳山の「什摩《なに》をか道う」の一句を聞いても「会せず（分からなかった）」としている（『禅学典籍叢刊』第一巻、一八二頁上）。これも、この一語で「頓《とみ》に旨要を承《う》け」たとする『祖堂集』とは大きく異なる。

さらに、雪峰の伝としては最も古い黄滔「福州雪峰山故真覚大師碑銘」（以下「碑銘」）では、徳山との相見の様子を次のように記す。

爰《ここ》に武陵に及び、徳山に一面するに、珍重に止《とど》まりて出ず。其の徒数百、咸《み》な之を測る莫《な》し。徳山曰く、「斯《こ》れ偕《とも》にする無し。吾、之を得たり。」（『全唐文』巻八二六、八七〇二頁下―八七〇三頁上）

爰及武陵、一面徳山止於珍重而出。其徒数百、咸莫之測。徳山曰、「斯無偕也。吾得之矣。」

雪峰は徳山に見えるや、一言挨拶をすると出ていってしまった。徳山の弟子たち数百人はそれが何事かわからなかったが、徳山は、「この人は並ぶものがない、私は人を得た」と言ったという。これもまた、これまでの資料とは全く異なる書き方である。

このように資料の状況は複雑であるが、つまるところ、徳山会下における徳山と雪峰の機縁に関しては諸資料の記述が一致しておらず、定説は存在しなかったように思われる。はたして雪峰が徳山のもとで大悟の経験を得ることができたのかは、不明とせざるを得ない。

では、雪峰はいったいどこで大悟徹底の機会を得たのか。これについて上記以外の資料までを含めて検討すれば、雪峰の最終的な悟りは、徳山との問答ではなく、別の場で果たされたと考えた方が自然である。別の場とはつまり、行脚を共にした「師兄」、巌頭全豁との対話である。この二人の対話は雪峰とその法系の思想を考えるうえでも重要な内容を含んでいる。以下に詳しくその内容を見てみよう。

五　鼇山成道

鵝山院での足止め

雪峰と巌頭の対話は「鼇山成道《ごうざんじょうどう》」の因縁として知られ、雪峰はここで「成道」、すなわち道を悟ったのだとされる。いまはこの対話の最も古い資料と思われる『祖堂集』巻七・巌頭章から、二段に分けて引用してみよう（以下、小川隆『禅宗語録入門読本』27—28「巌頭と雪峰（上）—（下）」参照）。

師（巌頭）、雪峰と共に山下の鵝山《がさん》院に到る。雪に圧せらるること数日、師は毎日只管《しかん》に睡《ねむ》り、雪峰は只管に坐禅す。七日を得て後、雪峰便ち喚《よ》ぶ、「師兄《すひん》、且《しばら》く起《お》きよ。」師云く、「作麼《なんぞ》。」峰云く、「今生、便《たよ》りを著けず、文遂の个《こ》の漢と共に数処に行じ、他《かれ》に帯累せらる。今日、師兄と共に此《ここ》に到るも、又た只管に打睡《たすい》す。」師便ち喝して云く、「你も也《ま》た噇眠《とうみん》し去れ。毎日長連床上に在りて、恰も漆村裏の土地の似くに相い似たり。他時後日、人家の男女を魔魅し去らん在《ぞ》。」峰手を以て胸を点じて云く、「某甲《それがし》、這裏《ここ》未だ穏やかならざる在《なり》。敢えて自《みずか》らを謾《あざむ》かず。」師云く、「我、汝は他時後日、孤峰頂上に向《お》いて草庵を盤結し、大教を播揚せんと将謂《おも》えるに、猶《な》お這個《こ》の語話を作す。」峰云、「実に未だ穏やかならざる在。」師云く、「汝若《も》し実に此《かく》の如くんば、汝の見処に拠りて道《い》い将《も》ち来れ。」

師共雪峰到山下鵝山院。圧雪数日、師毎日只管睡、雪峰只管坐禅。得七日後、雪峰便喚、「師兄、且起！」師云、「作麼？」峰云、「今生不著便、共文遂个漢行数処、被他帯累。今日共師兄到此、又只管打睡。」師便喝云、「你也噇眠去摩！毎日在長連床上、恰似漆村裏土地相似。他時後日魔魅人家男女去在！」峰以手点胸云、「某甲這裏未穏在、不敢自謾。」師云、「我将謂汝他時後日向孤峰頂上盤結草庵、播揚大教、猶作這個語話。」峰云、「実未穏在。」師云、「汝若実如此、拠汝見処道将来。」

鼇山《ごうざん》（『祖堂集』では「鵝山」、また資料によっては「鰲山」とする）に至った巌頭と雪峰は、雪のため数日の間ここにとどまることになった。これがいったいいつの出来事か、はっきりとしたことはわからない。北宋の『宗門統要集』や『碧巌録』といった文献はこれを、二人が欽山を訪れた際の道すがらの事とする。『景徳伝灯録』によれば、欽山文邃は二十七歳で欽山の住持となった。二十七歳というのは常識的に考えるとずいぶん若いように思われ、いささか疑問も残るが、いずれにせよ早い時期に出世したようである。欽山は澧州（現湖南省常徳市澧県）の西十五里（およそ七・五キロメートル）、徳山は朗州（現湖南省常徳市）の東南十五里にあり、澧州と朗州の間は南北に七〇キロメートルほど離れている。鼇山の位置については『大明一統志』巻六四（九九五頁下）に記述があり、澧州と朗州のほぼ中間あたりにあると分かる。とすれば、あるいは徳山から出発して欽山に到る途中の出来事だったのかもしれない。

鼇山で足止めされている間、巌頭はただ眠ってばかりおり、かたや雪峰はひたすらに坐禅をしていた。七日ののち、雪峰はついに巌頭に呼びかける。「今生はまこと不運なことに、あちらこちらで文邃めに巻き添えをくわされ、やっとのことで師兄とここに至ったというのに、こんどは寝てばかりおられる。」これに巌頭は「お前も寝ていろ、毎日毎日、まるで田舎の土地神みたいにしおって、そんなことでは後々良家の子女をたぶらかすことになる。」すると雪峰は、自らの胸を指さしながら、「私はまだここが穏やかではないのです」と訴える。これを聞いて巌頭は、お前はいっぱしの禅者になるものとばかり思っていたが、まだそんなこと言うのか、と言いながら、「ならば、お前の考えを言ってみろ」と促すのであった。

自己の胸襟の間より流れ将出来《いできた》りて

巌頭の言葉を受け、雪峰は自分がこれまでに学んだことを述べ始める。

峰云く、「某甲、初め塩官に到り、観色空義を説くに因りて个《こ》の入処《にっしょ》を得たり。又た洞山の『切に忌む、他《ほか》に随いて覓むることを。迢迢として我と疎なり。我、今、独自《ひと》り往かば、処処に渠《かれ》に逢うことを得。渠《かれ》は今、正に是れ我。我は今、是れ渠《かれ》ならず。応に須《すべか》らく与麼《かくのごと》く会して、方《はじ》めて如如に契《かな》うを得』と曰うに因る。」師便ち喝して云く、「若し与麽《かくのごと》くんば、則ち自ら救うことすら也《ま》た未だ徹せざる在《なり》。」峰云く、「他時後日、作麽生《いかん》。」師云く、「他時後日、若《も》し大教を播揚し去らんと欲得《ほっ》さば、一一个个、自己の胸襟の間より流れ将出来《いできた》りて、他《かれ》が与《ため》に蓋天蓋地し去らしめ摩《よ》。」峰、此の言下に大悟し、便ち礼拝し、起き来りて声を連ねて云く、「便ち是れ鵝山成道なり。」（以上、中華書局標点本、三三八―三三九頁）

峰云、「某甲初到塩官、因説観色空義、得个入処。又因洞山曰、『切忌随他覓、迢迢与我疎。我今独自往、処処得逢渠。渠今正是我、我今不是渠。応須与摩会、方得契如如。』」師便喝云、「若与摩、則自救也未徹在。」峰云、「他時後日作摩生？」師云、「他時後日若欲得播揚大教去、一一个个従自己胸襟間流将出来、与他蓋天蓋地去摩。」峰於此言下大悟、便礼拝、起来連声云、「便是鵝山成道也！」

雪峰はまず、「塩官」で「観色空義」を聞いて、得るところがあったという。「塩官」は、馬祖の法嗣斉安《せいあん》（?―八四二）が住した塩官県（現浙江省海寧市付近）の海昌院を指すと思われる。塩官は杭州からもほど近く、大慈山に赴いた雪峰が塩官を訪れていても不思議はない。ただし斉安は雪峰が行脚に出る前の会昌二年に示寂しているため、雪峰が斉安に会ったとは考えづらい。おそらくは斉安寂後の海昌院で参禅したのだろう。「観色空義」の詳しい内容はわからないが、『祖堂集』巻一六・黄檗章には、色と空に関する黄檗と塩官の問答を載せ、塩官が述べた「色即是空ならば、空の義成らず。空即是色ならば、色の義成らず」という言葉を問題としている（中華書局標点本、七三三頁）。斉安は色と空の関係について一家言あり、禅林ではそれが広く知られていたのかもしれない。

続けて挙げるのは洞山良价が大悟した際に詠んだとされる「過水偈」である。当然ながら、この偈の内容は洞山の思想の核心に触れるものである。これまでに見たように、雪峰が洞山で長く修行したことを考えれば、これによって得るところがあったというのはおかしくない。しかし巌頭はそれを否定し、「そんなことでは他人はおろか自分を救うことすらできぬ」と一喝する。そして、「それでは今後どうすればよいでしょうか」と問う雪峰に、きっぱりとこう言う。「もし今後、大いなる教えを弘めようとするのであれば、一つ一つ全てが自らの胸の内より流れ出で、天地を覆うようでなければならない。」これを聞いて雪峰はすぐさま大悟し、ついに「これぞ鼇山の成道だ」と高らかに宣言したのである。

洞山は無光の奴

この一段は多くの内容を含んでいるが、まずは雪峰の大悟が洞山の見解を乗り越える形で達成されていることを確認しておきたい。巌頭は最後の言葉のなかで、「一一个个、自己の胸襟の間より流れ将出来《いできた》りて」と言う。これはさしあたり、他人からの借り物の思想では役に立たない、自らの身に徹した見解を持ってはじめて悟れるのだ、という意と理解できる。他人の言葉を追いかけ、かえって自縄自縛に陥る雪峰を戒めたのである。

　ここでは、塩官や洞山に対する具体的な論評は述べられていないが、巌頭はこれ以外のところでも、洞山に対して否定的な言葉を残している。『祖堂集』巻七・巌頭章に次のように言う。

> 羅山問う、「和尚、豈に三十年洞山に在りて、又《ま》た洞山を肯《がえ》んぜざるに不是《あら》ずや。」師云く、「是なり。」羅山云く、「和尚、豈に法を徳山に嗣ぎて、又た徳山を肯んぜざるに不是ずや。」師云く、「是なり。」羅山云く、「徳山を肯んぜざるは則ち問わず、洞山の只如《ごと》きは何の虧闕《かけ》たることか有る。」師、良久して云く、「洞山は好个の仏なるも、只だ是れ無光の奴なり。」（中華書局標点本、三三七頁）
>
> 羅山問、「和尚豈不是三十年在洞山、又不肯洞山？」師云、「是也。」羅山云、「和尚豈不是法嗣徳山、又不肯徳山？」師云、「是也。」羅山云、「不肯徳山則不問、只如洞山有何虧闕？」師良久、云、「洞山好个仏、只是無光奴。」

　羅山とは巌頭に法を嗣いだ羅山道閑である。その羅山が師の巌頭に尋ねた。「和尚さまは長いあいだ洞山で修業されましたが、洞山を認めておられないのですね。」巌頭は言う、「そうだ。」「また徳山に法を嗣がれましたが、徳山も認めておられないのですね。」「そうだ。」「徳山を認めないことは問いませんが、洞山にはどのような不足があって認めないのでしょうか。」巌頭はしばし沈黙してから言った、「洞山は素晴らしい仏であったが、しかし光がなかった。」（小川隆『語録のことば』二四四―二四八頁、同『語録の思想史』一三七―一四〇頁参照）巌頭は洞山を評価しながらも、その思想に決して満足していなかった。そのような態度は鼇山での言葉にも通底していると見るべきであろう。

結局のところ、雪峰も巌頭も長く洞山のもとで修業しながら、その法を嗣ぐことはなかった。それは決して偶然の因縁によることだけではないだろう。二人には洞山、さらには徳山をも乗り越えようとする問題意識があったと考えてよい。

いずれにせよ、雪峰は徳山の法を嗣いで、およそ十二年に及ぶ求学の旅を終えた。はたして雪峰が徳山のもとで悟りの経験を得られたのかは疑問だが、雪峰自身の認識として、彼が徳山の法を嗣いだと考えていたことは間違いない。後年、玄沙とともに閩の忠懿王王審知のために入内説法した際、雪峰は「山僧は先の徳山・石頭自従《よ》り已来《このかた》、此の秘密法門を伝う」（入矢義高監修『玄沙広録』下、一四四頁）と言っている。嗣法の師の徳山の名とともに、その系統の源流となった石頭の名を挙げるところに、雪峰の法系意識がよく表れている。雪峰はこの石頭系の法を持って、福建へと帰ったのである。

六　福建への帰還・福州大安

大安門徒の来訪

こうして福建に帰還した雪峰は、いよいよ雪峰山の創建にかかるわけであるが、「碑銘」を見ると、そのまえにひとつ、解釈のすこし難しいエピソードが挿入されている。

其の年、円寂大師、亦《ま》た潙山自《よ》り徒を擁して至り、怡山王真君上昇の地に坐す。其の徒熟（熟師は已に徳山に嗣げり）纍纍として関を欸《たた》く。師拒みて久しうす。（『全唐文』巻八二六、八七〇三頁上）

其年、円寂大師亦自潙山擁徒至、坐於怡山王真君上昇之地。其徒熟（熟師已嗣徳山）纍纍而欸関。師拒而久之。

雪峰が芙蓉山に帰還した年、「円寂大師」もまた潙山から福州へと至った。その門下に熟という名の僧がおり、しきりに雪峰を訪ねてきた。この熟なる人物は雪峰と同じく徳山の法を嗣いだという。あるいは同門の好《よしみ》を通じるために、雪峰を訪ねてきたのかもしれない。しかし、どういった理由か、雪峰は門を閉ざしてこれに応じようとしなかった。

ここに言う「円寂大師」は「円智大師」のあやまりで、「円智大師」とは福州大安《だいあん》の諡号である。福州大安（七九三―八八三）は、俗姓陳氏、福州福唐県の人。幼くして福州の黄檗山で出家し、元和十二年（八一七）、建州浦城県乾元寺で受戒。のち遊方し、潙山霊祐の法を嗣いだ。『祖堂集』『景徳伝灯録』では大安を百丈懐海の法嗣としているが、碑文「唐福州延寿禅院故延聖大師塔内真身記」（以下「真身記」）が発見されてから、大安のより詳しい行状が明らかとなり、潙山の法嗣とすべきことがはっきりした（石井修道「潙山教団の動向について」、同「新出の福州大安の〈真身記〉をめぐって」）。大安は雪峰と同じ年に福州に帰ったというが、これについて「真身記」は次のように記す。

懿宗の丙戌（八六六）の歳、春に潙水を離れ、秋に福州に到りて、府の西八里の怡山に居る。禅宮

儼谿として、嘗《つね》に千僧有り。閩の大乗、此を以て興盛す。（石井修道「潙山教団の動向について」九三―九四頁）

懿宗丙戌歳、春離潙水、秋到福州、居府西八里怡山。禅宮儼谿、嘗有千僧。閩之大乗、以此興盛。

大安は雪峰と同じ咸通七年に故郷の福州に帰った。そして福州城の西八里にある怡山西禅寺、のちの長慶寺に住したのである。その禅院は広く整然とし、千人の僧を擁した。これより福建の仏教は盛んになったという。時に大安七十四歳、雪峰より二十九歳の年長であった。さらにこの後、大安は乾符三年（八七六）に朝廷より紫衣と「延聖大師」の号を賜っている。いずれも大安の影響力の強さを物語るものである。

大安と潙山

大安は、馬祖の法脈においても、また福建禅僧の系譜においても、きわめて重要な人物であったと思われる。百丈が福建の禅宗に大きな影響を与えたことはすでに述べたが、大安もはやくから百丈について知っていたようである。大安の出家した黄檗山は、臨済義玄の師、黄檗希運《おうばくきうん》が出家した寺院でもある。希運は言わずと知れた百丈懐海の代表的な法嗣の一人で、やはり福建の出身である。このほか「真身記」によって大安の授戒の師は霊藹大徳という人であったことが知られるが、この人物は、前に紹介した百丈の碑文で、百丈に仏性の有無を問い、書簡による回答を得たという霊藹律師と思われる。大安の伝記を見ると、必ずしも初めから馬祖・百丈系の禅を志していたようには書かれていないが、遊方の旅に出る前から、すでに百丈の禅をよく知っていたと考えたほうが自然であろう（石井修道「百丈教団と潙山教団」一一二頁）。

その後、潙山の法を嗣いだ大安は草創期の潙山にあって霊祐をよく助けたという。会昌廃仏の期間には一時的に隠棲したが、武宗が世を去ると、まずは道州開元寺に住し、つづいて潙山の寂後、咸通元年（八六〇）には潙山に戻って諸来学を接したという。このため、福建に帰ったあとも、大安はしばしば「潙山」や「大潙」と称されている。上にも述べた通り、潙山の教団は廃仏後の仏教復興において中心的な役割を果たしていた。そしてなにより、潙山霊祐自身が福建の出身であった。大安は福建で広く知られた百丈の法系の最も正当な継承者だったと言ってよい。福建に帰った大安の威光いかばかりか、想像に難くない。大安を百丈の法嗣とすることは後に否定されたが、はたしてこれは単なる誤伝だったのか。福建における百丈の影響を考えれば、意図的な創作だった可能性も否定しきれないように思う。

福州における大安―霊観との対話

はたして大安がどのような禅僧であったのか、資料の制限もあって完全に明らかにすることはむずかしいが、以下にいくつかの問答を見ながら、福州における様子をうかがってみよう。まず『景徳伝灯録』巻一二・福州烏石山霊観章には次のような話が残されている。

師、因みに草を剗《き》る次で、僧に問う、「汝、何処《いずこ》にか去《ゆ》く。」云く、「西院に安和尚を礼拝しに去く。」時に竹上に一青蛇《あおへび》子有り。師、蛇を指して云く、「西院老野狐精を識らんと欲せば、只だ遮《こ》れ便ち是なり。」（禅文研本、二一九頁。入矢義高監修『景徳伝灯録』四、四一六—四一七頁参照）

師因剗草次、問僧、「汝何処去？」云、「西院礼拝安和尚去。」時竹上有一青蛇子。師指蛇云、「欲識西院老野狐精、只這便是。」

烏石山霊観は黄檗希運に嗣いだ馬祖系の禅師である。もとは大安と同じく福州の黄檗山で出家し、希運に参じたのちに福建へと戻り、福州城西南の烏石山に住した。大安とは異なる、もう一つの百丈系福建僧の系譜に連なる人物である。雪峰が福州に帰ったころ、福建ではまだまだ馬祖系の禅師が活躍していたことがわかる。

その霊観が草刈りをしていたおり、一人の僧に尋ねた。「お前はこれからどこに行くつもりだ？」僧は答える、「これから西院（怡山西禅寺）に行き、大安和尚に礼拝するつもりです。」その時ちょうど竹の上に青蛇が一匹いた。そこで霊観はその蛇を指さし、「おまえ、西院の古だぬきを知りたいのか。それなら、こいつがそうだ。」

霊観の最後の言葉はわかりづらい。もし禅的な意味を読み取ろうとするなら、「大安の悟りの本質がその仏性にあるのならば、この蛇にも仏性が現れている、わざわざ出かけていくまでもない」という、いわゆる「三界唯心」的な意味合いで述べられているのかもしれない。ただ、ここでは大安を「老野狐精」としており、あるいは字面通りに、大安は蛇だ、あくどいやつだと罵っているだけなのかもしれない。

また次のような問答もある。やはり『景徳伝灯録』霊観章にいわく、

師一日、西院安和尚に問う、「此の一片の地、什麽物《なにもの》を著《お》くにか堪《た》う。」安云く、「箇の無相仏を著くに好し。」師云く、「好き片地なるに、兄《ひん》に不浄を放たる。」（禅文研本、二一九頁。入矢義高監修『景徳伝灯録』四、四一七―四一八頁参照）

師一日問西院安和尚、「此一片地、堪著什麽物？」安云、「好著箇無相仏。」師云、「好片地被兄放不浄。」

ある日、霊観が大安に尋ねた、「この一片の土地には何を置いたらいいだろう？」「一片の土地」は自己本分の心地を喩えたものと理解できよう。それをどのように言いとめることができるだろうか、というのである。大安はこれに答えて、「無相の仏を置くのによい。」心地は本来無相であり、いかなる概念によっても規定することができない。それは無相の仏としか言えないものである、とする。しかし霊観はこれに対し、「せっかくの心地だったのに、あなたにクソをされてしまった」と言う。すなわち「無相仏」などと言葉にしてしまえば、それは「無相」であるどころか、かえって『無相仏』という相」になってしまい、本来清浄であった心地を汚すことになってしまう、と言うのである。

以上の二則は『祖堂集』にも異文が見られ、とくに第一の「青蛇」の話は『景徳伝灯録』ほど露骨な表現をしていない。したがってあまり簡単に断言することもできないが、霊観は大安に対してかな

り手きびしいようである（鈴木哲雄『唐五代禅宗史』八五―八六頁参照）。

雪峰と大安

雪峰と大安の間にはつぎのようなやり取りもある。『景徳伝灯録』巻九・大安章にいわく、

雪峰和尚、因みに山に入って一枝の木を采得するに、其の形、蛇に似たり。背上に於いて題して云く、「本自《もと》より天然にして雕琢を仮らず」。寄せ来って師に与う。師云く、「本色の住山の人は、且く刀斧の痕《あと》無し。」（禅文研本、一四〇頁下。入矢義高監修『景徳伝灯録』三、三〇五―三〇六頁参照）

雪峰和尚因入山采得一枝木、其形似蛇。於背上題云、「本自天然、不仮雕琢。」寄来与師。師云、「本色住山人、且無刀斧痕。」

あるとき山歩きしていた雪峰は蛇の形に似た木の枝を拾った。そこでその上に「本来この通り、彫刻の必要も無し」と書いて大安に贈った。それを見た大安は、「本当の禅師であれば、刀の跡もない」と言う。つまりは、「本来この通り」云々という余計な説明をつければ、かえって天然自然ではなくなるだろう、と切り返したのであろう。なぜわざわざ蛇に似た木を贈ったのか、上に見た「青蛇」の話との関係を勘ぐりたくもなるが、これ以上の説明はなく、真相はわからない。ここで雪峰は大安に見事にやり返されてしまったようである。

『祖堂集』巻一七・西院大安章には次のような話も伝える。

僧有り、大潙に到る。師、面前の狗子を指さして云く、「明明个《あきらか》なり、明明个なり。」僧便ち師に問う、「既に是れ明明个なれば、什麼《なん》の為にか頭を刺して裏《うち》に在る。」師云く、「什麼の罪過か有らん。」人有りて雪峰に挙似す。雪峰云く、「潙山は是れ古仏なり。」（中華書局標点本、七四六頁）

有僧到大潙。師指面前狗子云、「明明个、明明个。」僧便問師、「既是明明个、為什麼刺頭在裏許？」師云、「有什麼罪過？」有人挙似雪峰。雪峰云、「潙山是古仏也。」

とある僧が大潙（すなわち福州の西院）に至ったおり、大安は目の前の犬を指さしながら、「はっきりしている、はっきりしている」と言った。これは犬にも仏性があり、その働きは明らかである、と言うのであろう。そこで、この僧はこう聞き返す、「そのようにあきらかな仏性の働きが、どうして畜生のなかに閉じ込められているのでしょうか。」本来円満である仏性が、なぜ苦しみの多い畜生に姿を変えているのか。これに大安は、「そこに何の間違いがあろうか。」たとえ畜生道に堕ちようが、そこに何の不都合もない。それもまた天然自然のありようであり、それを嫌う必要はないのであると言うのであろう。これを聞いた雪峰は「大安はたいへんな古仏である」と賞賛したという。

はたして、雪峰と大安の間にどれほどの交流があったのか、十分に明らかにすることはむずかしい。しかし大安が馬祖系の禅僧として、福建でかなりの影響力を持っていたことは間違いない。雪峰と大安は互いの存在を意識しあい、時には丁々発止の問答も行うような関係だったようである。

さて、ここで雪峰の「碑銘」にもどると、とにかく雪峰は大安のもとからやって来た熟禅師の訪問を拒んだのであった。なぜそのような対応をしたのか、「碑銘」にはっきりとしたことは書かれていない。ただその前後の文脈をみると、このことが一つのきっかけとなって、雪峰山に寺院を構える決意をしたように読み取れる。これはまったく想像の域を出ないことだが、福建では認知度の低い石頭系の法を嗣いだ雪峰は、旧勢力の代表のような大安と交わることを避け、独自の根拠地をもとめて雪峰山に移ったのではないだろうか（徐文明「雪峰義存生平中的幾個問題」三六頁参照）。雪峰が、それ以前の福建禅仏教界の主流派と異なる立場に身を置いていたことは間違いなさそうである。

七　雪峰山の創建と王審知の帰依

雪峰は芙蓉山を離れ、雪峰山にあらたな活動の場をみずから切り開いていくことになった。雪峰山への移住を勧めたのは、芙蓉山における雪峰の同門、行実であった。この行実は、『雪峰真覚大師年譜』龍紀元年の条（『雪峰語録』附、『卍続蔵経』第一一九冊、九七八頁下。以下、『雪峰年譜』と略す。『雪峰年譜』については、禅文化研究所唐代語録研究班訳注『雪峰和尚章訳注』一九八―二〇〇頁参照）によれば浙江永嘉の人、俗姓は高氏。龍紀元年（八八九）に世寿六十七、法臘三十六で入寂しているので、生年は長慶三年（八二三）となる。年齢も法臘も義存におよばないながら、しばしば「実師伯（雪峰の弟子の眼から見て、法系上の伯父という呼称）」と呼ばれる。人望厚い芙蓉山の仲間であったことは間違いないだろう。かくて行実の主導のもと、咸通十一年（八七〇）より雪峰山の建設がはじめられる。在俗信徒の寄進もあり、乾符二年（八七五）に至って、寺院は一応の完成を見た。

雪峰および雪峰山の名を高からしめた要因の一つに、当時の地方長官との交流が挙げられる。「碑銘」によれば、乾符年間には当時の福建観察使であった韋岫《いしゅう》、中和年間には同じく福建観察使の陳《ちん》巌《がん》の求めに応じ、府に入って説法を行っている（王栄国「雪峰義存的生平考述」二六―二八頁）。そして、それら以上に雪峰の成功を決定づけたのは、後の閩忠懿王《ちゅういおう》、王審知《おうしんち》の帰依であった。この間の経緯はおよそ次のようなものである。

乾符五年（八七八）、黄巣の反乱軍が福建に侵入する。この時、福建観察使であった韋岫は福州城を棄てて遁走してしまう。一方、義勇軍を組織して郷里の防衛に功あったのが陳巌であった。この陳巌は中和四年（八八四）に至ってみずから福建観察使となった。

その一方で、光啓元年（八八五）には、光州刺史となっていた王緒が、他勢力に追われ、流賊同然の体で福建の南西部に侵入してきた。王緒は黄巣の乱に乗じて屠夫から身を起こした人物であったが、猜疑心が強く、自らの地位を奪われまいと、流亡の過程で有能な部下を次々に殺していた。その部下の中にいたのが、王潮、王審邽、王審知の三兄弟であった。事態を憂慮した王潮は王緒を拘束し、代わって軍を率いると、光啓二年（八八六）、やはり暴虐で人心を失っていた泉州刺史の廖彦若を殺し、自ら泉州刺史となった。つづいて大順二年（八九一）、陳巌が没すると、王潮はその後の混乱を収拾して福建観察使となり、福建全体を掌握した。のち福建は武威軍に昇格し、王潮はその節度使となる。乾寧四年（八九七）、王潮は死に際して、節度使の地位を末弟の審知に譲った。王審知は福建をよく治め、後梁太祖開平三年（九〇九）に閩王となる。名君として知られる閩の忠懿王である。

「碑銘」によれば、雪峰はちょうど陳巌が逝去した年に、不意に江南地方へと旅立っている。あるいは一時的に福州の戦乱を避けたのかもしれない。「碑銘」の記載によれば、福州を平定した王潮は、雪峰の法道を慕ってはるか東方を礼拝し、雪峰が福建に帰るに及んでこれを礼遇したという。そして続く王審知も雪峰山の建設を助け、僧を養うために多くの施しをした。また時には雪峰を府の東西の邸宅に招いて、説法を聞いたという。王審知に対して行われた説法は実際の記録が残っている。これについては次節で改めて見ていくことにしよう（禅文化研究所唐代語録研究班訳注『雪峰和尚章訳注』一八三—一八五頁参照。ただし「碑銘」中で福建平定後にはるか東方に雪峰を礼拝したとされる「故府侍中」が誰を指すのかはわかりづらい。いまは王栄国「雪峰義存平生再研究」に従って王潮ととる）。

王審知の治世、福建は政治的な安定を得た。雪峰山は王室の全面的な庇護のもと、常に一五〇〇衆を下らぬとされる大僧団へと発展した。そして、この僧団からは多くのすぐれた禅師が世に出ていった。彼らは福建内外の寺院の住持となり、雪峰の教団は福建を中心に急速に勢力を拡大していったのである。かたや馬祖系の伝統を背負った大安は、中和三年（八八三）に九十一歳ですでに世を去っている。こうして、かつて馬祖系の禅が栄えた福建は、雪峰の活躍以降、ほとんど雪峰系一色に塗り替えられていった。

この雪峰山の創建と発展を支えた禅僧の一人に、玄沙師備がいた。玄沙は芙蓉山における雪峰の同門で、年齢は雪峰よりも十三歳の年少である。法系上は雪峰の法嗣でありながら、雪峰とは「法門の昆仲《きょうだい》」とも言われ、雪峰門下では別格の扱いを受けていた。本巻の主人公である法眼文益はこの玄沙の法系から現れ、思想的にも玄沙の影響を受けることになる。それでは、以下に節を改め、この玄沙師備の生涯を見てゆくことにしよう。

第二節　独立独歩の人、玄沙師備

一　玄沙師備の生涯

雪峰の上足

大教団となった雪峰山からは多くのすぐれた禅師が現れ、各地の寺院の住持として世に出ていった。黄滔の「碑銘」には、そのような雪峰の弟子のうち有力なもの五人の名を挙げる。「碑銘」は雪峰の伝記としては最も古いもので、その記述は雪峰示寂後まもない時期の教団の実情を反映していると考えられる。そこで挙げられるのは、玄沙師備、洞巌可休、鵝湖智孚、招慶慧稜、鼓山神晏の五人である。このうち可休は越州（浙江省紹興市）、智孚は信州（江西省上饒市）の鵝湖山に出世している。当然、両者ともに当時の雪峰教団における重鎮だったと考えられるが、しかし後世への影響が少なかったためか、彼らに関する資料はほとんど残されておらず、その詳しい事績を知ることができない。

招慶《しょうけい》慧稜《えりょう》は、杭州塩官（浙江省海寧市付近）の人、俗姓は孫氏。生没年は八五四年から九三二年となる。二十五歳で福建に入り、まもなく雪峰に師事した。しばしば勘の鈍い修行者として描かれ、『祖堂集』には「学業は辛苦《くる》しく、多く霊利を得ず」といわれる。開悟に至るまでの修行は順調ではなかったらしく、その様子は『祖堂集』や『玄沙広録』にも記述が残されている。このことは法眼の思想ともかかわりがあるので、後で改めて紹介することになる。

慧稜は長く雪峰山にとどまり、天祐三年（九〇六）に王審知の甥で泉州刺史であった王延彬《えんぴん》（八八五

―九三〇）の請を受け、泉州の招慶院に出世した。晩年には福州の長慶院に移ったため、長慶慧稜とも称される。この長慶院は、かつて福州大安が住した怡山西禅寺のことで、慧稜の移住後に改名されたものである。この名刹の住持となったことも、慧稜の影響力の大きさを物語っている。慧稜はこの二処に開法して衆は千五百に上ったという。師弟の保福従展《ほふくじゅうてん》とは常に公案を商量したとされ、拈弄の語を多く残している。この慧稜もまた雪峰門下において存在感をはなつ禅者の一人である。

鼓山神晏《くざんじんあん》は、大梁（河南省開封市）の人、俗姓は李氏で、唐皇室の血筋であるという。その語録である『鼓山先興聖国師和尚法堂玄要集』が『古尊宿語録』中に残されている。『祖堂集』巻一〇・鼓山章には中和二年（八八二）受戒とあり、『古尊宿語録』の小伝には世寿七十七、法臘五十八とする。これを信用すれば、律の規定通り二十歳で受戒したと考えられ、生没年は咸通四年（八六三）から天福四年（九三九）、雪峰より四十一歳の年少となる。雪峰の没後、王審知は福州城の東二〇里の鼓山に禅院を開創し、神晏を請じて住持とした。府城よりほど近い大寺院であり、一千余衆を擁したという。神晏はここで住持を三十年余り務め、国師とされた。その影響力の大きさは言うまでもない。

以上の慧稜、神晏は雪峰教団の重要人物で、後に玄沙―法眼系の人々とも関わりをもつことになる。このほかにも多くの僧が福建やその付近で出世している。雪峰の教団は確実にその勢力を伸ばしていった。

玄沙師備

順序が逆になったが、ここから雪峰法嗣の筆頭にあげられる玄沙師備の生涯について紹介したい。

玄沙の伝記について最も基本となる資料は林澂《りんちょう》撰「唐福州安国禅院先開山宗一大師碑文并序」（以下林澂「碑文」。『玄沙広録』巻下所収、『卍続蔵経』第一二六冊、三九九頁下―四〇二頁下。入矢義高監修『玄沙広録』下、二七五―二八五参照）であり、そのほかには『祖堂集』巻一〇、『宋高僧伝』巻一三、『景徳伝灯録』巻一八にも伝を立てる。研究としては、入矢義高監修『玄沙広録』上に付す西口芳男「玄沙の伝記」が最もまとまっており、また最近のものとしては、禅文化研究所唐代語録研究班編「『祖堂集』巻一〇訳注（一）」の玄沙章にも種々の考証がなされている。これらの成果を参照しながら、以下に玄沙の一生をたどってみよう。

玄沙は、法諱が師備、生没年は太和九年（八三五）から開平二年（九〇八）である。雪峰より十三歳若いが、長慶慧稜と比べると十九歳の年長、鼓山神晏と比べると二十九歳の年長であるから、雪峰教団においてはかなりの年長者であった。玄沙は福州閩県の人、謝氏の三男として生まれた。幼い時から釣りを好み、しばしば南台江（閩江のうち福州城近辺を流れる区間）に小船を浮かべ自ら楽しんだという。咸通の初め（八六〇）、芙蓉山の義通上人なる人が謝家を訪れた際に、これに従って芙蓉山に投じ、霊訓のもとで出家した。咸通五年（八六四）正月、福建を離れ、洪州開元寺の道玄律師のもとで受戒。その年の秋には早くも芙蓉山に帰り、修行に励む日々を送った。その様子を林澂「碑文」では次のように言う。

此《こ》れ自《よ》り晨夕に服膺し、迹を岩巒《いわやま》に晦《くら》ます。形《からだ》を忘じては風霜を憚《はばか》ること匪《な》く、事に務めては毎《つね》に星月を凌《おか》す。或いは古洞に惸《ひと》り游び、或いは巓峰に醼坐《えんざ》す。（『卍続蔵経』第一二六冊、四〇〇頁上。

禅文化研究所唐代語録研究班編『『祖堂集』巻一〇訳注（一）』六四頁参照）

自此服膺晨夕、晦迹岩巒。忘形匪憚於風霜、務事毎凌於星月。或惸游古洞、或黜坐巓峰。

玄沙は日夜、仏法を心に留め、岩山に身を隠した。肉体を忘れ去っては雨風を気にすることもなく、作務に励んでは夜晩くにまでおよんだ。時には独り洞穴に遊び、時には山頂で坐禅した。このころから玄沙には孤高の苦行者という雰囲気が強く表れている。

咸通七年（八六六）、雪峰が徳山の法を得て芙蓉山に帰る。この時、玄沙ははじめて雪峰に出会った。二人は芙蓉山の兄弟弟子の関係であり、雪峰は敬意をこめて玄沙を「備頭陀」と呼んだという。「頭陀」とは衣食住に対する欲望を捨て去るための修行を言う。苦行に励む玄沙を高く評価しての言葉である。林澂「碑文」によれば、このころ、雪峰と玄沙に次のような対話があったという。

一日、問を置《いた》して云く、「即今、那箇《いずれ》か是れ備頭陀。」答えて曰く、「人に誑《たぶら》かさるべからず。」（『卍続蔵経』第一二六冊、四〇〇頁上）

一日置問曰、「即今那箇是備頭陀？」答曰、「不可誑於人也。」

「いまこのとき、どれが備頭陀その人か。」これはつまり、何があなたの仏性なのか、この場、この時、何者があなたの存在の本質なのかと尋ねる問いである。「見性成仏」、「即心是仏」を旨とする禅宗にあって、これは形を変えながら、常に問われ続けた問題である。これに対して玄沙は「人に惑わされるわけにはまいりません」と答える。つまり私にも、そしてすべての人にとっても、仏性はすでに十全に具わっているのです、このうえ他人に指示されたり、あるいは外来の観念で説明されたりする筋合いのものではありません、と言うのである。玄沙はこの時からすでに、外部に自己の本質を探し回るような人間ではなかった、と「碑文」は強調したいのであろう（小川隆「禅宗語録入門読本」31「玄沙（上）」参照）。

雪峰山にて

すでに述べた通り、雪峰は咸通十一年（八七〇）から雪峰山の開創にかかる。一方、玄沙はすぐに雪峰について行くことはせず、この間、芙蓉山の草深き「東洋の洞」で、独り深遠な理《ことわり》を探究したという。そしてその二年後、咸通十三年になって、みずからも雪峰山に登り、雪峰の建設事業を助けた。林澂「碑文」には、次のような対話を載せる。

雪峰又《ま》た師に問う、「何《なん》ぞ諸の聖跡を巡りて、彼の同風を訪ねざる。」答えて曰く、「二祖は西天に往かず、達磨は唐土に来らず。」雪峰、至徳を景仰し、師の言を然諾す。（『卍続蔵経』第一二六冊、四〇〇頁下）

雪峰又問師、「何不巡諸聖跡、訪彼同風。」答曰、「二祖不往西天、達磨不来唐土。」雪峰景仰至徳、然諾師言。

雪峰はいう、「古人の遺跡を巡り、志を同じくする人々を訪ねてはどうだろうか。」雪峰は十年以上に及ぶ遊学の旅を経て禅を学んだ。玄沙にも諸方を行脚してはどうだろうか、きっとあなたにとっても貴重な経験になるだろうと勧めたのである。いかにも雪峰らしい老婆心切の助言である。しかしこれに対して玄沙はこう答える。「二祖はインドに行きませんでしたし、達磨は中国に来ませんでした。」

このころ「如何なるか是れ祖師西来意」、すなわち達磨がはるばる中国へやって来て伝えようとした真意は何か、という問いが修行者によってしばしば発せられ、禅問答における定型の一つとなっていた。これはつまるところ、禅の思想の核心は何かと尋ねているのに外ならない。しかし、禅の目標が一人一人に本来具足する仏性を見て取ることであるとすれば、達磨が中国へやって来たという歴史的な事件によって、真理そのものが影響を受けることはない。かくして、「達磨が来る前から西来意は有った」、あるいは「達磨が特に伝えた西来意など無かった」という考えが、禅籍ではしばしば表明されることになる（小川隆『語録のことば』第Ⅰ部第二節―第五節、同「西来無意―禅宗与仏教本土化」）。玄沙もまたここで、二祖慧可はインドに行って禅を学んだわけでもないし、達磨が何か特別なものを伝えたわけではない、わざわざ江西湖南に行脚せずとも、私にはすでに十全たる仏性が具わっているのです、と決然と宣言しているのである。

無師独悟の人

以上の対話は、「碑文」のほか、『祖堂集』『宋高僧伝』『景徳伝灯録』にも記録されるが、そのうち『祖堂集』に収めるものだけは、ニュアンスをやや異にしている。『祖堂集』巻一〇・玄沙章ではおよその次のように言う。

諸方を遊行したことのない玄沙に、雪峰はたびたび福建を出ることを勧める。雪峰の熱心さを見た玄沙は旅装束を整え、ひとたび福建と江西の境にある峠へといたる。ところが、そこで石につまずいた拍子に忽然として大悟し、「達磨は過来せず、二祖は伝持せず」と叫ぶと、そのまま雪峰山に帰ってきてしまう。帰りがあまりに早いのをいぶかる雪峰に、玄沙は自らの体験を打ち明ける。雪峰はこれを認め、あらためて玄沙に「入室の談」、すなわち雪峰の教えの核心を伝えると、玄沙はその玄機を余すことなく理解したという（禅文化研究所唐代語録研究班編『『祖堂集』巻一〇訳注（一）』六八頁）。

この物語の基調もまた、外部に悟りを求めず自己本具の仏性に目覚めるという点にあるが、一方では不自然に思われる部分もある。その他の伝承とは異なり、ここにだけ雪峰の勧めによっていったん行脚の旅に出ようとする描写が見られるのである。しかし西口「玄沙の伝記」（二五〇頁）が指摘するように、彼はそれ以前、受戒のため洪州を訪れたあと、すぐに福建に帰り、その後はおよそ八年におよぶ長い期間、芙蓉山で苦行に励んでいる。もし遊行に行きたければ、その間に行くこともできたはずである。この点を考えれば、玄沙はそもそも各地を遊行する必要を認めていなかったように思われる。

また後半では、雪峰が玄沙に説法し玄沙がこれを受け入れるという経緯が強調されるが、これは雪峰から玄沙への伝法の事実を確立するための創作ではないかという印象を受ける。『祖堂集』以外の資料では、玄沙の大悟の因縁を強調するものがない。しかしそれでは、雪峰から玄沙へという嗣法関係を説明することが難しくなる。それを不都合に思った人々が苦心して付け足したもののように思われる。

「碑文」をみれば、上に見た「人に誑《たぶら》かさるべからず」という発言から一貫して、玄沙はつねに自己に具わる真性を確信し、あらためてそれを別の場所に探そうとはしていない。このような玄沙に対する評価として最も妥当なのは、やはり西口が述べる「玄沙は多分に無師独悟の人であった」というものであろう（西口芳男「玄沙の伝記」二五一頁）。雪峰が長い行脚のなかで苦労して禅を学んだのと比べると、玄沙はまったく対照的なタイプの禅者であった。いずれにせよ、玄沙が法を求めて外地を行脚することはなかった。そしてこの後も、福州一帯で自足した一生を過ごすのである。

出世

『雪峰年譜』によれば、玄沙は中和元年（八八一）に梅渓場普応寺に出世した（『卍続蔵経』第一一九冊、九七八頁上）。その他の資料も、三処に住しておよそ三十年の間、教化の活動を行ったとするので、『雪峰年譜』の記述に問題はない。この時、玄沙は四十七歳、咸通十三年（八七二）に雪峰山に登ってから数えて十年目のことで、この後、開平二年（九〇八）の示寂まで二十七年間、住持として活躍することになる。

普応寺の詳しい場所は分からない。梅渓場は現在の閩清県に当たり、福州から北西に五〇キロメートルほど離れた閩江沿いの町である。玄沙はここで出世した後、つづいて福州の懐安県懐賢里の昇山のふもとにある玄沙寺へと移る（『淳熙三山志』巻三八〝賢沙寺〟条、一五八四頁。懐安県は現福州市西北、ただし北宋の太平興国七年（九八二）に置かれたもので、玄沙の頃には存在しない地名である。史為楽主編『中国歴史地名大辞典（増訂本）』一三九一頁参照）。この玄沙寺について、『淳熙三山志』は「梁開平元年（九〇七）置。本《も》と安国宗一禅師（すなわち玄沙のこと）の塔院なり」という。しかし、ここで玄沙寺が創設されたとする開平元年とは、玄沙が示寂する一年前のことである。玄沙はこの時にはすでに安国寺の住持となって何年もたっているから、『淳熙三山志』の記事は信じがたい。これについて西口「玄沙の伝記」は、次のような推測をしている。つまり、初め玄沙が玄沙寺に住したとき、そこはまだ草庵のような小さな寺であった。しかしその後、玄沙が安国寺に移り王審知の帰依を受けるようになると、あらためて本格的な寺院とされたのではないか、と。これに加えて西口の次のような推論も、直接的な証拠はないながら不自然なものではないだろう。「雪峰から備頭陀と呼ばれるのは、単に戒律や清規を厳格に守った生活をしていたからというのではなく、それを超えたところで一匹狼として自足したありように立って実践していたからであろう。普応院も玄沙院もそんな頭陀行にふさわしい場所ではなかったか」（二五七頁）。玄沙は名声を求めて大刹に住することはなかったのだろう。そのためか、普応寺も玄沙寺も現在でははっきりしない点が多い。

つづいて光化元年（八九八）、王審知の請により、玄沙寺と同じ懐安県の忠心里にある安国寺に住する（『淳熙三山志』巻三八〝安国寺〟条、一五八三頁）。玄沙は、示寂までのおよそ十年間をここで過ごし、その間、王審知から篤い帰依を受けた。林澂「碑文」はそのさまを次のように言う。

　忠懿王は儀相を瞻矚し、帰依を傾瀉して、礼して出世の師と為し、敬《うやま》いて下生の仏と作す。二千石の厚禄を抽き、一万銭の常庖を減じて、重ねて華堂を闢《ひら》き、高く広殿を施す。（『卍続蔵経』第一二

六冊、四〇〇頁下）

忠懿王瞻矚儀相、傾瀉帰依、礼為出世之師、敬作下生之仏。抽二千石之厚禄、減一万銭之常庖、重闢華堂、高施広殿。

のちの忠懿王である王審知は、玄沙の堂々たる姿を見て心から帰依し、出世間の師、仏の再来と敬った。二千石の俸給を調達し、また自らの出費も一万銭減らして、安国寺を建設した。すでに雪峰の伝記を紹介する中で触れたが、閩王の経済的支援は、雪峰教団の発展に決定的な影響を与えた。ここに見えるように、それは玄沙にとっても同様であった。玄沙がここで擁した学僧は七百とも八百とも言われ、また王審知の奏により紫衣と宗一大師の号を賜ったのである。

二　雪峰と玄沙の入内説法

「王大王請雪峰与玄沙入内論仏心印録」

雪峰・玄沙と王審知の交流をもっとも直接的に伝える資料として、雪峰と玄沙による入内説法の記録、「王大王請雪峰与玄沙入内論仏心印録」がある（『雪峰語録』では「大王請師与玄沙入内論仏心印録」とする。以下「論仏心印録」。入矢義高監修『玄沙広録』下、一二一―一五二頁に訳注があり、以下の内容もこれを参照した）。彼らの会話の様子をいきいきと伝え、雪峰・玄沙と閩王権の関係について貴重な情報を与えてくれる資料である。

この文献については、『玄沙広録』と『雪峰語録』に収録された二種類のテクストを見ることができる。両者にはわずかな文字の違いがあり、おおむね『雪峰語録』に収めるものの方が読みやすいようである。そこで以下では、おもに『雪峰語録』のテクストに依りながらその内容を見ていくことにする。

これは雪峰と玄沙が王審知に対して禅の要諦を開示した記録であり、少なくとも二度にわたる入内説法の内容を含んでいる。末尾には「此の録は是れ内尚書の三人、同《とも》に王の為に帳を隔てし後に、言に随いて之を録す」とあり、王審知の近侍が筆録したものと分かる。ただし「内尚書」という職名については未詳。入矢監修『玄沙広録』では、「正式の官名ではない。王の私的な秘書のことであろう」とする。また『雪峰語録』におさめるテクストの冒頭には「妙徳編」と編者の名を出している。これらを合わせて考えれば、近侍による記録をのちに僧が編集して出来上がったテクストのようである。ちなみに鈴木哲雄は、「内尚書三人」を、一回の入内説法につき一人が記録を担当し、合計三回の説法が行われたと解釈し、最後部に見える玄沙への下問が第三回目の説法の記録で、このときは玄沙が単独で説法を行ったと考えている（鈴木哲雄「閩国忠懿王王審知における仏教」五九三頁）。ただ、この問題についてはこれ以上の証拠が無く、いずれとも決することができない。

また、入内説法における発言は、多くの場合ただ「師」によるものとされる。その大部分は年長の雪峰によるものではないかと想像されるが、しかし場合によっては「二師」の発言とされたり、あるいはテクストによって発言者の表記が異なる箇所もある。結局のところ、それぞれの発言が雪峰・玄沙いずれのものか明確にすることは難しい。ここでは二人の区別にはあまりこだわらず、あくまで「二師」による説法として理解しておきたい。

このように、細かい部分でいくつかはっきりしない点があるが、説法の内容を解釈するうえでそれほど大きな障害にはならないだろう。また全編を書き下しにすると大変に長くなってしまうので、ここでは説法の大筋を紹介しながら、重要な部分だけ書き下しと原文を示すこととしたい。

見性成仏

説法は次のような対話から始まる。

大王、二禅師に問う、「諸仏并びに達磨所伝の秘密の心印を、乞う師、的実に為に説け。且つ祖仏已来、究竟、何の因果を修して、乃ち成仏するを得るか。」師云く、「須是《すべか》らく見性して、方《はじ》めて成仏するを得。」王云く、「何をか見性と為す。」師云く、「自らの本性を見る。」王云く、「形状有りや。」師云く、「自らの本性を見るは、物の見るべき無し。此は是れ難信の法、百千諸仏同《とも》に得。」王云く、「争《いか》でか得る。」（『卍続蔵経』第一一九冊、九五八頁上）

大王問二禅師、「諸仏并達磨所伝秘密心印、乞師的実為説。且祖仏已来、究竟修何因果、乃得成仏？」師云、「須是見性、方得成仏。」王云、「何為見性？」師云、「見自本性。」王云、「有形状否？」師云、「見自本性、無物可見。此是難信之法、百千諸仏同得。」王云、「争得否？」

大王は二禅師に問うた。「諸仏と達磨が伝えた微妙にして深遠なる心印を、どうかありのままにお示しください。また祖仏よりこのかた、どのような修行によって仏と成られたのでしょうか。」師が答える、「見性してこそ、仏に成ることができます。」王いわく、「見性とはいかなるものでしょうか。」師いわく、「自らの本性を見ることです。」王いわく、「本性には姿形が有るでしょうか。」師いわく、「本性を見るといっても、なにか目に見える物があるわけではありません。これは難しい教えですが、諸仏はみなこれを会得したのです。」王いわく、「それは、どのようにすれば体得できるのでしょうか。」

諸仏達磨の秘密心印とは、禅の悟りの核心と言うのに等しい。その問いを受け、二師は成仏の方法として「見性」を挙げる。自らの仏性を見てとり、そのまま仏と成ること。これは実に禅の最も基本的な立場であり、同時に最終的な目標でもある。これを聞いた王審知はそこで、いかにして「見性」が達成されるのか、と尋ねるのである。

しかし、「見性成仏」を実現することは、専門に修行する禅僧にとっても容易なことではない。そのため、これに続く部分で雪峰と玄沙は、悟りの内容は言葉にしがたく、その実現は困難であることを述べ、ひとまずは仏教の外護者として政治によって衆生を救うよう勧める。

王もいったんはこれに喜び、さらに、自分は寺の造営や布施、度僧を行い、もろもろの善行を実践している、これで成仏できるだろうか、と尋ねる。実際のところ、王審知は節度使となってから多くの仏教興隆事業を起こしており、その内容も、寺院の建設、経典の奉納、仏像の鋳造、度僧など多岐にわたっている（鈴木哲雄「閩国忠懿王王審知における仏教」五八八—五九二頁。王栄国『福建仏教史』一四六—一五〇頁）。王審知としても自負を持っての問いかけであったろう。このようなやりとりは、ちょうど達磨と梁武帝の「無功徳」問答を彷彿とさせるものがある。

そして、雪峰と玄沙の回答もやはり達磨と同様のものであった。すなわち、これらの行いは有為の功徳であり、ただ輪廻の原因となるだけである、福徳が尽きれば、経典にある通りふたたび悪処に堕ちるであろう、と。これを聞き、王はしばし黙り込んでしまう。

相い救え、生死事大なり

それを見た二師は、再び次のように続ける。

二師、大王に向いて言く、「即心是仏、見性是仏。」王云く、「何を将ってか道と為す。作何《いかん》が修行す。」師云く、「経中に道く、『一切の業障海は、皆な妄想従《よ》り生ず。若し懺悔せんと欲せば、端坐して実相を念ぜよ』と。願わくば大王、実相を識取せられよ、自然に成仏せん。」大王起《た》ちて二師を礼し、言く、「相い救え、生死事大なり。」（『卍続蔵経』第一一九冊、九五八頁下）

二師向大王言、「即心是仏、見性是仏。」王云、「将何為道？作何修行？」師云、「経中道、『一切業障海、皆従妄想生。若欲懺悔者、端坐念実相』。願大王識取実相、自然成仏。」大王起礼二師、言、「相救、生死事大。」

二師が王に言う、「心こそが仏であり、本性をみることが仏です。」王いわく、「道とはいかなるもので、またどうやって修行するのでしょうか。」師が答える、「経典にこう言っております。『あらゆる業のさわりは、みな妄想より生じる。もし懺悔したければ、静かに坐ってものごとの真のすがたを思え』と。大王、どうぞ真実のすがたを見て取られよ、さすれば自ずと成仏するでしょう。」大王は立ち上がり二師を礼拝して、言った。「お救いください、生死の問題はあまりにも重い。」ここにいたって王審知は、単なる修福にとどまらない、禅のさとりに心を向けたのである。

そして、雪峰と玄沙はこれに続く部分で王に言う。「あらゆる教えはすべて王の本性に具足しており、他に求める必要はありません。自分で自分を救わねばならないのです。他人は誰も王を助けることができません。」「どうか自らの本性を見て取ってください。さすれば諸仏諸祖の教えの真実を会得するでしょう。」王はこの勧めを聞いて大いに信心を起こし、誓願を立て、不退転の志を持った。ここまでが一回目の入内説法である。

二度目の入内説法

その後、王は再び二師に入内説法を命ずる。二回目の説法は、一回目とだいぶ異なった雰囲気で始まる。香炉の卓がおごそかに並べられ、二師は十方三世の諸仏と三十三天に証明を願う。王もまた「願わくは二師、一心を指示して、達磨の法門に達することを得せしめよ」と発願し、説法が行われる。すでに悟りへの志を立てた王に対し、本格的な説法が行われることを感じさせる。以下の部分は「論仏心印録」の眼目と言ってよい。

二師喚びて云く、「大王、志心に仏法の開示を聴取し、此の門に悟入せよ。此の門は形無く相無し。幻化の空身は是れ大王の法身なり。知見し了れば、亦た総て是れ大王の本源自性天真仏なり。虚空界に遍《あまね》く、一切の色声香味触法無き処に、其の自繇《じゆう》を得、長短方円無く、一切の物に随いて見《あらわ》れるを、『大事因縁もて世に出現す』と名づけ、亦《ま》た『心の名づくべき無し』と名づけ、亦た『一念、空界に帰す』と名づく。無形無状は是れ無心なり。大王既に知り了れば、心心、木の如く石の如くし去れ、久久に縁を忘じ去れ、善悪の量思を起こす莫く、一切常《つね》の如くし去れ、人の路に迷うが如くし去れ。……」（『卍続蔵経』第一一九冊、九五九頁上）

二師喚云、「大王、志心聴取仏法開示、悟入此門。此門無形無相。幻化空身是大王法身。知見了、亦総是大王本源自性天真仏也。遍虚空界、無一切色声香味触法処、得其自繇、無長短方円、随一切物見、名大事因縁出現於世、亦名無心可名、亦名一念帰空界。無形無状是無心也。大王既知了、心心如木如石去、久久忘縁去、莫起善悪量思、一切如常去、如人迷路去。……」

二師は大王に呼びかける。「大王、専心して仏法の開示を聞き、この門に悟入されよ。この門は形も無く、すがたもありません。このまぼろしの如き現身《うつしみ》は大王の法身にほかなりません。」この部分は「永嘉証道歌」の「無明の実性即ち仏性、幻化の空身即ち法身」を下敷きにしたものであり、この煩悩をともなった現実性の肉体が、本来的な悟りのすがたである仏性・法身と異ならないと言うのである。

二師はさらに続ける。「そうと分かれば、またすべてが大王の本源自性天真仏にほかなりません。この法身は虚空界に遍満し、一切の感覚対象と隔絶した次元で自由にはたらきながら、同時に長・短・方・円に関わらず、あらゆるものの上に現れ出ます。これを『諸仏世尊が一大事因縁のために世に出た』と言い、また『名づけるべき心は存在しない』とも言い、また『一念が虚空と等しくなる』とも言います。姿かたちがないのが無心です。そうと分かれば、心を木石の如くし、やがて感覚の対象を忘れ去り、善悪の思いはかりを起こさず、一切はありのままに、まるで道を見失った人の如くなさりなさい。……」

ここでは、自らの心が仏であるということだけでなく、それが虚空界に充満しながら感覚を離れた次元に在り、また同時にあらゆる現象の上にも現れると言う。本性としての心は、単に形而下の現実性だけに現れるものでも、あるいは形而上の本来性の中だけにあるものでもない。後で詳しく見ることになるが、このような観点は特に雪峰や玄沙が持つ問題意識をよく示している。

最後の「心を木石の如くし……」という部分は、百丈懐海の『百丈広録』で、「心が虚空のようであってはじめて、学には成すところがある」とし、これを釈尊、達磨から馬祖にいたる祖師、さらには僧肇、文殊の言葉を引いて説明した一段にもとづいている。雪峰・玄沙の実践の基礎に無心があったこと、またそれが百丈の実践論を参考にしていたことが分かり興味深い。

観心

そして話はさらにより具体的な観心へと進む。

又た曰く、「大王、起初《はじめ》に観心する時は、心の観るべき無し。無功用道に向《お》いて、初めて観心する時は、顚倒想の起こるに随い、幻化の起こるに従う。此《かく》の如き想は妄想従《よ》り起こり、空中の風の如く、依止する処無し。如是《にょぜ》の法相は不生不滅なり。我が心は自ら空なれば、即ち真実の法相を悟るなり。此の法は壊すること無し。無心の法を観じ、法中に住せざるは、諸仏の解脱なり。寂滅の相、寂静の相なり。是の如く知らば、速やかに成仏を得て、無量の罪を滅す。大王、即今既に知れば、即今是れ仏なり。此は是れ百千諸仏の妙門、百千三昧門、百千智慧門、百千解脱門、一切神通妙用門にして、尽く方寸に在り、法界を周遍するも、倶に大王の心に在り。……」（『卍続蔵経』第一一九冊、九五九頁下）

又曰、「大王、起初観心時、無心可観。向無功用道、初観心時、随顚倒想起、従幻化起。如此想従妄想起、如空中風、無依止処。如是法相不生不滅。我心自空、即悟真実法相也。此法無壊。観無心法、不住法中、諸仏解脱。寂滅相、寂静相。如是知者、速得成仏、滅無量罪。大王即今既知、即今是仏。此是百千諸仏妙門、百千三昧門、百千智慧門、百千解脱門、一切神通妙用門、尽在方寸、周遍法界、倶在大王心。……」

また言う、「大王よ、心を観ずる時には、対象として観られる心はありません。このような作意することのない道で、初めて心を観ぜられる時には、錯乱した想念、幻のような想念が起こるままにいたします。このような想念は妄想より生じたもので、空中の風のように不確かなものです。しかし、法の真実のありかたは、生ずることも、滅することもありません。わが心が空である、ということが法の真実を悟るということです。この法は壊れることはありません。無心の法を観じ、しかもその法にもとどまることがなければ、それが諸仏の解脱であり、寂滅の相、寂静の相です。そのように理解できれば、速やかに仏と成り、無量の罪が消え去ります。大王はいまお分かりになられたからには、いまや仏なのです。これは百千諸仏の妙門、百千三昧門、百千智慧門、百千解脱門、一切神通妙用門なのです。これらすべては心に具わり、また宇宙に遍く行きわたりながら、すべてが大王の心のうちにあるのです。……」

入矢義高監修『玄沙広録』が指摘する通り、神会以降の唐五代禅宗文献において、「観心」が議論されることは少ない。この一段は具体的な実践を念頭に置いた説法のようで、当時の修行の様子が垣間見られる。「顚倒想の起こるに随い、幻化の起こるに従う」の部分は理解が難しいが、つまりは妄念が起きても無理に断ち切ろうとせず、相手にせずに放っておく、ということのようである。そうすれば妄念は連鎖することなく、かえって自然に消えていく。実際に現代の僧堂でもそのように指導されるそうである。また全体として「無心の法が法界に遍満する」という趣旨が述べられるが、これは上に見た一段と同様のテーマである。雪峰や玄沙の思想が実践に裏付けられたものであったと分かる。

かくして二師は王審知に対し、すでに奥深い教えを知ったからには、広大なる誓願を起こし、これを保持して仏となり、輪廻を受けることなかれ、と勧める。王は二師の説法に感謝し、その恩に背かぬことを誓う。さらに二師による一段の説法があり、王審知は拝謝して黄金二十錠を二師に奉ずるが、二師は受けず、王宮に返納されたという。

玄沙との対問

その後にはとくに玄沙に対し、次のような問いが発せられる。

大王又た玄沙和尚に問う、「此の一真心は、本《もと》と生滅無く、一切倶に去る無く来る無し。今、此の一身は、何《いずく》従《よ》りしてか有る。」（『卍続蔵経』第一一九冊、九六〇頁下）

大王又問玄沙和尚、「此一真心、本無生滅、一切俱無去無来。今此一身、従何而有？」

王が玄沙に尋ねる。「この心は本来不生不滅であり、去来無きものである。とすれば、この肉身はどこから現れたのであろうか。」

本来清浄である真如から、どうして苦しみに満ちた現実の存在が現れるのか、これは教理学においても常に問われる問題のひとつである。よく知られたものとしては、『楞厳経』巻四で富楼那が世尊に「若《も》復し世間一切の根・塵・陰・処・界等は、皆な如来蔵清浄本然なれば、云何《いかん》が忽ち山河大地諸有為相を生じ、次第に遷流して終りて復《ま》た始まる」と問う一段がある（『大正蔵』第一九巻、一一九頁下）。『楞厳経』全体の構成においても重要な部分であり、しばしば『楞厳経』の言葉を引用する玄沙にとってはなじみ深い問題だったろう。

これに対して玄沙は次のように答える。「父母の妄縁から生まれ命を伝えます。この一念の本性は本来不変であり、法界に遍満しておりますが、妄念の為に輪廻するのです。どうか大王は、繰り返して妄念を除き、真の道と合一されますよう。空寂の法に立ち返り、法身を会得して、はじめて輪廻から免れます。どうかこの法門を深く信じ、疑念を持たれませぬよう。」王はこれに礼し、信受した。

以上が「論仏心印録」の大まかな内容である。禅のもっとも基本的な考え方から始めて、次第に深い内容に進んでいく様子から見ると、これが王審知に対する初めての本格的な説法であったように思われる。『雪峰年譜』は、この二度の入内説法を光化元年（八九八）に行われたものとする。そうであれば、ちょうど王審知が福建の政権を掌握した翌年のこととなる。一方、鈴木哲雄は、「論仏心印録」のなかで王審知が「大王」と称されている点に着目し、これは瑯琊郡王に封ぜられて以降の呼称であろうと指摘する。この見方に立てば、入内説法は王審知が瑯琊郡王に封ぜられた天復四年（九〇四）から、雪峰・玄沙が示寂する開平二年（九〇八）の間に行われたことになる。

いずれにせよ、光化元年、王審知はすでに玄沙を安国寺の住持として招いている。早い時期から雪峰・玄沙に対して帰依の念を抱いていたことはまちがいない。そして、「論仏心印録」の内容を信じるかぎり、この入内説法によってはじめて禅の深い内容に触れ、より強い信仰を持つようになったのである。黄滔「大唐福州報恩定光多宝塔碑記」によれば、天祐二年（九〇五）、五〇四八巻の経典を報恩定光多宝塔に奉納した際の法会には、雪峰山の僧一〇〇〇人、臥龍（すなわち玄沙の住した安国寺）の僧五〇〇人が参加している（『全唐文』巻八二五、八六九三頁上。鈴木哲雄「閩国忠懿王王審知における仏教」五九一頁）。王審知の時代、雪峰と玄沙は王氏政権と緊密な関係を結び、たしかに福建仏教の中心にいたのである。

雪峰と玄沙の示寂

開平二年（九〇八）三月、雪峰は病を患った。王審知は医師を遣わし、薬を勧めたが、雪峰は「これは病ではない」と言って、それを飲もうとしなかった。そして五月二日の深夜に示寂、同月十五日、難提の塔のもとに葬られた。世寿八十七、僧臘五十九であった。

悪い知らせは続き、同年の十月、次は玄沙が病に伏した。十一月二十七日の深夜にいたって病いよいよ篤く、主事の僧に遺戒を言いつけ、明け方には王審知に別れの書信と偈を残して示寂した。十二月十日、遺灰はもとの玄沙院に葬られ、王審知が塔を建立したという。世寿七十四、僧臘四十五であった。福建の仏教界に新たな時代を築いた二人は、一年のうちに相次いで世を去ったのである。

雪峰と玄沙の活躍により雪峰教団は間違いなく大きな発展を遂げた。閩国の援助をうけつつ、福建をほぼ独占するまでの勢力になったのである。しかし、この集団がこの後も一枚岩で繁栄を享受したかというと、そうではなかった。雪峰と玄沙の示寂後、玄沙系の人々は次第にその独自性を増し、その他の雪峰系の人々とは異なる集団へと分化していったのである。

分裂の原因についてはこれから検討することになるが、最終的に玄沙系が特徴的な思想の体系を確立したことがその一つであったことは間違いない。そして、この法系から法眼文益が現れ、やがて法眼宗が成立することになる。法眼とその思想を理解しようとすれば、このような玄沙系の分化・独立の経緯に関する検討を避けて通ることはできない。ただ、その思想面の問題はそれほど単純ではない。そこで以下の節では、まず雪峰系・玄沙系両集団の分化を示す歴史的な事実を確認しておくことにしよう。それがはらむ思想的な問題については、また章を改めて論じることにしたい。

第三節　雪峰系と玄沙系の分裂

一　玄沙の弟子たち

羅漢桂琛と鼓山神晏

雪峰の教団が大きな勢力となった後、この集団は玄沙系とその他の雪峰系という二つの集団に分化していった。玄沙の没後まもなく、すでにそのような兆候が現れていたことを少なからぬ資料が示している。以下にこれらの資料を見ながら、両集団の分化について考えたい。

まずは玄沙の法嗣の筆頭に挙げられ、また後に法眼の師となった羅漢桂琛《けいちん》（八六七―九二八）と、彼の身に起こった出来事がある。桂琛は常山（現浙江省常山県付近）の人、俗姓は李氏。常山万歳寺の無相大師のもとで出家し律を学んでいたが、禅を志して行脚の旅にでた。まず江西の雲居道膺《うんごどうよう》（洞山良价の法嗣）に、つづいて雪峰に参じたが機縁かなわず、最後に玄沙に参じて「廓爾として惑い無き」を得たという。はじめ福州の地蔵院に出世したため、地蔵桂琛ともよばれる。後に漳州の羅漢院に移り、羅漢と称された。この桂琛に関して次のような話が『宋高僧伝』巻一三・桂琛伝に伝えられている。

（桂）琛の得法するは啻に付授するのみ。時に神晏大師、王氏の重んずる所にして、言事を以て脅《おびや》かし、玄沙を捨てて雪峰に嗣がしめんとするも、確乎として抜かず。終に晏に譏《そし》りて凌轢せらる。惜しい哉《かな》。（中華書局標点本、三〇九頁）

琛得法密付授耳。時神晏大師、王氏所重、以言事脅令捨玄沙嗣雪峰、確乎不抜、終為晏譏而凌轢。
惜哉！

桂琛は玄沙の法を綿密に伝えられていた。この時、鼓山神晏は閩の王氏に重んじられており、桂琛を脅して玄沙を捨て雪峰の法を嗣がせようとした。しかし、桂琛は断固として態度を変えず、ついには神晏に譏言され、迫害された。惜しいことである。

鼓山神晏は、前にも触れた通り雪峰義存の法嗣で、雪峰・玄沙示寂の後は、閩の国師として権勢を誇っていた。ここにいう迫害が、実際にどのような内容であったのかはわからないが、神晏は桂琛に対して、玄沙の法系から雪峰の法系に乗り換えるよう圧力をかけたというのであるから、あまり穏やかな話ではない。

安国慧球

神晏と因縁を持ったのは桂琛ばかりではなかった。桂琛とともに玄沙門下の二大師とされる安国慧球《えきゅう》にも次のような話が伝えられる。『景徳伝灯録』巻二一・慧球章に次のように言う。

梁の開平二年、玄沙将《まさ》に滅を示さんとするに、閩帥の王氏、子を遣わし、至りて疾《やまい》を問わしめ、仍《ま》た継踵して説法する者は誰か、密かに示すことを請う。玄沙曰く、「球子、得《よ》し。」王氏、遺旨を黙記し、乃《すなわ》ち鼓山国師に問うて曰く、「臥龍の法席、孰《たれ》か其の任に当たる。」鼓山、城下の宿徳の道眼を具す者十有二人を挙げ、皆な出世に堪うとす。王氏亦《ま》た之を黙す。開堂の日に至り、官寮と僧侶と倶に法筵に会す。王氏忽ち衆に問うて曰く、「誰か是れ球上座。」是《ここ》に於いて衆人、師を指出す。王氏便ち升座することを請う。（禅文研本、四二〇頁上）

梁開平二年玄沙将示滅、閩帥王氏遣子至問疾、仍請密示継踵説法者誰乎。玄沙曰、「球子得。」王氏黙記遺旨、乃問鼓山国師曰、「臥龍法席、孰当其任？」鼓山挙城下宿徳具道眼者十有二人、皆堪出世。王氏亦黙之。至開堂日、官寮与僧侶倶会法筵。王氏忽問衆曰、「誰是球上座？」於是衆人指出師。王氏便請升座。

梁の開平二年、玄沙がまさに世を去ろうとしていた時、王審知は子を遣わして玄沙を見舞い、またあわせて安国寺の後継者には誰がふさわしいか、内々に示すよう求めた。玄沙はこれに「慧球がよろしい」と答えたのである。慧球は『景徳伝灯録』に「玄沙の室中、参訊は首に居り」と言われ、最も有望な弟子の一人であった。王氏は黙ってこれを心にとどめ、また神晏にも同じことを尋ねた。すると神晏は福州城下の道眼を具える高僧十二人を挙げた。神晏が具体的に誰の名を挙げたのかは分からないが、玄沙の回答とは異なるものだったのだろう、王氏はこれも黙って聞き置いた。開堂の日、官人と僧侶が集まるなか、王氏はふいに「どなたが慧球上座であるか」と尋ねた。人々が慧球を指さすと、王審知は慧球を安国寺の住持にしたのであった。

この件もこれ以上の詳細は知られないが、この資料にもとづくかぎり、安国寺の後継者をめぐって玄沙系の人々と神晏の間に意見の相違があり、それを王審知が裁定したようである（鈴木哲雄『唐五代禅宗史』一〇四頁）。

以上の二つの事件は、玄沙の弟子と鼓山神晏との間に起こったものである。どうやら玄沙の示寂前後には、早くも雪峰門下にある種の対立が生じていたと思われる。その後、両系統の分化はより明らかなものになっていった。

二　「玄沙の正宗」

慧明の法論

玄沙の示寂からおよそ四十年後、法眼の法嗣である報恩寺慧明が呉越国で経験した出来事は、より明確に玄沙—法眼系が集団として独立していたことを示している。『伝灯録』巻二五・報恩寺慧明章に次のように言う。

> 時に呉越部内、禅学の者、盛んなりと雖も、而して玄沙正宗を以て之を閫外に置く。師、整えて之を導かんと欲す……。漢の乾祐中、呉越忠懿王、王府に延《まね》き入れ法を問い、命じて資崇院に住せしむ。師、盛んに玄沙宗一大師及び地蔵・法眼の宗旨の臻極を談ず。王因りて翠巌令参《すいがんれいさん》等の諸禅匠及び城下の名公に命じて其の勝負を定めしむ。……時に群彦弭伏す。王大いに悦び、師に命じて之に居らしめ、円通普照禅師と署す。（禅文研本、五〇七頁下—五〇八頁下）
>
> 時呉越部内禅学者雖盛、而以玄沙正宗置之閫外。師欲整而導之……。漢乾祐中、呉越忠懿王延入王府問法、命住資崇院。師盛談玄沙宗一大師及地蔵・法眼宗旨臻極、王因命翠巌令参等諸禅匠及城下名公定其勝負。……時群彦弭伏。王大悦、命師居之、署円通普照禅師。

このころ呉越国では禅を学ぶものが多かったが、「玄沙の正宗」は脇に追いやられていた。慧明はこれを是正し導こうとした。漢の乾祐中（九四八―九五〇）、呉越の忠懿王銭俶《せんしゅく》は慧明を王府に招いて仏法について問い、資崇院の住持となるよう命じた。慧明はここで盛んに玄沙宗一大師、および地蔵桂琛、法眼文益の宗旨の極みを説いた。そこで王は翠巌令参等の禅師および城下の有識者に命じて議論させ、その優劣を決めようとした。……この時、人々はみな慧明に心服した。王は大いに悦び、住持を命じ、円通普照禅師の号を贈ったのである。この出来事は『宋高僧伝』巻二三・恵明伝にも述べられている。

まず注意しなければならないのは、彼らの自己認識が「法眼宗」ではなく「玄沙の正宗」にあったということである。例えばこのほかにも、『宋高僧伝』巻一三・天台徳韶伝では、法眼文益の最も重要な法嗣である天台徳韶が、天台山に寺院道場を建てた後のこととして、「幾《いくばく》も無くして、（徳韶、大いに玄沙の法道を興し……」と言っている（中華書局標点本、三一七頁）。彼らにとっては玄沙こそがこの集団の祖師であった。当時、呉越国内においてこの「玄沙の正宗」は決して主流派の地位を占めていなかった。そこで呉越王銭俶は、慧明に法論を命じ、これによって「玄沙の正宗」の地位が定まったというのである。

またもう一点重要なことは、ここで討論に参加した翠巌令参が、ほかでもなく雪峰の法嗣であったということである。令参は明州（現浙江省寧波市付近）の翠巌山に住し、その伝は『祖堂集』巻一〇に立てられている。彼は雪峰会下でも名の知られた禅師の一人であった。雪峰系と玄沙系は確かに二つの集団に分かれていたのである。

呉越国と雪峰系の禅僧

慧明の法論以前、呉越国内で「玄沙の正宗」の教勢は確かに振るわなかった。その一方で、雪峰系の禅師が活躍していたことは確認できる。最も注目されるのは龍冊道怤《どうふ》（八六八—九三七）である。道怤の伝記は『祖堂集』巻一〇、『宋高僧伝』巻一三、『景徳伝灯録』一八に見られる。これらによると道怤は温州永嘉（現浙江省温州市）の人、俗姓は陳氏。出家、授戒ののち行脚し、雪峰のもとで悟った。その後は浙江へ帰り、はじめ越州（現浙江省紹興市）の鏡清院にとどまった。このためしばしば鏡清とも呼ばれている。その後、杭州の天竜寺、龍冊寺と遷るが、これについて『宋高僧伝』道怤伝では次のように言う。

武粛王銭氏欽慕し、命じて天龍寺に居らしめ、私《わたくし》に順徳大師と署す。次に文穆王銭氏、龍冊寺を創《はじ》め、怤を請じて之に居らしむ。呉越の禅学、此《これ》自《よ》り興る。（中華書局標点本、三一〇頁）

武粛王銭氏欽慕、命居天龍寺、私署順徳大師。次文穆王銭氏創龍冊寺、請怤居之。呉越禅学自此而興。

呉越の初代国王武粛王銭鏐《せんりゅう》（八五二—九三二）は、道怤を天竜寺に招き、順徳大師の号を与えた。なお、ここで大師号を「私《わたくし》に」与えたとするのは、これが呉越国という地方政権の私的な行為であることを強調した表現である。つづいて、第二代国王文穆王銭元瓘《げんかん》（八八七—九四一）は、あらたに龍冊寺を開創し、道怤を請じて住持とした。ここから呉越国の禅学は盛んになったのである。

龍冊寺は杭州城内に位置する。銭元瓘がこれを開創したのは、『咸淳臨安志』の記述から後唐の清泰元年（九三四）のこととわかる（四〇四九頁下）。この寺院の住持に任命されたことは道怤に対する文穆王の信頼を示していよう。また、道怤の住持については『景徳伝灯録』道怤章にも言及があるが、そこでは呉越王が「府中の禅会を広げんと欲し」て道怤に天竜寺の住持を命じ、その結果、「是由《これよ》り呉越、玄学に盛ん」となったという（禅文研本、三六二頁下）。上引の資料とあわせ、呉越国内の禅学の流行に道怤が影響を与えたことがわかる。

翠巌令参の立場

このような活躍を見せた道怤は九三七年に示寂する。そしてその後を継いで龍冊寺の住持となったのが、上にも見た雪峰系の禅僧、翠巌令参だったと見られる。『景徳伝灯録』巻二六・永明延寿章にいわく、

属《たまたま》、翠巌永明大師、龍冊寺に遷止して大いに玄化を闡《ひら》く。時に呉越文穆王、師の道を慕うを知り、乃ち其の志に従い、放《はな》ちて出家し、翠巌を礼して師と為令《せし》む。（禅文研本、五三四頁上—下）

属翠巌永明大師遷止龍冊寺大闡玄化。時呉越文穆王知師慕道、乃従其志、放令出家、礼翠巌為師。

永明延寿については第四章で改めて紹介するが、法眼宗の禅僧として後に大きな功績を残した人物である。この延寿が出家するとき、ちょうど翠巌令参が龍冊寺に遷り、教化を盛んにしていた。その

とき文穆王銭元瓘は延寿に出家の願いがあるのを知ったので、それにしたがって、出家して翠巌を師とさせたのである。

延寿が出家したのは九三七年だったと考えられ、令参が道怤の後任だったことがわかる。つまり慧明の法論に参加した令参も、当時の呉越国では中心的な地位にある禅僧だった。このように、このころの呉越国内で雪峰系の禅師はすでに一定の地位を占めていた。それに比べ玄沙系の禅師は主流とは言えないものであった。慧明の法論はそのような状況に転機をもたらすものだった。

実はこの法論にはまだ背景がある。呉越国で玄沙—法眼系が台頭してくる最も本質的な契機は、呉越の第五代国王、忠懿《ちゅうい》王銭俶《せんしゅく》の即位であった。この銭俶が即位する際には、天台徳韶の助言が大きな役割を果たした。そのため、銭俶は即位ののち徳韶を国師とし、玄沙系を優遇したのである。慧明の法論は銭俶即位の直後のことであり、これが玄沙—法眼系の地位を確立させるための政治的な措置だったことは間違いない。このことも第四章であたらためて触れることになるので、ここではこれ以上踏み込まないでおくが、いずれにせよここからも、雪峰系と玄沙系が異なる二つの集団に分かれていたことが確認できるのである（石井修道『宋代禅宗史の研究』一〇三頁。黄庭碩『禅運与世縁』一八八頁、注一二三）。

三　『祖堂集』と『景徳伝灯録』

両書の宗派的立場

雪峰系と玄沙系の違いは、禅宗史の基本資料である『祖堂集』と『景徳伝灯録』の編纂態度にも表れている。『祖堂集』の原型は南唐の保大十年（九五二）に成立したとされる（衣川賢次「祖堂集札記」一二二頁、同「『祖堂集』異文別字校証」三一三頁）。その編者である「静、筠二禅徳」については詳しい伝記が知られないが、『祖堂集』に「序」を撰し、その編集に影響を与えたとされる省僜《しょうとう》（生没年不詳）は雪峰義存―保福従展―省僜と法を承ける雪峰系の禅師であった。

一方の『景徳伝灯録』は、北宋の景徳二年（一〇〇五）に上呈され、大中祥符四年（一〇一一）に大蔵経に編入された（馮国棟『『景徳伝灯録』研究』一二三頁、一四九頁）。朝廷の公認を受けたことにより、大きな権威を持つことになった禅宗史書である。その編者の道原は、法眼文益―天台徳韶―道原と承ける玄沙―法眼系の僧であった。両書の編者はそれぞれ雪峰系と玄沙系という異なる法脈に属している。

この『祖堂集』の宗派的立場をもっともよく示しているのは、羅漢桂琛と法眼文益の伝を立てていないという事実である。『祖堂集』の原型が成立した九五二年、羅漢桂琛はすでに世を去り、法眼は六十八歳になっていた。これよりも前、法眼はすでに南唐の先主李昪《りべん》に招かれて金陵（現江蘇省南京市）の報恩禅院に住しており、九四三年には同門である清涼休復の示寂をうけて、やはり金陵にある清涼大道場に移っている。桂琛―法眼の法系はすでに南唐の首都で一定以上の勢力を有していた。また呉越国に目を移せば、上に見た慧明の法論が行われたのも『祖堂集』の成立より前である。彼らの伝を立てないのは明らかな偏向である。（石井修道『宋代禅宗史の研究』七四頁、柳田聖山「法眼文益と法眼宗」三二五―三二六頁。）

また、両書に批評の言葉を加えた人々にも違いが見られる。『祖堂集』や『伝灯録』にはかつての禅僧の言行だけでなく、後代の僧による批評、いわゆる「拈弄《ねんろう》」が記録されている。どのような人々の批評を収録するかは、往々にして編集者の宗派的な立場と関係している。柳田聖山は『祖堂集』に見られる「拈弄」を分析し、そのほとんどが雪峰門下の禅僧によって行われていること、とくに雪峰義存の法嗣である長慶慧稜、保福従展のものが多いことを指摘している（柳田聖山「『祖堂集』の資料価値」五三七頁。また五六一―五六七頁に拈弄の統計が示されている）。さらに石井修道はこれを踏まえ、『伝灯録』において最終的に著語をつけた集団がほぼ法眼宗の人々に限定され、『祖堂集』ときわだった対照を示していると指摘する（石井修道『宋代禅宗史の研究』七三―七四頁）。

二つの禅宗史書の編纂態度もまた、雪峰系と玄沙系の分裂を物語っている。

四　『宋高僧伝』と法眼宗

賛寧の評語

このほか、『宋高僧伝』にも雪峰・玄沙両系統を比較する記事が見られる。『宋高僧伝』巻一二・雪峰伝に附される著者賛寧の評語には次のように言う。

> 系に曰く、雪峰の道や恢廓なるかな。四海の学人を駿奔せしむ。出だす所の門生、形色の類《に》ざるは、何ぞや。玄沙は『楞厳』に乗じて道に入り、識見は天殊す。其れ猶《な》お諺《ことわざ》に、「青藍に成り、藍青に謝す。師何ぞ常ならん、明経に在り」と曰うがごとし。故に師を過ぐるの説有り。一には則ち雪峰自ら塔銘を述べ、已に其の致を尽すなり。一には則ち玄沙、三句を安立し、群見を決択する

は、極めて洞過となるか。今、江表に多く斯の学を尚《とうと》ぶ。此の学は虚通にして、繋無く了達し、逍遥として拘《と》らわるること勿《な》し。乗急を知るなり。雪峰の化衆は、杜嘿禅坐に切にして、戒急を知るなり。其れ能く各おの《おの》一緩を捨て、以て一全を成さば、則ち可なるかな。（中華書局標点本、二八八―二八九頁）

系曰、雪峰道也恢廓乎。駿奔四海学人。所出門生形色不類、何邪？玄沙乗『楞厳』而入道、識見天殊、其猶諺曰、「青成藍、藍謝青。師何常、在明経。」故有過師之説。一則雪峰自述塔銘、已尽其致也。一則玄沙安立三句、決択群見、極成洞過歟？今江表多尚斯学。此学虚通、無繋了達、逍遥勿拘、知乗急也。雪峰化衆、切乎杜嘿禅坐、知戒急也。其能各捨一緩、以成一全、則可乎？

雪峰の道はなんと広々として大きいのだろう。天下の学人が馳せ参じている。ところで、そこから出た弟子が師に似ないのはどうしたわけだろうか。玄沙は『楞厳経』によって道に入り、その見識は極めて高い。ことわざに「青は藍から現れ、藍に取って代わる。師がどうして常に師であり続けようか、経書を明らめることが大切なのだ」と言うようなもので、その師雪峰に勝っていると言われるのである。雪峰は自ら「塔銘」を述べ、極みを尽くしている。一方で玄沙は「三句」の説を立て、諸学説を判別しているが、非常な洞見である。いま江南ではその学を尊ぶものが多い。この学問はカラリとして、とらわれがなく徹底し、自由自在であって、「乗急」を知っている。雪峰の教化は沈黙や坐禅に切であって、「戒急」を知っている。もし両者それぞれ、その疎かなところを捨て、一つに合わせればよろしかろう。

師を過ぐるの説有り

上に見える「青藍に成り……」のことわざは、直接には『魏書』あるいは『北史』の李謐《りひつ》伝に出て、弟子が師に勝ることを述べるものである（湯浅邦弘「類書と成語（三）―類書の変容と「出藍」の成立」）。「乗急」、「戒急」の語は、『涅槃経』巻六の「乗に於いて緩なる者を乃ち名づけて緩と為す。戒に於いて緩なる者を名づけて緩と為さず」（『大正蔵』第一二巻、六四一頁中）の一文から出たもので、仏教の教理学ではこの一文にもとづき「戒、乗」と「緩、急」をそれぞれ組み合わせて分析を行う。ここで「乗」は仏法、「戒」は戒律を指し、「乗急」であれば道を得ることができ、「戒急」であればよい果報を得られるとされる。つまるところ賛寧が言わんとするのは、雪峰の学問は来世によい果報を得ることができるだけだが、玄沙の学問は悟りに至ることができるということであろう。引文の末尾では両者を調停しようとしているが、全体の趣旨として、玄沙の見識がその師雪峰に勝ると述べていることは明らかである。また玄沙の学が当時の江南に広く行われ、とくに「三句」の説がその標識と見られていたという部分は注目に値する。この「三句」は玄沙の思想のエッセンスともいえるものであるが、その内容については次章に詳しく触れよう。

『宋高僧伝』は宋太宗の端拱元年（九八八）に成立した。ここからも、宋初には雪峰と玄沙を対比的に捉える見方が定着していたことがわかる。ただし、これら『宋高僧伝』中の資料を使う時には、著者賛寧の編纂態度にも注意しなければならない。すでに石井修道が詳細に論じるとおり、『宋高僧伝』には、「玄沙の正宗」を禅の正統と捉える傾向がある（石井『宋代禅宗史の研究』第一章第四節）。これは賛寧をとりまく政治的な状況に原因がある。賛寧は法眼文益の法嗣である天台徳韶とともに呉越仏教界の主流的人物だった。また徳韶の塔碑も賛寧が撰している。つまり、賛寧と「玄沙の正宗」＝法眼宗は非常に近い立場にあったのであり、上に引用した資料にも法眼宗に肩入れする賛寧の主観が投影されていると考えたほうがよいだろう。ただ、裏を返せば、賛寧の当時、玄沙―法眼系の人々に雪峰系への対抗意識があったことも、また明らかだと言える。

雪峰と玄沙の関係

このように、雪峰・玄沙の示寂の後、二つの法系は別々の集団へと分化していった。それでは、このような分裂が起こった原因はどこにあったのだろうか。

これまで見たとおり、玄沙は教団内で特別な存在だった。それが集団分化の遠因になったことは否定できない。玄沙と雪峰はともに芙蓉山で出家したため、「本《も》と法門の昆仲《きょうだい》」であったともいわれる。このことを強調するのはおもに玄沙系の手になる資料であるが（西口芳男「玄沙の伝記」二四八頁参照）、それを割り引いても、二人の関係が単純ではなく、また玄沙が雪峰教団内で特殊な地位を有していたことは確かである。それは単に、玄沙の年齢がほかの雪峰の弟子たちよりも高かったというだけのことではない。玄沙の悟境は雪峰も一目置くものであったし、玄沙自身もまた独立独歩の人であった。『景徳伝灯録』玄沙章には「雪峰和尚と徴詰するが若《ごと》きに至りては、亦《ま》た仁に当たりて譲らず」とある（禅文研本、三四九頁下）。雪峰との問答に際しても、決して遠慮することはなかったというのである。あくまで後の人の評価ではあるが、玄沙の性格をよく表している。玄沙はみずからの確立された思想を持ち、安易に付和雷同するような人物ではなかった。

しかし、二人のあいだに個人的な、あるいは感情的な対立があったという形跡は見られない。二人が緊張感に満ちた問答を行ったことは確かだが、それは禅者にとって当然のことであろうし、その外に、これといって二人の決裂を示すような資料は見当たらない。前節に見たように、二人はそろって閩の忠懿王王審知に説法を行い、天祐二年（九〇五）の法会には雪峰の雪峰山と玄沙の安国寺の衆僧がそろって参加している。分裂の原因を雪峰と玄沙二人の関係に求めるのは無理がある。

すでに述べたとおり、両派の分裂のもっとも根本的な原因は、やはり両集団の思想的な立場の相違にあったと考えるべきである。このあと述べるように、玄沙とその後継者たちは特徴的な思想をもっていた。そしてそれは雪峰系と容易に調和できるものではなかった。ここまでは主に歴史上の具体的な出来事を追いかけてきたが、ここに至っていよいよ思想問題に関する抽象的な議論を避けられなくなった。しかし、両者の思想上の違いが生じてきた文脈はなかなかに複雑である。そこで以下に章を改め、もういちど雪峰・玄沙のすこし前の時代から、禅の思想の展開を見ていくことにしよう。

第二章　唐代禅宗の思想と玄沙師備の立場

第一節　馬祖「作用即性」説の登場とその反響

一　馬祖の思想

ここまで雪峰教団の出現とその分裂に至る経緯を見てきた。そして、その分裂の原因は両集団の思想上の相違にあると述べた。当然のことながら、雪峰や玄沙の思想は、何の前提もないところに突然現れたわけではない。彼らの思想を検討しようと思えば、やはりそれが現れてきた背景から説き起こさなければならない。それではどこから説明を始めるべきかというと、これもやはり馬祖道一からということになりそうである。

思想の面においても、馬祖道一は唐代禅の新しい時代を切り開いた人物であった。すでに第一章で触れたとおり、馬祖の簡潔で力強い思想は多くの人々を引きつけた。その会下からは優れた禅僧が何人も現れ、また後継者の一部は唐朝の中央へと進出して、朝廷からの供養を受けるまでに至った。このように、馬祖を中心とする洪州宗は急速にその影響を拡大し、一つの時代を築いたのである。しかしそのような発展の一方で、信奉者の急激な拡大は思想の教条化、あるいは庸俗化といった堕落現象を引き起こし、それにともなって、馬祖禅に対する修正や批判の動きを招くことにもなった。

このような馬祖禅の盛行とそれに対する批判という二つの力のせめぎ合いは、やがて禅の思想をよりいっそう多様で深みのあるものへと変化させていった。馬祖の登場をきっかけとして、禅の歴史は新しい局面に入ったと言ってよい。これから我々が考えようとしている雪峰から法眼へと至る思想的な展開も、そのような歴史の延長線上にある。

　これから見ることになる馬祖の登場とそれに対する批判という歴史的な経緯は、近年の研究によって解明されてきたものである。その詳細については、小川隆『語録のことば』、同『語録の思想史』第一章、土屋太祐『北宋禅宗思想及其淵源』第一章・第二章、賈晋華『古典禅研究』第六章・第九章などが詳しい。ここでも細かな事実や考証はこれらの研究に譲り、馬祖以降の禅思想の要点を、独自の視点も交えながら紹介していくことにしよう。

即心是仏

　如来蔵・仏性思想の影響を強く受けた中国の仏教では、馬祖以前からすでに、衆生はみな仏と変わらない本性、すなわち仏性を持つという考え方が広く受け入れられていた。そのような文化土壌の上に発展した禅の究極的な目標を一言で言えば、それはすなわち、自らの内にある仏性を見ることによって、悟り、仏となることであった。このような考え方はしばしば「見性成仏」の語で表される。そのような意識はすでに雪峰と玄沙の「論仏心印録」にも表れていた。

　ならば見性はいかにして実現されるのか。この問題に対する馬祖禅の中心的な主張は、「我々のこの心が仏にほかならない（即心是仏）」という一点にあった。以下に見る馬祖の説法はその主張をもっとも端的に示している。

毎《つね》に衆に謂いて曰く、「汝、今、自心は是れ仏、此の心は即ち是れ仏心、と各《おの》おの信ぜよ。是《こ》の故に達摩大師、南天竺国従《よ》り来り、上乗一心の法を伝え、汝をして開悟せ令《し》む。又《ま》た数《しばしば》『楞伽経』の文を引きて、以て衆生の心地を印するは、汝顛倒して此の一心の法の各各之《おのおのこれ》有るを自ら信ぜさるを恐るればなり……」（『祖堂集』巻一四・馬祖章、中華書局標点本、六一〇頁。入矢義高編『馬祖の語録』一七―一九頁参照）

毎謂衆曰、「汝今各信自心是仏、此心即是仏心。是故達摩大師従南天竺国来、伝上乗一心之法、令汝開悟。又数引『楞伽経』文以印衆生心地、恐汝顛倒不自信此一心之法各各有之……」

馬祖大師はつねにこう言っていた。「みなさん、自らの心が仏であり、この心が仏の心であると信じなさい。だからこそ、達摩大師ははるばる南インドからやって来られ、素晴らしい一心の法をお伝えになり、皆さんを悟らせたのです。また、たびたび『楞伽経』の文を引用して衆生の心を証明したのは、みなさんが誤って、この一心の法を持つことを信じられないことを恐れたからです。……」

しかし、自己の心の中に成仏の根拠となる仏性や如来蔵を見出すということであれば、馬祖以前にもすでに多くの経論に説かれており、決して目新しい発想とはいえない。ならば、それらと異なる馬祖禅の特徴はなんだったのかというと、それは「今まさにこの現実の中にはたらき出ている、このありのままの心」を「仏」であるとしたことであった。それまでは往々にして、現実の心は煩悩に染まったもの、形而下に堕落したものと考えられ、それとは異なる次元にある本来の清浄なる心を追求する傾向があった。しかし馬祖の思想はそうではなかった。ここに馬祖禅の第一の特徴がある。

秖今《いま》語言するもの、即ち是れ汝の心

そのような馬祖禅の特徴を示す例として、『宗鏡録』巻一四に載せる馬祖の説法を見てみよう。

馬祖大師云く、「汝《なんじ》、若《も》し心を識らんと欲せば、秖今《いま》語言するもの、即ち是れ汝の心なり。此の心を喚びて仏と作《な》す。亦《ま》た是れ実相法身仏にして、亦た名づけて道と為す。経に云く、『三阿僧祇に百千の名号有り』と、世に随い処に応じて名を立つるなり。色に随う摩尼珠の如く、青に触るれば即ち青、黄に触るれば即ち黄にして、体は一切の色に非ず。指の自ら触らざるが如く、刀の自ら割かざるが如く、鏡の自ら照《うつ》さざるが如し。縁に随いて見る所の処に、各おの其の名を得。……今の見聞覚知は、元より是れ汝の本性にして、亦た本心と名づく。更に此の心を離れて別に仏有らず。」

（『大正蔵』第四八巻、四九二頁上。入矢義高編『馬祖の語録』一九八―二〇四頁参照）

馬祖大師云、「汝若欲識心、秖今語言、即是汝心。喚此心作仏、亦是実相法身仏、亦名為道。経云、『有三阿僧祇百千名号』、随世応処立名。如随色摩尼珠、触青即青、触黄即黄、体非一切色。如指不自触、如刀不自割、如鏡不自照。随縁所見之処、各得其名。……今見聞覚知、元是汝本性、亦名本心、更不離此心別有仏。」

馬祖大師が言う、「もしあなたの心を知りたいのなら、いまこのように言葉を話しているそれがあなたの心です。この心を仏と呼び、真実の法身仏と呼び、また道と呼ぶのです。経に言うではありませんか、『三阿僧祇劫という長い時間の中で、仏には百千の名号があった』と。仏はこのように、それぞれの時代と場所に応じて名を立てたのです。これと同様に、この心もちょうど何色にでも染まる透明な宝珠のようなものなのです。青い物に触れれば青くなり、黄色いものに触れれば黄色くなります。ただ、それ自体には何の色もついていません。また指が自分で自分に触れることができず、刀が自分で自分を切ることができず、鏡が自分で自分を映せないようなものです。その対象物に対する作用にしたがって、自らの名前を得るのです。……いま見たり聞いたりする感覚のはたらき（見聞覚知）があなたの本性にほかなりません。これを本心と名づけます。この心のほかに仏はないのです。」

最初の一文で馬祖は、いま現に言葉を話しているものが「心」であり、「心」が「仏」「法身仏」「道」に外ならないとする。また最後の文では、見たり聞いたりする感覚のはたらき（見聞覚知）が「本性」「本心」であり、やはりこれ以外に「仏」はないとする。このように、動作や感覚といった日常的にはたらいている心の「作用」を心の「本性」と同一視する思想は、しばしば「作用即性」説と呼ばれる。禅宗の目標が「見性成仏」だとすると、馬祖は「今ここに働き出しているこの心の作用」を通じて、自らの「仏性」を「見よう」としたのである。

馬祖以前の心と本性

しかし、このような思想は、当時の仏教ないし禅の常識とはかなり異なるものであった。もちろん、「心」を通じてその本質たる「仏性」を見ようとする思想は、禅の伝統を形作るもっとも中心的な要素と言ってよい。たとえば、七世紀の中頃に現れ、その後の禅宗の源流となった東山法門、あるいは、その流れを汲むいわゆる「北宗」の文献では、「心」のなかに「仏性」を見ようとする考えが

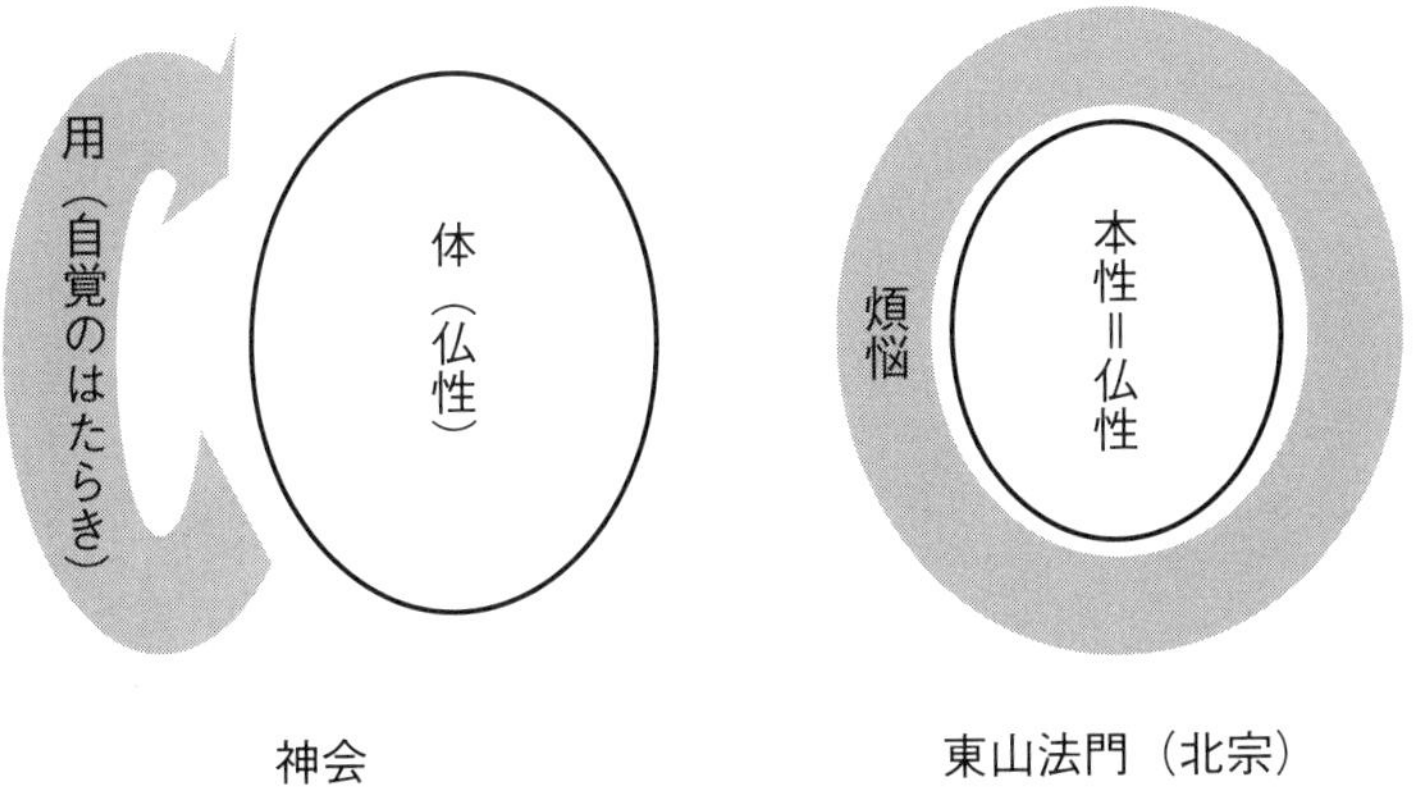

図１　東山法門（北宗）と神会の思想

すでに色濃く表れている。しかし、これらの実践は、あくまで禅定などの修行を通じて現実の「心」がもつ汚れた煩悩を取り除き、そのあとで、心の清浄なる本質としての「仏性」を見ることを目指した。そこでは、常に流動しつつ現実にはたらきでている心と、その奥底にあって静まっている本性＝仏性が、明確に区別されている。

そのような「北宗」の思想を批判しながら現れ、禅の思想に大きな変革をもたらしたのは、のちに荷沢宗の祖とされる荷沢《かたく》神会《じんね》（六八四―七五八）であった。

神会の考えによれば、空寂なる心の本性（体《たい》）のうえには、それを自覚する智慧のはたらき（用《ゆう》）が常に存在し、活動している。このはたらきは常に心の本質を「見」て、「知」っており、我々はこのはたらきを通して「見性成仏」を実現できる。このように、神会の思想には、心をその本体としての「体」と、そこから現れる作用である「用」の二つの側面に分ける「体用論」の考え方が顕著である。これは中国の思想に広く見られる思考様式であるが、禅においてはとくに神会の後、大きな影響を持つようになった。神会は、この「体」と「用」は心の二つの側面として一体不可分であると考え、そのうえで、「用」に即して本性としての「体」を捉えようとしたのである。

神会のこのような思想は、「北宗」にくらべて、心の「用」に対する重視へと大きく傾いたものであり、馬祖の思想と類似した部分がある。しかし、神会が言うところの「用」は、主要には内在的な「空寂なる心の体」を「見て」「知る」はたらきであり、馬祖が述べるような、外的対象に対する感覚作用、あるいは外界に作用するような動作ではなかった。このあたりの議論はやや複雑であるが、本シリーズ第二巻の小川隆『神会』は、そのような複雑さを持った神会の思想を詳しく検討した結果として、こう述べている。「この自覚のはたらきとしての『知』『見』は、現実態の作用との連動に一歩を踏み出しながら、比重の大半はなお、無相なる本来性自身に帰着する、自己完結的な論理のほうに残っている」（一四四頁）。神会も、現実の心のはたらきを手放しで「本性」とすることはなかったのである。

「作用即性」説

「北宗」や神会の思想とは異なり、馬祖が日常的な動作や感覚作用（見聞覚知）をそのままで「本性」「仏性」と見なしたことは、したがってかなり特徴的であった。外界に対する作用は、対象があって初めて現れる反応であるため、対象のあり方やその有無に従って変化する「無常」なものと見られるのが普通である。このような「無常」なものを、仏性や如来蔵といった恒常不変の本質と同一視する思想は常識的ではない。それでは、この「作用」と「仏性」はどのような論理によって同一視されるに至るのだろうか。その仕組みをもう少し詳しく見てみよう。

　前に引いた『宗鏡録』巻一四の馬祖の言葉の中ほどでは、このような「用」としての「見聞覚知」と「体」としての「仏性」の関係を、さまざまな比喩を用いて説明している。そこではまず「仏には百千の名号があった」という経文が引用されている。この場合「名号（仏の名称）」は「用」に相当し、「仏」という「体（＝仏性）」が、時と場所に応じて現実に現れ出たものを表している。また無色透明の「摩尼珠の体」も「体」を表し、そこに現れた種々の「色《いろ》」が「用」を表している。つまり、これらはみな体用関係を譬えたものであり、「見聞覚知」（用）は、「仏性」（体）のはたらきとして現れ出た現象だ、というのである。

　ここからさらに一歩踏み込むと、馬祖の理論における「仏性」の重要な特徴として、「仏性」は「仏性」そのものを認識することはできない、という点を指摘できる。これは神会の思想とはほとんど正反対と言ってよいものである。神会は「心の体のうえに智慧の用があり、この用がつねに体を自覚する」、つまり「仏性」は直接に認識可能だとしていたからである。

　先の比喩のなかで、摩尼珠が「その体はいかなる色でもない」と言うのは、摩尼珠そのものには姿が無く、それを直接に見ることはできないということで、実にこのような特徴を示している。またこれに続く指、刀、鏡の比喩は別の角度からこれを説明したものである。すなわち馬祖いわく、この「本性」はちょうど指や刀や鏡と同じようなものである。刀は「切る」という「作用」を有しているが、その「作用」が現れるのは対象物に対してだけである。ニンジンやダイコンに対した時には「切る」という「作用」を発揮できるが、刀だけで、あるいは刀が刀自身に向けて「切る」という

図2　馬祖の思想

「作用」を発揮することはできない。これと同様に、心の「本性」もまた認識等の「作用」を自分自身に向けて発揮することはできない。ただ外的な対象に接触したときにのみ、はじめて「作用」を見せるのである。

以上の比喩から、馬祖の考える仏性には二つの特徴があることがわかる。一つは、仏性そのものは無相であり、知覚の対象となりえないこと、もう一つは、「仏性」は自己自身を対象として作用を発揮できないことである。このような理由から馬祖は、それまでの禅の思想とは異なり、我々の「仏性」は、それ単独で「見性」することはできない、と考えるのである。

そしてここから、次のような主張が現れる。「仏性」は何者かに対する「作用」を通じてのみ、自らの存在を示すことができる。換言すれば、「仏性」は「作用」としてのみ現れているのである。馬祖の比喩をすこし応用すれば、あるいは次のように言ってよいかもしれない。すなわち、我々が指を一本立て、さらに目をつぶったとき、どのようにしてこの指の存在を知ることができるのか、と。この場合、目で見て指があることを確かめることはできないし、指を立てているだけでは、そこに何かを感じることもできない。指は指だけで自分の存在を確認することはできないのである。そのような状態で、それでも自分に指があることを確信したいとしたら、どうすればよいか。それは決して難しいことではない。つまり、何かに触れてみればよい。そうすれば、自分に指があることを確かめられるだろう。馬祖の理論は、ひとまずこのように理解できる。

無住は若為《いか》にして無住を知るか

すこし話が後戻りするが、神会の思想に対しては、当時からすでに「心の体を認識することができるのか」という疑問が投げかけられていた。例えば『神会語録』には次のような問いが見られる。

神足師問う、「真如の体は、是れ本心なるを以て、復た青黄の相無し、如何《いかん》が識るべき。」答えて曰く、「我心は本と空寂なるも、覚せざれば妄念起こる。若し妄念を覚せば、覚・妄、自ら倶に滅す。此れ即ち心を識る者なり。」（石井本一二段、鈴木大拙『禅思想史研究第三』二五四頁）

神足師問、「真如之体、以是本心、復無青黄之相、如何可識？」答曰、「我心本空寂、不覚妄念起。若覚妄念者、覚妄自倶滅、此即識心者也。」

神足師が問うた。「真如の体は、心の本質ですから、そこには青や黄といった目に見える様相はありません。どうすればそれを認識することができるのでしょうか。」神会が答える。「我々の心はもともと空寂であるが、覚っていないせいで妄念が起こる。もしこの妄念を覚ることができれば、妄念も、またそれを覚るということも、どちらも無くなる。これがつまり心を認識するということだ。」

また次のような対話もある。

侍郎の苗晋卿……又た問う、「無住は、若為《いか》にしてか無住を知る。」答えて曰く、「無住の体上に自ら本智有り、本智の能く知るを以て、常に本智をして其の心を生ぜしむ。」（石井本一五段、鈴木大拙『禅思想史研究第三』二五六―二五七頁。小川隆『神会』一四二―一四三頁参照）

侍郎苗晋卿……又問、「無住、若為知無住？」答曰、「無住体上自有本智、以本智能知、常令本智而生其心。」

侍郎の苗晋卿が問うた。「無住の心は、どのようにしてその無住であることを知るのでしょうか。」「無住の体の上にはおのずから本来的な知恵があり、その知恵は『知る』ことができるため、つねにその智慧に心のはたらきを生じさせるのです。」

はじめの神足師の質問は「無相である心がどうして認識の対象になり得るのか」というものである。侍郎苗晋卿が問うているのもこれと同様だろう。「無住」は神会の思想における重要概念で、しばしば「無住心」として、執着する対象を持たない心、本質としての空なる本心を指す（平井俊栄「〈無住〉の概念の形成と展開」）。そうであれば、その対象を持たない空なる心は、自らが空であることを対象として認識するのだろうか。そこに矛盾はないだろうか。これらに対する神会の回答は、「覚も妄も起こらない状態が、すなわち知るということだ」ということ、あるいは「無住の体の上におのずから智慧があって、それが知るのだ」というものである。これらの言葉は、問いが提起する矛盾に対する十分な回答にはなっていないようにも思われるが、ここで神会の思想の整合性について議論することはやめておこう。ひとまず、当時から「本来無相である心の体を見ることができるのか」という疑問が呈せられていたことを確認するにとどめておきたい。

体不可得

はたして馬祖が、このような神会の問題点を意識し、それを克服しようとして自らの思想を提出したのかどうかはよくわからない。馬祖の言葉の中に神会に関する直接の言及がないからである。しかし、馬祖より後に現れ、荷沢宗の継承者を自任した宗密は、両者の違いをはっきりと認識している。宗密の思想はそれ独自の体系をもち、神会と完全に一致するわけではないが、馬祖禅の特徴を知るための手がかりとするぶんには問題ないだろう。

宗密はその著『裴休拾遺問』で、北宗、牛頭宗、洪州宗、荷沢宗など禅宗諸派の思想を詳細に比較しているが、そのうち洪州宗の思想については次のように言う。

若し其の体性を覈《しら》ぶれば、則ち畢竟、見るべからず、証すべからず。眼は自ら眼を見ざる等の如し。若し其の応用に就かば、即ち挙動運為、一切は皆な是れ仏性にして、更に別の法にして能証所証と為るもの無し。（石井修道「真福寺文庫所蔵の『裴休拾遺問』の翻刻」八五頁。以下、翻訳は石井修道訳『大乗仏典〈中国・日本篇〉』第一二巻「禅語録」参照）

若覈其体性、則畢竟不可見、不可証。如眼不自見眼等。若就其応用、即挙動運為、一切皆是仏性、更無別法而為能証所証。

そこで、洪州宗の言う仏性について考えてみれば、結局のところそれは、見ることも、知ることもできない。ちょうど、「眼は自分の眼を見ることができない」などの言葉のとおりである。また、そのはたらきについていえば、あらゆる身体的動作はすべて仏性であり、それ以外の何者かが知ることの主体や客体になることはないのである。

ここで用いられる眼の比喩は馬祖自身の言葉にきわめて近い。宗密もそれを知ったうえで、この評価を与えているのだろう。

また『裴休拾遺問』には「摩尼珠」の比喩によって各派の思想を説明する部分もある。ここでは、無色透明の「摩尼珠」によって心の本体を、また、そこに映る黒い色によって煩悩をたとえているが、この心と煩悩の関係に関する洪州宗の考え方は次のようにまとめられている。

復た一類の人有りて指示して云く、「即ち此の黒闇、便ち是れ明珠なり。明珠の体は、永《とこし》えに見るべからず。識らんと欲得《ほっ》せば、即ち黒便ち是なり。」（石井修道「真福寺文庫所蔵の『裴休拾遺問』の翻刻」八九―九〇頁）

復有一類人指示云、「即此黒闇、便是明珠。明珠之体、永不可見。欲得識者、即黒便是。」

また一部の人、つまり洪州宗の人々はこう言う。「すなわちこの黒い色がそのままで摩尼珠なのだ。摩尼珠の本体は永遠に見ることができない。もしそれが知りたければ、この黒い色がそうなのだ」と。これらの記述にも、馬祖の言葉と一致する部分が見られる。

比量顕

そして洪州宗のこのような傾向は最後に「比量顕」の語によってまとめられる。

又た顕教に比量顕《ひりょうけん》、現量顕《げんりょうけん》有り。洪州は、心は指すべからずと云い、但だ能く語言する等を以て之を験《ため》して、仏性有るを知る、是れ比量顕なり。荷沢は直に、心体は能く知り、知るは即ち是れ心なりと云う。知に約して以て心を顕《あらわ》すは、是れ現量顕なり。洪州は此れを闕く。（石井修道「真福寺文庫所蔵の『裴休拾遺問』の翻刻」九五頁）

又顕教有比量顕、現量顕。洪州云心不可指、但以能語言等験之、知有仏性、是比量顕也。荷沢直云心体能知、知即是心。約知以顕心、是現量顕也。洪州闕此。

また、仏性をあきらかに示す教えには、「比量顕」（間接的な顕示）と「現量顕」（直接的な顕示）の二つがある。洪州宗は「心を直接に指し示すことはできない」と言い、言葉を話す主体などによって証明することで、仏性があると知る。これは「比量顕」である。一方で荷沢宗は端的に、「心の体には『知』のはたらきがある。この『知』がすなわち心である」と言う。「知」によって「心」を示しており、これは「現量顕」にあたる。洪州宗にはこの「知」のはたらきが無いのである。

宗密の思想において「知」は、対象に依存せず、衆生と仏に分け隔て無く存在する、心に常にはたらく本質的な作用を意味する（荒木見悟『新版仏教と儒教』一二〇―一二二頁。竹内弘道「神会と宗密」四八三頁）。これは「見聞覚知」のような対象を持つ心理作用とは異なるものである。そして、洪州宗はこの「知」を説かず、心の本体は直接に示すことができないとして、発話するものなどを通して間接的に仏性を示すだけである、と言う。このような評価は、もちろん批判的な観点からなされたものであり、あるいは多少の誇張が含まれているかもしれない。とはいえ、そこには馬祖自身の言葉と一致する部分もあり、馬祖の思想の特徴をよく捉えている。荷沢宗の後継者を自負する宗密にとっては無視できない問題だったに違いない。

かたや馬祖やその後継者が宗密のこのような批判をどう捉えたかはわからない。しかし、たとえこの批判を耳にしたとしても、彼らはさほど痛いものとは感じなかったのではないだろうか。馬祖系の人々にとって、仏性のこのような特徴は、「見性」を可能ならしめる彼らの禅の肝なのであって、決して意図せざる欠点などではなかったからである。

見色便見心

もし「体不可得」の視点が認められるのであれば、たしかに神会のような思想は成立しない。神会は、心の「体」の上にある「用」が、つねに「体」を自覚していると考えた。しかし、馬祖にとってそれは、刀が自らを切るようなもの、あるいは指が自らに触れるようなもので、成立しえない考え方である。馬祖にとって仏性の「体」は、対外的な「作用」として現れているのである。

関係人物法系図

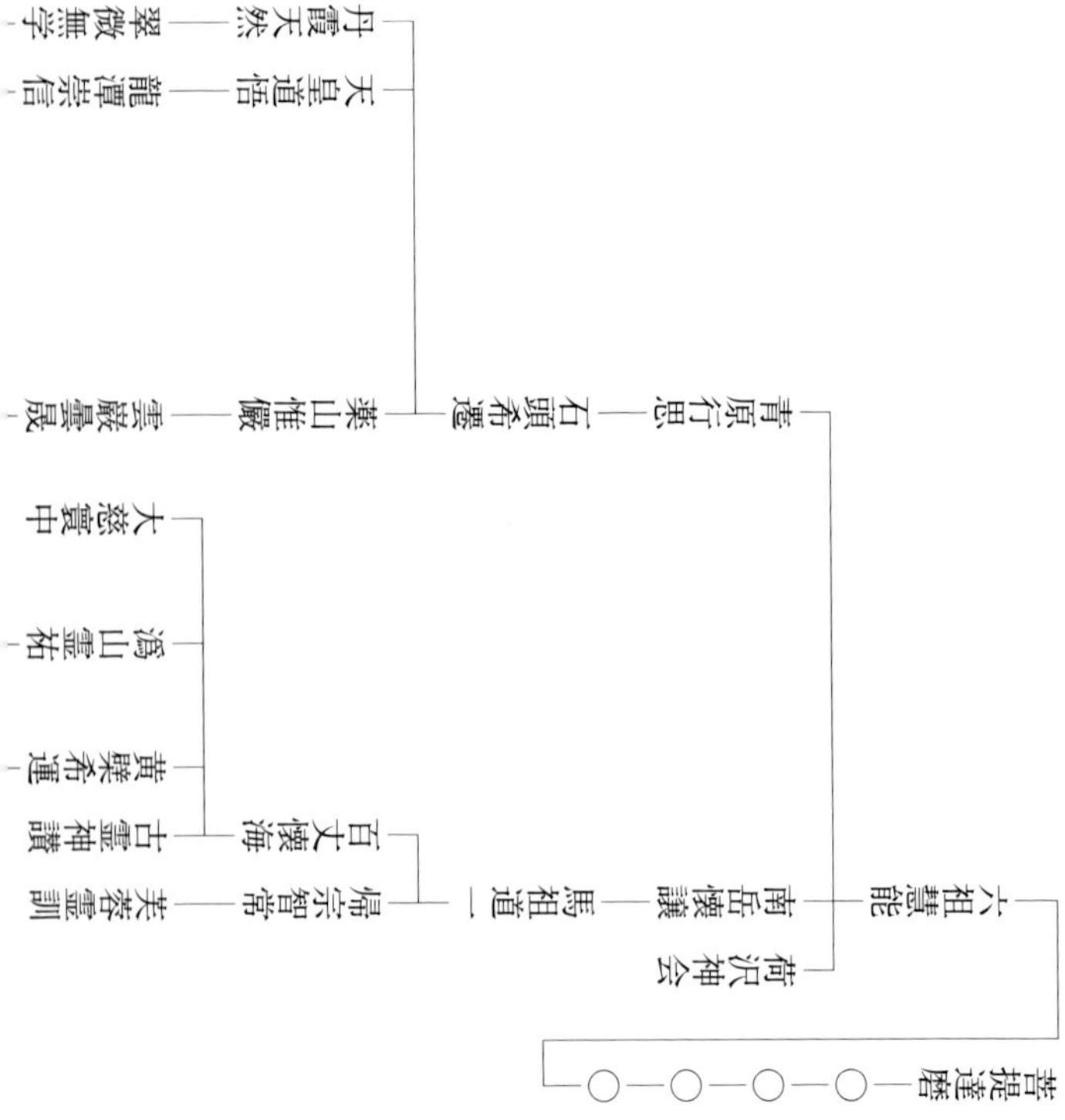

菩提達磨
○
○
○
○
六祖慧能
南岳懐譲
荷沢神会
青原行思
馬祖道一
石頭希遷
帰宗智常
百丈懐海
薬山惟儼
天皇道悟
丹霞天然
芙蓉霊訓
古霊神讃
黄檗希運
潙山霊祐
大慈寰中
雲巌曇晟
龍潭崇信
翠微無学

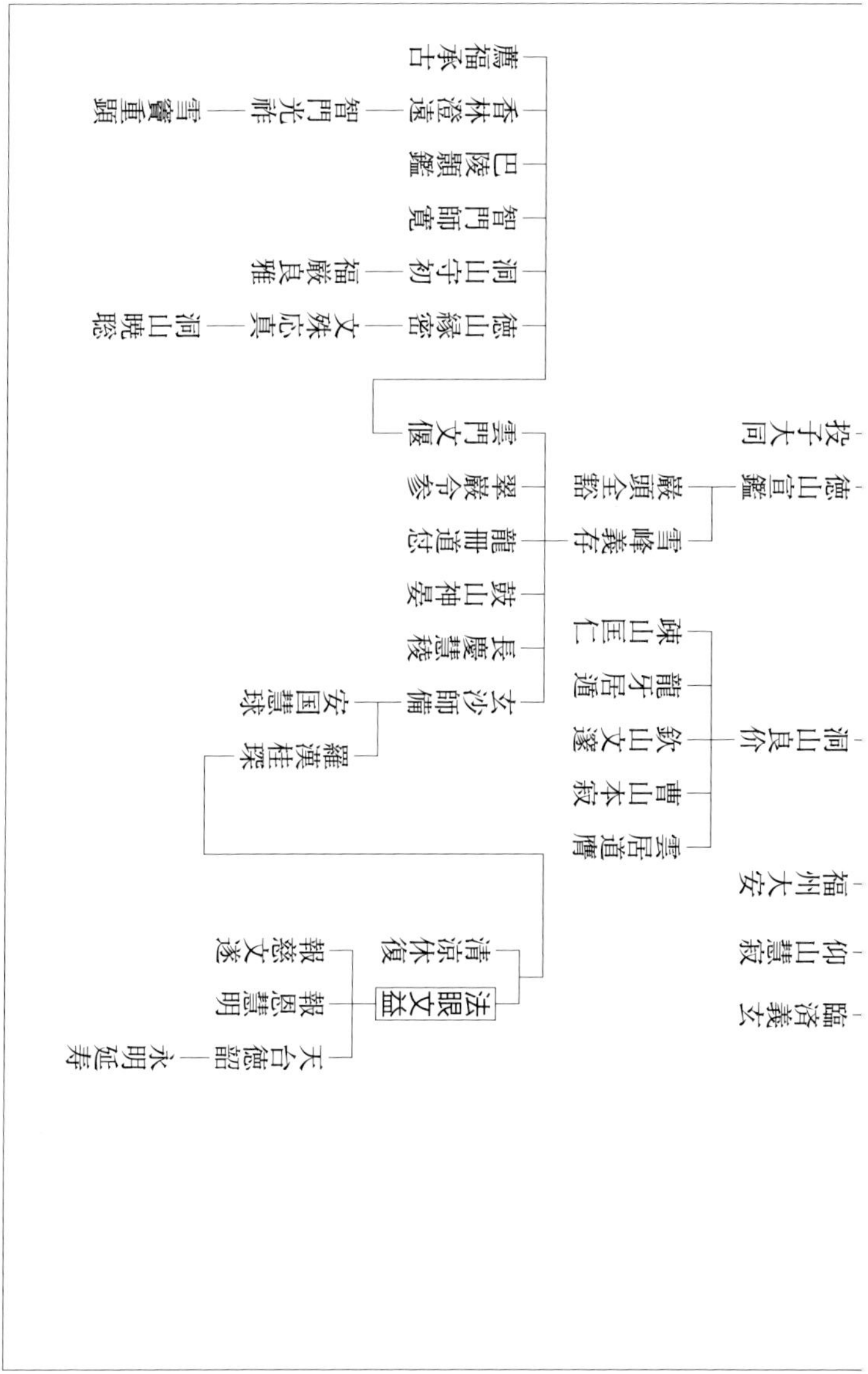
臨済義玄
仰山慧寂
福州大安
洞山良价
徳山宣鑑
投子大同
雲居道膺
曹山本寂
欽山文邃
龍牙居遁
疎山匡仁
雪峰義存
巌頭全豁
法眼文益
清涼休復
羅漢桂琛
安国慧球
玄沙師備
長慶慧稜
鼓山神晏
龍冊道怤
翠巌令参
雲門文偃
天台徳韶
永明延寿
報恩慧明
報慈文遂
徳山縁密
文殊応真
洞山暁聡
洞山守初
福厳良雅
智門師寛
巴陵顥鑑
香林澄遠
智門光祚
雪竇重顕
薦福承古

活句・問答・詩

土屋 太祐

禅は宋代にいたって「活句」の思想を生んだ。この「活句」は宋代の詩にも影響を与えたそうである。宋の詩人梅尭臣は詩の一つの理想として「尽きぬ意を含みて、言外に見《あらわ》す」ことを挙げたという。はたしてこれが禅の「活句」と直接に関係するのか、私ははっきりしたことを言えないのだが、「死句」が「字義どおりの意味しか持ちえない言葉」だとすれば、「活句」は、梅尭臣が言うような意味において、詩的な言葉であったと言ってもよいだろう。

禅における「活句」の思想的基盤についてはまだ議論の余地があるが、その遠い淵源の一つとなったのは、やはり「問答」という特異な言語活動の道を開いた馬祖道一の思想ではなかったかと思う。

禅は「見性成仏」を究極の目標とした。したがって禅者が「見性」の可能性を否定することはありえない。しかし、自らの本性である「仏性」を自ら「見る」という考え方は、すでにある種の矛盾をはらんでいる。そのような矛盾は哲学でもしばしば取り上げられる。自分とは何か、自分は自分を捉えられるのか、捉えた側と捉えられた側、どちらが真の自分なのか。いずれも容易には答えの見つからない難問である。

まして自己の存在を言葉で表すことは難しい。「これが私です」と言っても、その言葉を話している「私」そのものは言葉の外にいる。そこで「『これが私です』と言っているその当のものが私です」と言ったところで、「私」そのものはやはり言葉をすり抜けて逃げていく。言葉を使うかぎり「私」は永遠につかまらない。

馬祖が取り組んだのはそのような難問であったとも言える。

馬祖は仏性を直接認識することはできないという前提のもと、「作用」を通じて「本性」を示そうとした。また実践面では、修行僧自らに「作用」させ、それによって「本性」を発見させるという接化の方法――「問答」を生み出した（土屋太祐「問答と公案―問答の登場を中心に」、『国際禅研究』第八号、二〇二二年）。それは言葉で表すことのできない自己を、「言外に見《あらわ》」そうとする試みでもあった。

その後、唐から宋にかけ、禅の思想はその時々の課題を克服しながら大きく変容していった。しかし、言葉によって表しがたいものを、言外に意味の広がりを持つ言葉によって暗示し、受けとる側が自ら発見するよう導くという姿勢は禅の伝統の中に受け継がれていった。それは理論化することが困難な営みでもある。最後に「活句」が現れ、それが詩の世界につながっていったのならば、それも自然な成り行きだったのかもしれない。

（著者）

ここから、馬祖の「作用即性」説が単純に「作用」と「仏性」の同一性を主張しているわけではないとわかる。この点には注意が必要であろう。馬祖たちの言葉から読み取れるのは、「仏性」は「作用」としてのみ現れており、「作用」以外のなにものかとして「仏性」を捉えることはできない、という考え方である。

このような考え方は、「体」と「用」は相互依存的に存在する、という視点でとらえることも可能である。このような特徴は、以下の「見色便見心」の思想に確かめることができる。ここでは動作や認識の作用だけではなく、認識の外的対象物もまた「作用」に含まれることになる。『宗鏡録』巻一に載せる馬祖の言葉には次のように言う。

……法は自性無く、三界は唯心なり。経に云く、「森羅及び万像は、一法の印する所なり」と。凡そ見る所の色は、皆な是れ心を見る。心は自ら心ならず、色に因るが故に心なり。色は自ら色ならず、心に因るが故に色なり。故に経に云く、「色を見るは即ち是れ心を見るなり」と。(『大正蔵』第四八巻、四一八頁下。入矢義高編『馬祖の語録』一九三―一九七頁参照)

……法無自性、三界唯心。経云、「森羅及万像、一法之所印。」凡所見色、皆是見心。心不自心、因色故心。色不自色、因心故色。故経云、「見色即是見心。」

もろもろの存在には実体が無い。世界は心が創りだしたものである。経に言うではないか、「あらゆる現象は、唯一の理法が現れ出たものだ」と。およそ目に見える物は、全て自らの心を見ているのである。心はそれだけで心となるのではなく、物との関わりにおいて心となる。物もそれだけで物となるのではなく、心との関わりにおいて物となるのだ。だから経に言うのだ、「物を見ることは、すなわち心を見ることである」と。

心はそれ自体で独立して存在することはできない。認識の対象があってはじめて、心としての作用を発揮し、心として立ち現われてくるのである。これは上に見た摩尼珠や刀の比喩と同趣旨である。そしてまた、認識の対象としての物も、それ自体で存在することはできない。それは心に認識されることで初めて一つの現象として存在することができるのである。この点で、外在世界は心によって作り出されたものであり、心が外に現れ出たものである。引用のはじめに「三界唯心」の語が使われているのも、この点をよく説明している。馬祖は「心」と「物」を相互依存的な存在として捉えており、このため、両者は本質的に不可分と見られる。だからこそ「色を見ることはすなわち心を見ることと」であり、同時に我々は、外在的対象物を介して心の存在を確かめることができるのである。これもまた、馬祖の思想の重要な特徴の一つである。

平常無事

心の「作用」が仏性の現れだとすると、我々は日常におけるあらゆる営為を通して仏性の存在を見ることができる。このように考えたとき、馬祖の思想のもう一つの特徴である、人のありのままの姿に対する強い肯定が現われることになる。『景徳伝灯録』巻二八の馬祖の示衆には次のように言う。

道は修するを用いず、但だ汚染する莫《な》かれ。何をか汚染と為す。但《も》し生死の心有りて、造作し趣向せば、皆な是れ汚染なり。若し直《じき》に其の道を会《え》せんと欲せば、平常心《びょうじょうしん》是れ道。……只だ如今の行住坐臥、応機接物、尽く是れ道なり。（禅文研本、五七六頁上―下。入矢義高編『馬祖の語録』三二―三五頁参照）

道不用修、但莫汚染。何為汚染？　但有生死心、造作趣向、皆是汚染。若欲直会其道、平常心是道。……只如今行住坐臥、応機接物、尽是道。

道はわざわざ修める必要などない。ただ汚さなければよいのだ。なにを汚すというのか。もし生死の思いがあって、ああしよう、こうしようと考えれば、それらはすべて汚れに染まるというものだ。もしずばりと道を理解したいのであれば、このありのままの平常心《びょうじょうしん》こそが道である。……いま歩いたり止まったり坐ったり寝たり、あるいは受け答えしたりすること、すべてが道である。

馬祖が重視するのは、現実に現れたこの心のはたらきである。余計な作為を加えなければ、それがそのままで仏性の現れなのである。もちろんこの「余計な作為を加えない」という点を実践することは決して簡単ではない。この引用の後には次のようにも言う。

心生滅の義、心真如の義。心真如とは、譬えば明鏡の像を照らすが如し。鏡は心を喩え、像は諸法を喩う。若し心、法を取らば、即ち外の因縁に渉る。即ち是れ生滅の義。諸法を取らざれば、即ち是れ真如の義。（禅文研本、五七七頁上。入矢義高編『馬祖の語録』四二頁参照）

心生滅義、心真如義。心真如者、譬如明鏡照像、鏡喩於心、像喩諸法。若心取法、即渉外因縁、即是生滅義。不取諸法、即是真如義。

心には生滅の側面と真如の側面がある。心真如とは、たとえば鏡が像を映し出すようなものである。ここで鏡は心をたとえ、鏡に映る映像は諸法をたとえる。心が法に執着すれば、これは外在的な因縁に関わるということであり、生滅の側面となる。もし諸法に執着しなければ、それは心の真如としての側面である。

このように、馬祖は必ずしも全くの無原則にすべての現実を肯定しているわけではない。あくまで対象に執着しないという条件を満たす限りにおいて、我々はありのままでありさえすればよい、ということになる。

このような現実肯定の姿勢は、最終的に「無事」という理念に結実することになる。この「無事」は、唐代の禅を通じて一つの理想的な境涯と考えられた。やや時代が下るが、『天聖広灯録』巻一一・臨済章には次のように言う。

仏法に功を用うる処無し。秖《た》是《これ》だ平常無事にして、屙屎送尿、著衣喫飯、困じ来れば即ち臥す。愚人は我を笑うも、智は乃ち焉を知る。（柳田聖山主編『禅学叢書』之五、四四一頁上。衣川賢次訳注「臨済録」一四七頁参照）

仏法無用功処。秖是平常無事、屙屎送尿、著衣喫飯、困来即臥。愚人笑我、智乃知焉。

仏法には、あれやこれやの造作を加える余地はない。ただありのままに（平常無事）、クソをしてショウベンをして、服を着て飯を食らい、眠くなったら横になるだけだ。愚か者は私を笑うだろうが、智者にはこれがわかる。

このように、行住坐臥から、大小便まで、あらゆる日常的な営みが仏性の発露として肯定されるようになるのである。このような思想は法眼の時代まで影響をもちつづけた。後に法眼の思想を検討する際にも触れるが、法眼自身もまたこの「無事」を一つの理想として捉えている。「無事」の価値が相対化され、その乗り越えが図られるようになるのは、北宋の半ばにいたってからのことである。

二　馬祖「作用即性」説に対する批判

「即心是仏」の教条化

馬祖禅は、現実に多くの人々を引き付けた。しかししばらくすると、馬祖の思想に対する批判や修正の動きが起こってくる。ここまで見てきた通り、馬祖の思想は決して単純なものではなかった。ところが一部では、この強い現実肯定思想を短絡的に理解する者が現れ、そこから堕落が生じることになったのである。馬祖の次の世代には早くも「作用即性」説の弊害が意識されるようになってくる。そして、のちに雪峰の法系へとつながる石頭系の禅師も、そのような動きの中から現れてくることになる。

「作用即性」説に対する批判には、大まかに言って二つの論点を見出すことができる。一つは、「即心是仏」という教説を絶対視し、「心」を実体的に捉えることへの批判である。そして、もう一つは、心の構造の角度から「仏性」と「作用」、すなわち心の「体」と「用」を同一視することへの批判である。後者の批判は、「体」と「用」をもういちど区別しようとする方向へと進む（小川隆『語録の思想史』七五頁、七九頁、一〇六―一〇七頁）。実際のところ、この二つの論点は密接に関連しあっていて、完全に切り分けて考えることは難しいのだが、ここでは議論の便宜上、二つに分けてその内容を見ていこう。

まずは、一つ目の論点について、馬祖の弟子である東寺如会《にょえ》は、馬祖の没後、一部の禅僧を次のように批判している。

毎《つね》に曰く、「大寂禅師（馬祖）世を去りて自《よ》り、常に好事の者の其の語本を録して、筌を遣《や》りて意を領すること能わず、『即心即仏』を認めて、外に別の説無く、曽て先匠を師とせず、只だ影跡に徇《したが》うを病《うれ》う。且《しばら》く仏は何《いず》くに住してか即心と曰う。心は画師の如し、仏を貶めること甚し。」遂に言に唱うらく、「心は是れ仏ならず、智は是れ道ならず。剣去ること遠くして、爾《なんじ》は方《はじ》めて舟に刻む。」時に東寺を号して「禅窟」と為す。（『祖堂集』巻一五・東寺和尚章、中華書局標点本、六七九頁。小川隆『語録の思想史』七九頁参照）

毎曰、「自大寂禅師去世、常病好事者録其語本、不能遣筌領意、認即心即仏、外無別説、曽不師於先匠、只徇影跡。且仏於何住而曰即心？心如画師、貶仏甚矣。」遂唱于言、「心不是仏、智不是道。剣去遠矣、爾方刻舟。」時号東寺為「禅窟」。

東寺如会（七四四―八二三）は韶州曲江県《しょうしゅうきょくこう》（現広東省韶関《しょうかん》市付近）の人、馬祖の法を嗣ぎ、長沙（現湖南省長沙市）の東寺に住した。彼は常々こう言っていた。「馬祖大師が世を去ってからというもの、わたしは常々憂えている。もの好きな連中が勝手に馬祖禅師の語録を作って、言葉の奥にある真意を理解せずに、ただ『即心即仏』という言葉にばかりこだわり、ほかの説を認めず、すぐれた禅師に参ずることもなく、文字の影ばかり追いかけまわしている。いったい仏がどこにいると思って『心そのもの』などと言うのか。経典に『心は妄念を描き出す絵師のようなもの』と言っているではないか、仏を誹謗するにもほどがある。」そしてこう言ったのである。「心は仏ではない、智は道ではない。言葉面にばかりこだわり、真実からは遠く離れている」と。ときに東寺は「禅窟」と呼ばれた。

非心非仏

東寺如会の言葉からは、馬祖が示寂して間もなく、一部の僧によって馬祖の「語本」が編纂されたこと、また、馬祖の唱えた「即心是仏」が一種のスローガンのように広く人口に膾炙し、さらには教条化の傾向を見せていたことがわかる。東寺如会はこのような状況を見て強く批判し、さらにそのうえで「心は仏ではない、智は道ではない」という、「即心是仏」とは正反対と言ってもよい教説を打ち出すに至ったのである。

この「心不是仏、智不是道」と似たことばで有名なものとしては、「非心非仏」がよく知られている。この二つのことばは、いずれも当時の状況をよく伝えている。現在の研究によれば、これら新たな主張は、馬祖より後の時代、「即心是仏」の教説による弊害を打ち消すために現われてきたともののと考えられている。たとえば『景徳伝灯録』巻六・馬祖章には次のような言葉が見られる。

僧問う、「和尚は什麽《なん》の為にか即心即仏と説く。」師云く、「小児の啼くを止《と》めんが為なり。」僧云く、「啼くこと止《や》む時は如何《いかん》。」師云く、「非心非仏。」……（禅文研本、八九頁上。入矢義高編『馬祖の語録』九二—九三頁参照）

僧問、「和尚為什麽説即心即仏？」師云、「為止小児啼。」僧云、「啼止時如何？」師云、「非心非仏。」……

ある僧が馬祖に問うた、「和尚さまはどうして『即心是仏』と説かれたのですか。」馬祖いわく、「泣いている子どもをあやすためだ。」僧が問う、「それでは、泣き止んだ後はどうなさるのですか。」馬祖が言う、「そのときは『非心非仏』だな。」

問答はこの後も続くが、ひとまずは、「即心是仏」が人々の迷いを解消するための一時的な方便説法として、そして「非心非仏」がそれよりも一段レベルの高い教説として示されていることが確認できるだろう。ここでは「非心非仏」も馬祖自身が述べたとされているが、これまでの指摘によれば、これを馬祖の言葉と考えることはできない。馬祖の没後、馬祖系の内部にそれまでの思想に対する反省が起こり、それによってこのような言葉が唱えられるに至ったというのが実情と考えられる（小川隆『語録の思想史』七八頁、賈晋華『古典禅研究』二三七—二三八頁）。

東寺如会の言葉もあわせて考えれば、馬祖禅が流行した後、かなり早い段階で、馬祖系の内部に教説の教条化を解消するための動きが現れていたことがわかる。また、彼らが「非心非仏」や「心不是仏」といった言葉でこれを批判していることから、馬祖の追随者たちが「即心是仏」の教説を固定的に捉え、そこから「この心」を実体視し、それに執着するようになっていたことがうかがわれる。上に述べたとおり、馬祖が提唱する「この心」とは、外在的な対象と結びつき、それと相互依存的に存在しながら、「体」が「用」として現れてきたもので、本来、複雑な内容と文脈をもつ概念であった。しかし、一部の禅者はきわめて短絡的に「この心」こそが「常なる仏性」であり、両者は同一のものであると理解したようである。東寺如会らの動きは、そのような絶対視や教条化を解消しようとしたものであろう。このような動きは、その後さらに拡大しつつ、新たな思想の発展を促していくのである（小川『語録の思想史』七九頁）。

一切の妄運想念の見量を除却す

教説の教条的理解に対する批判は、二つ目の論点である馬祖禅の心性論的内容へと及ぶことになる。つまり、心の「作用」と「本性」を等置するという「作用即性」的な理解を問題とし、ふたたび両者の区別を考えるようになるのである。もちろん、馬祖の思想は単純に「作用」と「本性」が一つの存在だと主張したものではなかった。しかし、先に見たように、そのような複雑さは思想が流行するにしたがって、しだいに無視されていったようである。そして、この問題を克服するため、ふたたび心の構造における「体」と「用」の区別が議論の俎上に上がってきたのである。石頭系の禅師である大顛宝通《だいてんほうつう》は次のような言葉で馬祖系の思想を批判する。

師上堂し、示衆して曰く、「夫《そ》れ学道の人は須《すべか》らく自家《みずか》らの本心を識り、心を将《も》って相示して、方《はじ》めて道を見るべし。多く時輩の只だ揚眉動目、一語一黙を認めて、驀頭に印可して以て心要と為すを見る。此は実に未だ了《さと》らざるなり。吾、今、汝ら諸人の為に分明《ふんみょう》に説《と》き出《い》ださん。各おの須らく聴受すべし。但し一《も》切の妄運想念の見量を除却せば、即ち汝の真心なり。此の心と塵境とは、守認静黙する時に及《およ》びては全く交渉無し。即心是仏にして、修治を待たず。何を以ての故に。機に応じて随いて照らし、冷冷として自用し、其の用処を窮むれば、了《つい》に不可得なるを、喚びて妙用と作す。乃ち是れ本心なり。大いに須らく護持すべし。容易にすべからず。（『景徳伝灯録』巻一四・大顛章、禅文研本、二七六頁上—下）

師上堂示衆曰、「夫学道人須識自家本心、将心相示、方可見道。多見時輩只認揚眉動目、一語一黙驀頭印可以為心要、此実未了。吾今為汝諸人分明説出、各須聴受。但除却一切妄運想念見量、即汝真心。此心与塵境、及守認静黙時、全無交渉。即心是仏、不待修治。何以故？応機随照、冷冷自用、窮其用処了不可得、喚作妙用、乃是本心。大須護持、不可容易。」

大顛宝通（七三二—八二四）は石頭希遷《せきとうきせん》の法嗣、のちに潮州（現広東省汕頭市）の霊山に住した。当時、潮州に左遷されていた文人の韓愈《かんゆ》（七六八—八二四）と交流したことでも知られる。その大顛が上堂して次のように言った。「道を学ぶものは自分の本当の心を知らなければいけない。心を示して、はじめて道を見ることができるのである。近ごろ、ただ眉を上げたり目を動かしたり、しゃべったり黙ったりするのを、そのまま心の核心としているやからを見かけるが、こいつらはまったく分かっていないのだ。いまお前たちに言って聞かせるから、よく聞くがいい。一切の虚妄な想念や認識を取り除いたものが、お前の本当の心だ。心が静まりかえったときには、心と感覚対象はまったく無関係なのだ。その心がそのまま仏なのであって、ことさらにそれを修治する必要は無い。なぜか。臨機応変に作用し、静かにはたらいており、そのはたらきを突き詰めてみるとまったくつかみどころが無い。これこそが妙用であり、すなわち本当の心なのである。これをしっかり守って、おろそかにしてはいけないぞ。」

大顛は初めに、近ごろの人々の考え方として、「揚眉動目、一語一黙」をそのままで「心要」とみなすという説を挙げる。これが馬祖禅の「祇今《いま》語言するもの、即ち是れ汝の心」という主張と同じものであることは間違いない。このように、動作や発話といった心の「作用」をそのまま心の「本性」であるとする「作用即性」説を批判するため、大顛は「真の心」と、「虚妄な想念」「感覚の対象」を区別する。すなわち、後者は「作用」に属するものであり、それとは別の次元にこそ「本当の心」があるとするのである。

主中の主

馬祖禅を批判する中で、石頭系の禅師の関心は、「作用」とは区別される「真の心の主体」の探求へと向けられていった。このような傾向はすでに大顛の「一切の虚妄な想念や認識を取り除いたものが、お前の本当の心だ」という言葉に見えていたが、それがよりはっきりと現れてくるのは、洞山良价と、その法系の前後に連なる禅僧においてであろう（小川隆『語録の思想史』一一一―一一八頁）。すでに見たように、洞山こそは会昌廃仏後の仏教復興期に石頭系を世に知らしめた禅師であった。その洞山に次のような問答がある。

師、僧に問う、「名は什摩《なん》ぞ。」対《こた》えて曰く、「専甲《それがし》。」師曰く、「阿那个《いずれ》か是れ闍梨《しゃり》の主人公。」対えて曰く、「現に和尚に祇対《こた》えるもの即ち是《これ》なり。」師曰く、「苦なる哉《かな》。苦なる哉。今時の学者は、例《おおむ》ね皆《み》な此《かく》の如し。只だ驢前馬後を認得《みと》めて、将《も》って自己の眼目に当つ。仏法平沈とは、即ち此れ便ち是なり。客中の主すら尚《な》お弁得せず、作摩生《いかん》が主中の主を弁得せん。」（『祖堂集』巻六・洞山章、中華書局標点本、三〇〇―三〇一頁。小川隆『語録の思想史』一〇九―一一〇頁参照）

師問僧、「名什摩？」対曰、「専甲。」師曰、「阿那个是闍梨主人公？」対曰、「現祇対和尚即是。」師曰、「苦哉！苦哉！今時学者、例皆如此。只認得驢前馬後、将当自己眼目。仏法平沉、即此便是。客中主尚不弁得、作摩生弁得主中主？」

洞山禅師が僧に問うた、「名はなんという。」「ナニガシでございます。」洞山が言う、「どれがそなたの主人公か。」「いま和尚様にお答えしているものがそれです。」

ここで洞山が言う「主人公」とは、真の自己、本来の自己、すなわち心の本性を擬人的に表現したものである。一方、真の自己を問われた僧は、「この回答している現のもの」と回答する。これはつまり、現実の心のはたらきを本性と等置する「作用即性」的な回答である。当然のことながら、この後、洞山はこの回答を否定することになる。

洞山いわく、「なんたること、なんたること。今どきの修行者はおしなべてこのとおりだ。ただ驢馬や馬の前後をウロウロするものを自己の核心と思っている。これこそ仏法の没落だ。客と主《あるじ》の区別すらできぬとは、ましてや主の中の主など分かるはずもない。」

「驢前馬後」とは「驢馬や馬の前後をうろうろするだけのもの」、つまりは主になれない従属的なものを指すことばで、ここ以外にも「作用即性」説を批判する文脈で使用されている（小川隆『語録の思想史』二〇六―二〇九頁）。ここで洞山は、「主人公」と「驢前馬後」、つまりは心の本性としての「体」とその副次的な要素である「用」をもう一度区別し、「用」に還元できない「体」そのものを示せと迫っているのである。

有心も無心も尽く我を譏る

このように、石頭系の禅師の問答において、心の本性としての自己のありかたと、現実のなかで具体的に活動している自己のありかたは区別される。この場合、本性としての自己を「体」、現実の自己を「用」に当てはめて理解してよいだろう。小川隆はこの二つを「本来性の自己」と「現実態の自己」と呼んでいる（小川隆『語録の思想史』一〇六頁、一四二―一四三頁注五）。

ただ注意しなければならないのは、石頭系の禅師が「本来性の自己」を、「現実態の自己」とは別に存在する一つの実体として捉えているわけではない、という点である。もしそのように「本来性の自己」を実体視してしまえば、彼らが批判した馬祖禅の弊風とも、あるいは馬祖以前の禅とも、大差ないものになってしまうし、ひいては仏教が本来主張してきた「無我」説にも背くことになるだろう

（小川隆『語録の思想史』一一七頁）。

それでは「本来性の自己」とはいかなるものなのか。しかし、この問いに対する明確な解説を石頭系禅師の言葉の中に見つけることは難しい。これは確かに石頭系の思想の難解な部分である。ただ、それと同時に彼らの思想の重要な特徴でもあり、無視することのできない問題である。以下にこの点について考えてみたい。

まずは石頭と大顛の問答を見てみよう。すでに馬祖禅に対する大顛の批判を見たが、灯史の記述によると、実は大顛自身がかつて馬祖風の思想にとらわれていた。以下はそのような大顛の誤りを石頭が指摘し、大顛が大悟に至る場面である。

老僧（大顛）往年、石頭に見《まみ》ゆるに、石頭問う、「阿那个《いずれ》か是れ汝の心。」対《こた》えて曰く、「即ち和尚に祇対《こた》えて言語する者、是《これ》なり。」石頭便ち之を喝す。旬日を経て却って問う、「和尚、前日は豈《あ》に是ならざる。此を除きての外、何者か是れ心。」石頭云く、「揚眉動目、一切の事を除却しての外、直《じき》に心を将《も》ち来れ。」対えて曰く、「心の将ち来るべき無し。」石頭曰く、「先来は心有り、何ぞ心無しと言うを得んや。心有るも心無きも、尽く我を謾《あなど》るに同じ。」此の時に於いて、言下に此の境を大悟し、……（『祖堂集』巻五・大顛和尚章、中華書局標点本、二四二頁。小川隆『語録の思想史』一〇三―一〇四頁参照）

老僧往年見石頭、石頭問、「阿那个是汝心？」対曰、「即祇対和尚言語者是。」石頭便喝之。経旬日、却問、「和尚、前日豈不是？除此之外、何者是心？」石頭云、「除却揚眉動目一切之事外、直将心来。」対曰、「無心可将来。」石頭曰、「先来有心、何得言無心？　有心無心、尽同謾我。」於此時言下大悟此境、……

かつて私が石頭希遷和尚にお会いした時、石頭はこう尋ねられた。「どれがお前の心か」と。私はこう答えた。「つまり、いまこの和尚に答えて話をしている当のものが、私の心にほかなりません。」すると、石頭はこれを一喝されたのである。それから十日ばかり経って、こんどは私の方から尋ねた。「先日の答えの、いったいどこが誤りだったというのでしょうか。これ以外に、何が心だというのでしょう。」石頭いわく、「揚眉動目、そのほか一切のことを除いて、直接に心そのものを持ってきてみよ。」大顛がこれに答える。「持ってくることのできるような心などありません。」石頭は言う。「先ほどは心が有ったのに、こんどはどうして心が無いなどと言えようか。心が有ると言うのも、心が無いと言うのも、どちらも人を馬鹿にするようなものだ。」ここで私は、その意味を悟ったのである。

泯絶無寄

ここでも最初に問題となるのは「いまこの話をしているものが心である」という「作用即性」風の見解である。大顛自身がかつて馬祖禅にかぶれていたことがわかる。これに対する石頭の批判は、のちの大顛が述べたものと同様で、「揚眉動目などの『作用』を除いて、真の心を持ってこい」というものであった。大顛はそのような心は無いと答えるが、これに対して石頭は、「心が『有る』とするのも、『無い』とするのもどちらも虚妄な説でしかない」とする。この石頭の最後のことばには注意が必要だろう。つまり、「心」は「有」とも「無」とも規定できないというのである。『祖堂集』では、この一段の問答の後に、さらに石頭と大顛の対話が続いている。その内容は難解で、いまその全体の意味を論じる余裕はないが、その対話の最後に石頭が述べたひと言は次のようなものである。「真物は不可得、汝の心の見量の意旨は此《かく》の如し、也《ま》た須らく護持すべし。」真なるものはその姿を捉えることができない、そなたの心のあり方の意味も、またそのようである。それをしかと護れ、というのである。彼らにとって「心」とは「不可得」、つまり「空」なるものなのである。

石頭系のこのような思想の基礎となったのは、般若空観の思想であろう。すでに述べたように、会昌の廃仏以前に石頭希遷に言及した数少ない資料である宗密『禅源諸詮集都序』では、石頭を「泯絶無寄宗」、すなわち般若空観を旨とする禅の一派に分類している。このような宗密の評価を参照すれば、上の問答に見た石頭の主張の出発点は、「作用」の根底に「仏性」や「如来蔵」に相当する実体としての「本当の心」を探すことではなく、あくまで「心の実体視の否定」、より端的に言えば「心は空である」という般若空観的な思想にあったと見ることができる。石頭系のこのような特徴は、馬祖系内部に起こった批判が、「非心非仏」などの言葉によって「心の実体視」を解消しようとした視点に近い。石頭系の思想にはそのような動きを承けた部分があるだろう（賈晋華『古典禅研究』一三八、三七〇頁参照）。

石頭系のそのような特徴をもっともよく、あるいは最も極端に体現しているのは、ほかでもない雪峰の師、徳山宣鑑である。徳山の禅風はすでに紹介したが、若い時分には『金剛般若経』を講説し、

「周金剛」とあだ名されていた。また禅師としては「捨遣一辺倒」といってもよい、空無の第一義に徹する峻厳な禅風で知られた。徳山の禅風には般若空観的色彩が非常に強い。ここから、石頭系全体の傾向を伺うことができる。

幸に専甲《それがし》有り

石頭系の禅師が「現実態の自己」と等置できない「本来性の自己」を追求したことは間違いない。しかし、その「本来性の自己」は不可得であり、あらゆる規定を寄せつけない。そのため「本来性の自己」に関する石頭系禅師の説明は往々にして、言葉による一切の規定を避けるか、あるいは「何者かではない」という否定形にならざるをえない。洞山の師である雲巌曇晟《うんがんどんじょう》（七八二―八四一）とその同門の道吾円智《どうごえんち》（七六九―八三五）にはつぎのような問答がある。

> 師、茶を煎ずる次《ついで》、道吾問う、「什麼《なに》をか作《な》す。」師曰く、「茶を煎ずる。」吾曰く、「阿誰《たれ》の与《ため》にか喫せしむ。」師曰く、「一人の要する有り。」道吾云く、「何ぞ伊をして自ら煎ぜ教《し》めざる。」師云く、「幸に専甲《それがし》有り。」（『祖堂集』巻五・雲巌章、中華書局標点本、二五二頁。小川隆『語録の思想史』一一七―一一八頁参照）
>
> 師煎茶次、道吾問、「作什摩？」師曰、「煎茶。」吾曰、「与阿誰喫？」師曰、「有一人要。」道吾云、「何不教伊自煎？」師云、「幸有専甲在。」

雲巌が茶をいれていたおり、道吾が問うた。「何をしておられるか。」雲巌が答える。「茶をいれております。」「誰が飲むのか。」「一人、茶をお求めで。」「その人に自ら入れさせれば良いではないか。」「折よく私がおりましたもので。」

暗示的な会話であるが、ここでいう「一人」はまさに、「本来性の自己」を指したものである。道吾は「その本来人に茶を入れさせよ」というのであるが、これはつまり、ここでその本来人のはたらきを示して見せよ、との問いかけである。しかし、雲巌はそれに正面から答えることはない。「たまたま私がいたから、私が入れております」という答えは、「現実態の自己」と区別される「本来性の自己」の存在を暗示しながら、しかし最後は、その本来性の自己を具体的に提示することを避けているのである。

鳥道を行かず

さらに、洞山の次の問答は、本来人の規定不可能性を否定形式で示した好例である。

問う、「承《きくなら》く、和尚に言有り、学人をして鳥道を行か教《し》むと。未審《いぶか》し如何なるか是れ鳥道。」師曰く、「一人にも逢わず。」僧曰く、「如何なるか是れ行。」師曰く、「足下無糸にし去れ。」僧曰く、「是れ本来人なること莫《な》きや。」師曰く、「闍梨、什麼に因ってか顛倒す。」僧云く、「学人に何の顛倒か有る。」師曰く、「若し顛倒せざれば、你、什麼に因ってか奴を認めて郎と作す。」僧曰く、「如何なるか是れ本来人。」師曰く、「鳥道を行かず。」（『祖堂集』巻六・洞山和尚章、中華書局標点本、三〇

二頁。景徳伝灯録研究会編『景徳伝灯録』五、六〇九―六一一頁参照）
問、「承和尚有言、教学人行鳥道。未審如何是鳥道？」師曰、「不逢一人。」僧曰、「如何是行？」師曰、「足下無糸去。」僧曰、「莫是本来人也無？」師曰、「闍梨因什摩顛倒？」僧云、「学人有何顛倒？」師曰、「若不顛倒、你因什摩認奴作郎？」僧曰、「如何是本来人？」師曰、「不行鳥道。」

僧が洞山和尚に尋ねた。「先生は日頃、『鳥の道』を歩むよう教えておられますが、『鳥の道』とはいかなるものでしょう。」先生は言われた、「誰にも会わない。」「どのように歩めばよいのでしょう。」「足元に糸ひとすじあってもならん。」

地上の道を獣が歩くのとは違い、空中を鳥が飛んで行った後には何の足跡も残らない。洞山が歩めと教える「鳥道」とは、そのような一切の痕跡を残さない、徹底した無のありかた、没蹤跡《もっしょうせき》のありかたである。だからこそ、僧は次のように尋ねる。

「それはまさに本来人のありかたではありませんか。」「そなた、どうしてそう顛倒するのか。」「私がどう顛倒したというのでしょうか。」「顛倒しておらねば、どうして奴婢を主人と見間違おうか。」「では本来人とはいかなるものでしょうか。」「『鳥の道』を行かぬ人だ。」

僧は鳥の道を行くことを本来人のありかたと理解した。洞山が日ごろ「鳥の道を行け」と教えていたのだから、そのように理解するのは自然である。しかし、洞山は急に立場を翻し、それを顛倒した見解と言って否定する。そして最後には「鳥の道を行かない」ことこそが本来人のあり方だとするのである。

つまりこれは、鳥の道とは没蹤跡の喩えであるのに、それをことさらに「鳥の道を行く人」と規定してしまえば、それが新たな痕跡となり、没蹤跡とは言えないことになる、ということであろう。本来人が徹底した没蹤跡の存在であるとすれば、「鳥の道」という規定すらも排除しなければいけない。これもまた般若空観を基底とする石頭系の思想の特徴を示すものと言っていい。

渠《かれ》、今、正に是れ我、我、今、是れ渠《かれ》ならず

石頭系の人々は、「現実態の自己」と等置できない「本来性の自己」を探求した。しかしそれは空なるものであり、実体として存在するものではない。また言語によるいかなる規定も寄せつけない。したがってそれは、「何者かではない」という否定の形か、あるいは規定そのものを徹底して避けることによってのみ近づくことができるものとなる。このようにして近づくことができた「本来性の自己」は、しかし、何者かであると表現できるものではないので、そこには「現実態の自己」しか存在していない。ちょうど、雲巌が「幸に専甲《それがし》有り」と言ったように。こうして、非常に逆説的ではあるが、「現実態の自己しかない」ことが「本来性の自己がある」ことになり、「現実態の自己」と「本来性の自己」はふたたび統一されるのである。

小川隆は石頭系の思想における「現実態の自己」と「本来性の自己」の関係を「二にして一、一にして二、或いは不一不異、不即不離などと言うほかないもの」とする（小川隆『語録の思想史』一一七頁）が、その内在的な論理は上のように理解することができるだろう。このような思想を深化させ、そこに絶妙な言語表現を与えたのは、やはり洞山良价であった。洞山が開悟の際に作ったとされる

「過水の偈」はその好例である。


切に忌む、他《ほか》に随いて覓むることを。迢迢として我と疏なり。

我、今、独自り往かば、処処に渠《かれ》に逢うことを得。

渠《かれ》は今、正に是れ我。我は今、是れ渠《かれ》ならず。

応《まさ》に須《すべか》らく与摩《かくのごと》く会して、方めて如如に契《かな》うを得。（『祖堂集』巻五・雲巌章、中華書局標点本、二五三―二五四頁）

切忌随他覓、迢迢与我疏。

我今独自往、処処得逢渠。

渠今正是我、我今不是渠。

応須与摩会、方得契如如。


自分以外の何物かにしたがって求めてはいけない、そうすれば自己の真理からは遠ざかるばかりである。そう思って、独り歩んでいくと、こんどは到るところでかの「本来人」に出会うことができる。「本来人」はいま、現実の私でしかない。しかし現実の私が「本来人」であるわけではない。そのように理解して初めて、真実にかなうことができる。

「渠《かれ》」は三人称代名詞で、禅籍ではしばしば「本来人」を指す言葉として用いられる（小川隆『語録の思想史』一一三頁）。洞山ははじめ、多くの禅師と同じように、自己の外側に「本来人」を求めてはならないとする。「本来人」はあくまで自己のうちに見出されなければならない。「本来人」は、この「現実態の自己」以外にはいない。しかし、「この『現実態の自己』が『本来人』である」と規定すれば、それもまた誤りである。そのような「不即不離」の関係こそが、彼らが考えた真実であった。

石頭系から雪峰へ

このように、石頭系の思想は、馬祖禅への批判を出発点とし、高度で玄妙な思想を構築するに至った。振り返れば、馬祖系の思想も「この現実の心」がそのままで「仏性」だと主張する単純なものではなかった。彼らの思想において「体」はやはり「不可得」なものであり、彼らは認識対象との縁起的な関係のなかでそれを捉えようとしたのだった。その意味では、石頭系の思想も、馬祖系の思想と根底では通じる部分を持っている。

石頭系の人々が批判したのは、あくまで馬祖以後の人々の教条的な理解であった。石頭系の禅師は「心」への執着を般若空観の思想によって克服しようとし、そこから仏性の空なる側面が強調されるようになった。「本来性の自己」は徹底した否定を通して得られるものとされ、「現実態の自己」と不即不離の関係にあると捉えられるようになった。このように、馬祖以来の新たな禅の運動は、ひとつの問題を克服しながら徐々に深化していったのである。

さて、若い行脚僧であった雪峰や巌頭は、じつに、洞山良价が出世し石頭系の禅を世に示した時に、そのもとを訪れたのであった。馬祖禅の伝統の中で禅僧としての意識を形成してきた彼らにとって、この石頭系の思想はもちろん最先端のものであった。雪峰たちは少なからぬ驚きをもってこれを受け止めたことだろう。しかし、彼らがこの思想をそのまま受け入れたかというと、すでに第一章で見たとおり、決してそのようなことはなかった。もちろん石頭系の思想が、込み入った歴史的文脈を踏まえた高度なものであることは理解しただろう。だからこそ彼らは石頭系の法を嗣いだのである し、実際に雪峰の言葉には石頭系の影響を見て取ることもできる。しかし、石頭系の思想に完全に心服し満足したかというと、おそらくそうではなかった。だからこそ、巌頭は洞山や徳山を批判した し、雪峰もまた石頭系の思想を乗り越えようとする姿勢を見せた。それでは、雪峰系の思想の理路は どのようなものだったのか。またそれは、雪峰系内部でどのような議論を生みだし、そして最終的に どのように法眼に受け継がれていったのか。つぎには、雪峰教団の中でも特に体系だった理論を持つ 玄沙の思想を見ながら、福建における議論の展開を追ってみよう。

第二節　玄沙師備の昭昭霊霊批判

馬祖「作用即性」説に対する批判や修正が行われるなかで、禅の思想は深化していった。もしこの過程を「ポスト馬祖の時代」と捉えるならば、雪峰と玄沙もまたその延長線上にいた。実際、雪峰や玄沙の言葉にも「作用即性」説に対する批判の観点を含んだものが多く見られる。そのうちでも特に典型的と言えるのは、「昭昭霊霊」に対する玄沙師備の批判であろう。

以下に見る玄沙の説法は、臨済義玄（?—八六六、あるいは八六七）が唱えた「昭昭霊霊」の概念を批判したものとされる。この説法はかつて入矢義高によって取り上げられ（入矢義高「玄沙の臨済批判」）、それ以来、唐代禅宗の思想動向を示す重要な資料として知られるようになった。ただ、玄沙のこの説法は、臨済個人に対する個別の批判にとどまるものではない。ここには「作用即性」説全般に対する玄沙の立場が明確に表現されている。そこで、玄沙の思想を理解する手はじめとして、まずはこの一段を見ていくことにしよう。

玄沙が「昭昭霊霊」を批判した説法の記録には、『玄沙広録』巻下（『卍続蔵経』第一二六冊、三九二頁上―下）に収録されるものと、『景徳伝灯録』巻一八・玄沙章（禅文研本、三五二頁上―下）およびその系統を承けるものの二種がある。両者のあいだには文字の出入があり、『景徳伝灯録』のものは『玄沙広録』に比べ全般的に詳細である。そこでここでは『景徳伝灯録』に載せる説法を対象に読解を進めることにしよう。説法全体は比較的長いので、このうちとくに「作用即性」批判の論点がよく表れた部分を、数段に分けて見ていきたい。また入矢義高監修『玄沙広録』巻下、七三頁以下に訳注があり、これも参照することにする。

批判の対象

説法のはじめに、玄沙はまず批判の対象として二種の誤った見解を挙げる。

一般の縄床に坐す和尚の称して善知識と為すもの有り、問著せば便ち身を動かし手を動かし、眼を点じ舌を吐き瞪視す。更に一般有りて便ち説くらく、昭昭霊霊たる霊台の智性は、能く見、能く聞き、五蘊身田裏に向《お》いて主宰と作《な》る、と。恁麼《かくのごと》く善知識と為るは、大いに人を賺《だま》す。知るや。（禅

文研本、三五二頁上）

有一般坐縄床和尚称為善知識、問著便動身動手、点眼吐舌瞪視。更有一般、便説昭昭霊霊、霊台智性、能見能聞、向五蘊身田裏作主宰。恁麽為善知識、大賺人。知麽？

縄床に座って指導者と称する輩がいるが、これに質問してみれば、体を動かしたり手を動かしたり、はたまた目を指さしたり、ベロを出したり、にらみつけたりする。さらにはこのように言う者もいる。生き生きとした（昭昭霊霊）霊妙なる心は、視覚や聴覚の主体であり、肉体の中（五蘊身田裏）で主宰者となる、と。これで指導者ぶるなど、ペテンもいいところだ。

第一に挙げられる見解は、この身体的動作が仏性の現れであると主張している。前節に述べた観点を思い起こせば、これが、いわゆる「作用即性」的な観点であるとわかるだろう。

また第二の見解に見られる「昭昭霊霊」、「五蘊身田裏に向《お》いて主宰と作る」といった語句は、ちょうど臨済義玄の言葉と一致している。ここからこの説法が臨済を批判したものとわかる。では臨済は実際どのように言っているだろうか。参考に『臨済録』の内容を見てみよう。

且つ名句は自ら名句ならず、還《かえ》って是れ你《なんじ》目前の昭昭霊霊として鑑覚聞知照燭する底、一切の名句を安ず。（岩波文庫本、一三三頁）

且名句不自名句、還是你目前昭昭霊霊鑑覚聞知照燭底安一切名句。

名辞はみずから名辞となるのではない。いまここで昭昭霊霊として見たり聞いたり知覚しているものが、あらゆる名辞を付けているのである。

臨済の立場

前の例では「昭昭霊霊」という言葉が使われている。この「昭昭霊霊」は、玄沙の言葉では「見たり聞いたりする主体」と表現されており、臨済自身の言葉でも「鑑覚聞知照燭する底」とされている。ここからこの「昭昭霊霊」が認識のはたらき、すなわち「見聞覚知」を指したものだとわかるだろう。また、『祖堂集』巻一九・臨済章には次のように言う。

五陰身田内に無位の真人有りて、堂堂露現して、毫髪許の間隔無し。何ぞ識取せざる。（中華書局標点本、八五五頁）

五陰身田内、有無位真人、堂堂露現、無毫髪許間隔。何不識取。

この肉体のなかには、いかなる限定も受けない真の人があり、一瞬も途切れることなく、はっきりとその姿を見せている。さあそれを見て取れ。

ここに見られる「無位の真人」は、臨済の説法のなかでも最もよく知られた概念の一つで、つまりは人間存在の本質たる心のはたらきを示したものである。玄沙の批判には、「昭昭霊霊たる智性」が「五蘊身田裏に向《お》いて主宰と作《な》る」という言葉が見られたが、これもやはり臨済の言葉を受けたものだとわかる。
ここですこし臨済の思想について補足すれば、実はこのあとで臨済は、「無位の真人」の意を尋ねる修行僧に、「無位の真人は是れ什麽《なん》の不浄の物ぞ（せっかくの無位の真人がなんというクソ同然のありさまか）」と言い放っている。「無位真人」は自らの身に徹して体得されるべきものであり、ただの概念として受け止めてはならないと戒めるのである（小川隆『臨済録』一八〇—一八一頁）。臨済の思想は、必ずしも玄沙が言うような単純なものではなかっただろう。しかし、批判の言説にある種の単純化は避けられないものである。またここで臨済の思想の詳細を議論する余裕もない。ひとまずは玄沙の論理だけを追って行くことにしよう。
結局のところ、玄沙にとって、臨済の教説は単純な「作用即性」説と変わらないものであった。それはつまり、肉体内で動作や認識を行う「作用」を、そのままで自己の主体、あるいはより端的に言えば仏性と見なすような見解なのであり、玄沙はこの「作用」を「昭昭霊霊」の一語によって表しているのである。

認賊為子

つづいて玄沙はこの「昭昭霊霊」を、より理論的に批判していく。

我、今、汝に問う、汝若《も》し昭昭霊霊は是れ汝の真実なりと認むれば、什麽《なん》の為にか瞌睡する時は又た昭昭霊霊と成らざる。若し瞌睡する時は是らずんば《しか》、什麽の為にか昭昭たる時有る。汝還《は》た会すや。這个《これ》を喚びて「賊を認めて子と為す」と作《な》す。是れ生死の根本、妄想の縁気なり。汝、此の根由を識らんと欲すや。我、汝に向かいて道わん、昭昭霊霊は只だ前塵の色声香等の法に因りて分別有りて、便ち此は是れ昭昭霊霊なりと道《い》う。若し前塵無くんば、汝の此の昭昭霊霊は亀毛兎角に同じきなり。（禅文研本、三五二頁上―下）

我今問汝、汝若認昭昭霊霊是汝真実、為什麽瞌睡時又不成昭昭霊霊？若瞌睡時不是、為什麽有昭昭時？汝還会麽？這个喚作認賊為子、是生死根本、妄想縁気。汝欲識此根由麽？我向汝道、昭昭霊霊只因前塵色声香等法而有分別、便道此是昭昭霊霊。若無前塵、汝此昭昭霊霊同於亀毛兎角。

いまお前たちに問おう、もし昭昭霊霊がお前たちの真実であるとするなら、なぜ居眠りしている時には昭昭霊霊とならないのか。もし居眠りしているときは違うのだとすれば、なぜ昭昭としている時があるのか。分かるか。こういうのを「盗人を息子と思い込む」と言うのだ。これは生死のおおもと、妄想の生みだした幻想である。その原因を知りたいか。昭昭霊霊とは、ただ目の前にある色、声、香などの感覚対象によって分別を起こしているだけであり、これを昭昭霊霊と思っているのだ。もし感覚対象がなければ、お前たちの昭昭霊霊は「亀の毛」や「兎の角」というのと同様、本来ありえない無実体の代物である。

ここに見える「賊を認めて子と為す」、「前塵」、「亀毛兎角」などの語句は、すべて『楞厳経』に出るものである。すでにしばしば指摘されることだが、玄沙は『楞厳経』から大きな影響を受けている。このことは当時からよく知られたらしく、前に紹介した『宋高僧伝』巻一二・雪峰伝には、「玄沙は

『楞厳』に乗じて道に入り……」（中華書局標点本、二八八頁）と言い、また『景徳伝灯録』巻一八・玄沙章にも、「又た、『楞厳経』を閲して心地を発明し……」（禅文研本、三四九頁下）とある。『楞厳経』は玄沙の思想の基盤であり、また当然のことながら、「昭昭霊霊」批判でも重要な理論的根拠となっているのである。

『楞厳経』の論理

それでは、玄沙がもとづいた『楞厳経』の文章を確認しておこう。上に挙げた「賊を認めて子と為す」等の語句は、『楞厳経』巻一に出るものである。ここでは、法の開示を願う阿難に対し、仏が「光明拳（光り輝く拳）」を差しだし、次のように尋ねる。

仏、阿難に告ぐ、「汝、今、我に答う、『如来は指を屈し、光明拳と為して汝が心目を耀かす』と。汝が目は見るべきも、何を以てか心と為し、我が拳の耀けるに当つる。」阿難言く、「如来は現今、心の所在を徴《もと》む。而《しか》して我は心を以て推窮し尋逐《じんちく》す。即ち能く推す者を、我は将《もっ》て心と為す。」仏言く、「咄《とつ》、阿難、此は汝が心に非ず。」阿難矍然《かくねん》として座を避け、合掌し起立して仏に白《もう》さく、「此、我が心に非ずんば、当《まさ》に何《なん》等とか名づくべき。」仏、阿難に告ぐ、「此は是れ前塵虚妄の相想にして、汝が真性を惑わす。汝、無始より今生に至るまで、賊を認めて子と為し、汝が元常を失うに由りて、故に輪転を受く。」（『大正蔵』第一九巻、一〇八頁下。荒木見悟『中国撰述経典二　楞厳経』五六―五八頁参照）

仏告阿難、「汝今答我、如来屈指為光明拳耀汝心目。汝目可見、以何為心、当我拳耀？」阿難言、「如来現今徴心所在、而我以心推窮尋逐、即能推者我将為心。」仏言、「咄！阿難、此非汝心！」阿難瞿然避座、合掌起立、白仏、「此非我心、当名何等？」仏告阿難、「此是前塵虚妄相想、惑汝真性。由汝無始至于今生、認賊為子、失汝元常、故受輪転。」

仏が阿難に告げる、「お前は先ほど、『如来が光明拳を作って、私の心と目を照らす』と言ったが、さて、お前の目がこの輝きを見るのはよいとして、では、この輝きを感受している心とは何だろうか。」阿難は言う、「如来はいま心のありかを尋ねておられる。そして、いま私は自らの心で、あれこれと考えをめぐらせている。とすれば、つまりこの考えているものが私の心でございます。」仏がおっしゃる、「これ、阿難よ、それはお前の心ではない。」阿難はおののいて座を下り、合掌起立して仏に申しあげた。「これが私の心でないとすると、いったい何者なのでしょうか。」仏がおっしゃる、「これは感覚対象によって引き起こされた虚妄なる表象であって、おまえの真性をくらませるものだ。お前は無始より今生にいたるまで、この盗人を実の息子と見あやまり、お前の常住の本性を見失ったがために、輪廻に沈んでおるのだ。」

攀縁心と真性

『楞厳経』のこの前の段では、衆生の二種の根本として、認識対象に依存して生起する「攀縁心」と心の真の本体である「菩提涅槃元清浄の体」を分けている。つまり、ここで「盗人（賊）」とされるのは「攀縁心」であり、本来的で清浄なる「体」こそが「真性」あるいは「常住の本性（元常）」に当たるのである。さらにこれに続く部分では次のように言う。

我は汝に敕して、執して非心と為さしむるには非ず。但だ汝、心に於いて微細に揣摩せよ。若し前塵を離れて分別の性有らば、即ち真に汝が心なり。若し分別の性、塵を離れて体無くんば、斯《そ》れ則ち前塵分別の影事なり。塵は常住に非ず、若し変滅する時は、此の心は則ち亀毛兔角に同ず。則ち汝が法身、断滅に同ぜば、其れ誰か無生法忍を修証せんや。（『大正蔵』第一九巻、一〇九頁上。荒木見悟『中国撰述経典二　楞厳経』六一頁）

我非敕汝執為非心、但汝於心微細揣摩、若離前塵有分別性、即真汝心。若分別性、離塵無体、斯則前塵分別影事。塵非常住、若変滅時、此心則同亀毛兎角、則汝法身同於断滅、其誰修証無生法忍。

なにもお前に「心がない」という考えに執着させようというわけではない。ただよく考えてみよ。もし感覚対象を離れても分別の自性があるというのならば、その分別は真にお前の心と言えるだろう。しかし、対象を離れれば分別の自性がないというのであれば、分別は感覚対象に依存して生じた幻影でしかない。感覚対象は常住ではない。とすれば、感覚対象が変化・消滅する際には、この心も「亀の毛」や「ウサギの角」と同じく、実体を持たないものとなり、お前の法身も断滅することになるではないか。それでは、いったい何者が主体となって悟りを得るというのか。

以上の経文には、玄沙の昭昭霊霊批判の論理構造がはっきりと表れている。つまり、臨済言うところの「昭昭霊霊」を、玄沙は感覚対象に依存して生起する「攀縁心」と考えているのである。このような存在は対象の変化とともに生滅する虚妄なる幻影であり、まさに第一節で石頭系の思想を紹介する際に述べた「現実態の自己」に相当する。一方、その奥には真の実体としての「真性」が存在する。これこそは「現実態の自己」とは異なる次元にある「本来性の自己」であり、玄沙はこの「本来性」を見て取れと言うのである。石頭系による「作用即性」批判と同様に、玄沙も「現実態」と「本来性」を厳格に区別し、それを混同する思想を批判するのである。この両者の区別は今後も重要な枠組みとなる。ここからはより広い概念として「現実性」／「本来性」という語を使うことにしよう。

さてそれでは玄沙は、この「真性」をどのようなものとして思い描いているのだろうか。続けて玄沙の説法を見ていこう。

秘密金剛体

つづいて玄沙の説法は「真性」を提示し、そのありさまを解説する。ここで「秘密金剛体」と呼ばれるものがそれである。

> 仁者《そなた》の真実は什麽処《いずく》にか在る。汝、今、他《か》の五蘊身田の主宰を出でんと欲《ほっ》得せば、但だ汝の秘密金剛体を識取せよ。古人、汝に向いて道く、「円成正遍は沙界を遍周す」と。我、今、少分に汝が為にす、智者は譬喩を以て解を得るべし。汝、此の南閻浮提の日を見るや。世間人の所作興営《しょさこうよう》、養身《ようしん》活命《かつみょう》、種種の心行作業《しんぎょうさごう》は、他《か》の日光を承けて成立するに非ざるは莫《な》し。只だ日の体の如きは還《は》た

多般及び心行有りや。還た周遍せざる処有りや。此の金剛体を識らんと欲せば、亦《ま》た是《かく》の如し。只だ今の山河大地、十方国土、色空明暗、及び汝の身心の如きは、尽《ことごと》く汝の円成威光を承けて現ずる所に非ざるは莫し。……（禅文研本、三五二頁下）

仁者真実在什麽処？汝今欲得出他五蘊身田主宰、但識取汝秘密金剛体。古人向汝道、「円成正遍、遍周沙界。」我今少分為汝、智者可以譬喩得解。汝見此南閻浮提日麽？世間人所作興営、養身活命、種種心行作業、莫非承他日光成立。只如日体還有多般及心行麽？還有不周遍処麽？欲識此金剛体、亦如是。只如今山河大地、十方国土、色空明暗及汝身心、莫非尽承汝円成威光所現。……

ではそなたの真実はどこにあるのか。もし肉体の主宰者を超え出たいのならば、この「秘密金剛体」を見て取るがいい。古人は言っている、「円《まど》かに完成された仏の智慧は、世界に遍満している」と。いま、このことを比喩によって解説しよう。おまえたち、太陽が見えるか。世間の人々の仕事、生活、心の動きや振る舞いなどは、みなこの日の光を受けて行われている。さて、この太陽の本体がいくつもあるだろうか。そこに心の動きがあるだろうか。光の届かない場所があるだろうか。「金剛体」とは、そのようなものである。この山河大地、十方国土、色空明暗、およびそなたの心と身体は、全てそなたの円《まど》かなる威光を承けて立ち現われるのである。

ここで提示される「秘密金剛体」こそが、「昭昭霊霊」の奥に実在する「真性」であり、玄沙はこれを、比喩的に太陽のようなものと説明している。玄沙は、無常なる現実性としての「昭昭霊霊」を仏性と見なすことをやめ、より根源的な本来性を認識せよ、と説くのである。

唯一の金剛体と複数の五蘊身田

さて、すでに述べたように、以上のような考え方は石頭系による「作用即性」批判と同様の図式を持っている。しかし、ここで用いられる太陽の比喩をつぶさに見ていくと、単に「現実性」と「本来性」という二つの層を区別しただけとは言えない、玄沙特有の視点も見えてくる。いま簡単にその結論を述べれば、それは「現実性」が複数性の存在であるのに対して、「本来性」が単一で、宇宙に遍満し、「現実性」をその内に含んでいる、ということである。以下にこの点について詳しい説明をしてみたい。まずは、先ほどの説法と同じ問題を論じる『玄沙広録』巻下の上堂を参照してみよう。

師上堂して云く、「太虚日輪は是れ一切人の成立。太虚は見在するに、諸人、作麽生《いかで》か満目に覰《み》るも見えず、満耳に聴くも聞かざる。此の両処に省得せずんば、便ち是れ瞌睡漢なり。……自家《みずか》ら幸いに此の広大の門風有るに、紹継し得る能《あた》わず、更に五蘊身田裏に向《お》いて主宰と作る。還《は》た夢見するか。如許多の田地、誰《たれ》をしてか主宰と作《な》らしめん。……」（『卍続蔵経』第一二六冊、三九三頁下。入矢義高監修『玄沙広録』下、九二—九六頁参照）

師上堂云、「太虚日輪是一切人成立。太虚見在、諸人作麽生満目覰不見、満耳聴不聞。此両処不省得、便是瞌睡漢。……自家幸有此広大門風、不能紹継得、更向五蘊身田裏作主宰。還夢見麽？如許多田地、教誰作主宰。……」

一読して、ここに使われる言葉とイメージが「昭昭霊霊」批判のそれとよく似ていることに気づくだろう。玄沙は次のように言う。虚空と太陽はすべての人が成立する基盤である。しかし、虚空は現に存在しているというのに、どうして、目に見ながら見えず、耳に聞きながら聞こえないのだろう。ここで気がつかなければ、居眠りしているも同然だ。……我々は幸いにして、このように広大な在りようを持っているというのに、それを承けとめることができず、わざわざ肉体のなかで主宰者になろうとする。夢にでも見たのだろうか、これほど多くの肉体を、いったい誰に主宰させるというのか。

「太虚日輪」は昭昭霊霊批判における太陽の比喩と同様である。それはあらゆる人の存在の基盤となるものである。しかし、愚かな人はこの「広大な門風」に背き、わざわざ「五蘊身田」のなかで「主宰」になろうとする。ここでも「五蘊身田」は本来性から乖離した現実性としての肉体を表している。そして注意しなければならないのは、玄沙がさらにこれを「これほど多くの田地」と言い換えていることである。つまり「五蘊身田」は、この「太虚日輪」の中にある複数性の存在として捉えられているのである。これは上に見た昭昭霊霊批判で「この太陽の本体がいくつもあるだろうか」と言って、「秘密金剛体」を単一なるものとしていたのと、ちょうど対照的である。

妙明真心

単一なる秘密金剛体と複数性の五蘊身田。この考え方を理解するために重要な手掛かりとなるのも、やはり『楞厳経』である。以下の『楞厳経』巻二の一段はしばしば言及される有名な部分であるが、玄沙の考え方を知るための参考となる。

我、常に説言すらく、「色と心と諸縁と、及び心所使と諸の所縁の法は、唯心の所現なり」と。汝の身と汝の心は皆な是れ妙明真精妙心中の所現の物なり。……、昏《くら》くして擾擾《じょうじょう》たる相をば、心性と以為《おも》えり。一たび迷いて心と為さば、決定して惑いて色身の内と為す。色身より外、山河・虚空・大地に洎《およ》ぶまで、咸《み》な是れ妙明真心中の物なるを知らず。譬えば澄清たる百千の大海は之を棄て、唯だ一浮漚の体を認めて、目《なづ》けて全潮と為し、瀛渤を窮尽せりとするが如し。（『大正蔵』第一九巻、一一〇頁下。荒木見悟『中国撰述経典二　楞厳経』九七―一〇五頁参照）

我常説言、「色心諸縁及心所使、諸所縁法、唯心所現。」汝身汝心皆是妙明真精妙心中所現物。……昏擾擾相以為心性。一迷為心、決定惑為色身之内、不知色身外洎山河虚空大地、咸是妙明真心中物。譬如澄清百千大海棄之、唯認一浮漚体、目為全潮、窮尽瀛渤。

わたしはいつも言っている、「物質と心、諸々の因縁、心のはたらきとその対象は、心の現れである」と。お前たちの身体も心も、みなこの霊妙なる心の中に現れたものである。……この暗く雑然たる相を自らの心性と思い込む。これを一たび自分の心としてしまうと、必ずやそれは自分の肉体の中に在ると誤解する。そして、肉体の外、山河・虚空・大地に至るまで、すべてが妙明真心の中のものであることを理解しないようになる。まるで大海を無視して、ひとつのあぶくを海の全体とするようなものだ。

『楞厳経』は個人の「攀縁心」と、すべての存在の基盤となる「妙明真心」を区別する。ここでは、「色」や「山河大地」のみならず、「心」「汝の心」「汝の身」までもが「妙明真心」の中に現ずるものだとする。ここから、個々人の身心と真の仏性が、現実性／本来性という二重構造だけでなく、前者が後者に内在し、後者が前者を越えて広がるという、包含の関係を持つことがわかるだろう。我々の心と身体は、その他の無情の物と同じく、唯一の真性のなかに現れる個別で複数の現象なのである。

牛迹裏の水を把《と》りて以て大海と為す莫《な》かれ

つまり玄沙は、「昭昭霊霊」や「見聞覚知」は個々人の内部に局限された存在であり、一方「秘密金剛体」はそれを越えて世界に充満している、と言うのである。このことをより簡潔な言葉で表現したものに、玄沙の法嗣、羅漢桂琛の以下の上堂がある。『景徳伝灯録』巻二八・羅漢桂琛和尚語にいわく、

牛迹裏の水を把《と》りて以て大海と為す莫《な》かれ。仏法は沙界に遍周す、錯《あやま》りて肉団心上に向《お》いて妄りに知見を立て、以て疆界《きょうかい》と為す莫《な》かれ。此の見聞覚知識想情縁は、不是には非ずと然《いえど》も、若《も》し這裏《こ》に向《お》いて点頭《うなず》きて我が真実と道《おも》わば、即ち得《よ》からず。（禅文研本、五九四頁下）

莫把牛迹裏水以為大海。仏法遍周沙界、莫錯向肉団心上妄立知見、以為疆界。此見聞覚知識想情縁、然非不是、若向這裏点頭、道我真実、即不得。

「見聞覚知」は牛の足跡にたまった水たまり、「仏法」は大海のようなものである。この水たまりを

大海だと思ってはいけない。「仏法」という大海は広大なる世界に遍満しているものであり、「肉団心」にあれこれと理屈をつけて、そこで境界を作ってはいけない。この「見聞覚知」という個人の精神作用は、「不是」ではない、つまり仏法を反映していないわけではないが、しかし、これが我が真実であると思い込んだら、間違いである。

桂琛は「此の見聞覚知識想情縁は、不是には非ずと然《いえど》も」と言う。ここに見える「然」は口語で、文語の「雖」にあたる。桂琛は「見聞覚知」を全否定しているわけではない。これについては玄沙の思想全体を見る際にもう一度説明するが、仏性を見るための入り口として、「見聞覚知」にも一定の真理性を認めるのである。しかし、真の「仏法」はそれとはまったく別次元の存在である。それは個人の中に局限されることなく、世界に充満しているのである。桂琛が玄沙の論理を忠実に継承していることが見て取れる。

五蘊身田の主宰を出でんと欲《ほっ》得せば

かつて入矢義高は、玄沙の「昭昭霊霊」批判に見える「出他五蘊身田主宰」という表現について、「「出」とは創出する意」と解釈した（入矢義高「玄沙の臨済批判」八六頁注六）。そしてこれを承ける入矢監修『玄沙広録』下は、この一文を「君たちが肉体の主宰者を打ち立てたいと思うのなら」と翻訳している（七六頁）。しかし、以上の資料に見られるように、玄沙は一貫して「五蘊身田裏に主宰と作《な》る」という考え方そのものを批判し、それと対立するものとして「沙界に遍周」する「秘密金剛体」を真実の存在と考えていた。このため、玄沙が「（真の意味での）肉体の主宰者」を探究することは考えづらい。「出」も「(そこから) 超出する」等の意として理解するべきだろう。

以上のことをまとめると次のように言える。玄沙は「昭昭霊霊」や「見聞覚知」を仏性と見なす考え方を明確に批判している。「昭昭霊霊」などは認識対象に依存して生起する虚妄な精神作用であり、これをみずからの主宰者と見なすことは誤りであるとする。この点からいって、玄沙の批判は石頭系の思想を受け継いで、現実性と本来性を再び厳しく区別するものであったと言える。

しかしそれだけにとどまらず、玄沙は「秘密金剛体」を、個人存在をこえて世界に遍満するものとして提示する。それは、個々人の認識作用を越えて宇宙に遍満し、「山河大地」から人々の「身心」までをも含みこむような存在、一切の人の成立基盤となる単一で全一なる実体である。玄沙の思想の最終的な目標は、そのような「秘密金剛体」を体認することにあった。

このような「秘密金剛体」のイメージは、玄沙の思想において非常に重要な役割を担っている。しかし、これは必ずしも「昭昭霊霊」批判という一つの文脈のみから出てきたものではない。その含意をより正確に理解しようとすれば、我々はさらに歩を進めて、玄沙の思想全体の中でこれを捉える必要がある。そこで、次節には玄沙の思想の全体像を考えてみたいと思う。実はそのような議論をするのに格好の材料がある。それは「三句綱宗」と呼ばれる一連の理論である。以下にこの理論を紹介してみよう。

第三節　三句綱宗

玄沙の思想の全体像を示す教説として知られるのが「三句綱宗」である。これは当時から玄沙の代表的教説と見られていたらしく、第一章に紹介した『宋高僧伝』巻一二・雪峰伝では、著者である賛寧の評語として、「一には則ち玄沙、三句を安立し、群見を決択するは、極めて洞過となるか。今、江表に多く斯の学を尚《とうと》ぶ」とある。玄沙が「三句」の説を立て、諸学説を判別したのは、非常な洞見であり、いま江南ではその学を尊重するものが多い、と言うのである。ここからも「三句綱宗」が広く知られ、宋初にいたるまでその影響力を保っていたことがわかる。

「三句綱宗」とは、第一句、第二句、第三句という三つの段階によって構成されるひとまとまりの理論である。三つの〝句〟は、仏性に対するそれぞれ異なった捉え方を表しており、一つ一つの段階を経て順に高い境地へ進んでいくという構造を持つ。つまりこれは玄沙の仏性観を表す理論であり、またその境地が次第に高まっていくことから、修行の過程を表す理論であると捉えることもできる。ただ、それだけでは「三句綱宗」の性格を言い尽くせないようにも思う。というのも、前に見た賛寧の評語に「群見を決択す」、すなわち〝諸学説を判別した〟とあるように、「三句綱宗」はそれまでに現れた禅の思想を分類し、同時にそれらを統一する理論でもあるからである。もしこのような性格を伝統的な教理学用語によって表現するなら、それは「教判」と呼ぶのが最もふさわしいように思う。

とはいえ、玄沙が明確にこれを教判であると言っているわけではなく、あまり簡単に結論を下すこともできない。そこで、この問題については、あとでまとめて議論することにして、ひとまずは以下に「三句綱宗」全体の構成を説明することにしよう。その中で「三句綱宗」の性質も明らかになってくるものと思う。

「三句」の先駆け

「三句綱宗」の内容に入る前に、いくつか確認しておかなければならないことがある。一つには、ここにみられる三段階理論が突然に現れたものではないことを説明しておく必要がある。「三句綱宗」にはその先駆けとなった教説があった。それは百丈懐海の「三句」の説である（土屋太祐「百丈懐海の「三句」の思想について」）。百丈の「三句」は『祖堂集』でも言及され、やはり当時からよく知られた教説だったことがわかる。百丈自身の言葉にもこの論理形式が多く現れており、例えば『天聖広灯録』巻九・百丈章には次のように言う。

夫れ教語は皆な三句相連なる。初、中、後善なり。初は、直に須らく渠《かれ》をして善心を発せ教《し》む。中は善心を破す。後は始めて好善を明かす。菩薩は、即ち菩薩に非ず、是れを菩薩と名づく。法、法に非ず、非法に非ず、総て与磨《かくのごと》きなり。……如今の鑑覚は是れ自己仏と説道《と》くは是れ初善なり。如今の鑑覚を守住せざるは是れ中善なり。亦《ま》た守住せずとの知解を作《な》さざるは是れ後善なり。（『禅学叢書』之五、四二二頁下）

夫教語皆三句相連、初、中、後善。初、直須教渠発善心。中、破善心。後、始明好善。菩薩、即非菩薩、是名菩薩。法、非法、非非法、総与磨也。……説道如今鑑覚是自己仏是初善、不守住如今鑑覚是中善、亦不作不守住知解是後善。

教のことばはすべて三つの句が連なっている。初善、中善、後善である。初めはまず善心を起こさせる。中間にはこの善心を破る。後になってはじめて本当の善を明かす。『金剛般若経』に「菩薩は即《すなわ》ち菩薩に非ず、これを菩薩と名づける」とか、「法、非法、非非法」と言っているのがそれである。「いまこの認識作用が自らの仏である」というテーゼは初善である。この認識作用に執着しないのが中善である。そして「執着しない」という理解すらしないのが後善である。

『金剛般若経』と三段階の理論

ここで言う「いまこの認識作用（鑑覚）が自らの仏である」という一句が、これまでも見てきた馬祖の「作用即性」説を指していることは理解しやすいだろう。百丈の三句の思想が、馬祖禅の弊害とそれに対する修正という流れの中で現れてきた理論であることがわかる。この三段論法の第一段階では「感覚作用が仏である」という命題を提出し、第二段階でこの理論に対する執着を打破し、第三段階では、この「執着しない」という考えをも消滅させる。このような「肯定」→「否定」→「否定の否定」と進む三段階の論理によって「作用即性」説に対する執着を完全に断ち切ろうとするのである。ただ、百丈「三句」は必ずしも「作用即性」説だけを標的としたものではない。ほかの部分では、さまざまな対象に対する執着を破るためにこの論法が使われていることにも留意しておく必要がある。

また、文中の言葉からも分かる通り、この思想の教理学的基盤は『金剛般若経』の空の思想にあった。これは、のちに日本の鈴木大拙が取り上げて有名になった、いわゆる「般若即非の論理」にほかならない。はたして大拙が百丈の三句を意識していたかどうかはよくわからないが、『金剛般若経』を基盤とした三段階の思考形式が百丈のころから禅の思想の中に導入され、長い禅の歴史の中で次第にその重要性を増していったのは間違いない。のちには「雲門の三句」や「臨済の三句」など、さまざまな三句形式の理論が提唱されるに至っている。

玄沙の「三句綱宗」に話を戻せば、これも百丈の「三句」と同様、各段階の問題を克服しながら、次の段階へ進むという構造を取っている。玄沙が直接に百丈の「三句」に言及することはないが、両者の間には思想上の類似を見て取ることができる。「三句綱宗」も百丈以来の「三句」の系譜に連なるものと考えてよいだろう。

もう一点、「三句綱宗」の内容に入る前の準備として、「三句綱宗」に言及する資料の状況を確認しておきたい。「三句綱宗」に関する系統だった資料は『玄沙広録』巻中の初めの部分（『卍続蔵経』第一二六冊、三六八頁下―三七一頁下。これを（A）とする）と末尾の部分（『卍続蔵経』第一二六冊、三八六頁上―三八七頁上。これを（B）とする）に見られる。このほかに、慧洪『禅林僧宝伝』巻四・玄沙章（『禅学典籍叢刊』第五巻、一五頁上―下。柳田聖山編『禅の文化―資料編』三三三―三三八頁参照）および『玄沙語録』巻上（『卍続蔵経』第一二六冊、四一五頁上―下）にも三句綱宗に関する記載が見られるが、このうち『僧宝伝』は『玄沙広録』と同系統の資料を承けたもの、『玄沙語録』はさらに『僧宝伝』を承けたものと見られる（柳田聖山編『禅の文化―資料編』三三六頁上参照）。つまるところ、「三句綱宗」に関する最も古い資料は、『玄沙広録』巻中に見られる（A）（B）の二つだけということになる。そこで、ここでは（A）（B）を主な考察対象とし、あわせて入矢義高監修『玄沙広録』巻中の訳注（一―三八頁、二一四―二二五頁）を参照しながら考察を進めることにする。それでは「三句綱宗」の具体的な内容を見ていこう。

一　第一句

第一句の内容

まず、第一句の内容について、（A）では次のように始まる。

若是《もし》、第一句の綱宗ならば、且《しばら》く自ら成現具足するを承当す。尽什方世界は更に他故無く、只だ是れ仁者なるのみ。更に誰をしてか見せしめ、誰をしてか聞かしめん。都《すべ》て只だ是れ你の心王心所と全成不動仏なり。只《た》だ自ら承当するを欠くのみ。喚びて開方便門と作す。且らく你ら諸人の、一分の真常流注有りて、亘古亘今、未だ是ならざる者有らず、未だ非ならざる者有らざることを信ずることを要す。（『卍続蔵経』第一二六冊、三七〇頁上―下）

若是第一句綱宗、且自承当成現具足。尽什方世界、更無他故、只是仁者。更教誰見、教誰聞？都只是你心王心所与全成不動仏。只欠自承当。喚作開方便門。且要你諸人信有一分真常流注、亘古亘今、未有不是者、未有不非者。

第一句の綱宗は、まず自らにすべてが完成され具わっていることを承けとめるのだ。十方世界は他の何者でもなく、すべてあなた自身なのである。それ以外に、いったい誰が見たり聞いたりするのか。すべてはあなたの心とそのはたらき、そして完成されて揺るがない仏なのである。ただそれを自分で承けとめきれていないだけなのだ。これを方便門を開くという。ひとまずはあなたたちに一分の真常流注が具わり、それが過去から現在に至るまで変わらず、是ならぬものもなく、非ならぬものもないことを信じさせようというのだ。

さらに（B）では次のように言う。

若し是れ一分具足の真常流注ならば、亘古亘今なり。直下は是れ什麽《なん》ぞ。尽什方世界は只だ是れ当人自己の本体にして、恒然如是にして、更に他故無し。……諸法の所生は唯心の所現にして、凡そ見る所の境は、唯だ是れ心を見るのみ。（『卍続蔵経』第一二六冊、三八六頁上）

若是一分具足真常流注、亘古亘今。直下是什麽？尽什方世界只是当人自己本体、恒然如是、更無他故。……諸法所生、唯心所現。凡所見境、唯是見心。

一分の仏法を具えた「真常流注」は古今不変である。さあ、いまここにあるのは何者か。十方世界はすべて自己の本体であり、それ以外ではないのだ。……諸法はすべて心が現れたもの、およそ目に見える物は、すべて心を見ているのである。

これらの内容が、馬祖「作用即性」説と類似していることは明らかだろう。上に引いた（A）で玄沙は、この見たり聞いたりする心が世界のすべてであり、また仏に外ならない、これを承けとめよ、と言う。これは「見聞覚知」のはたらきが仏だという馬祖の説と異ならない。また（B）では、馬祖の「見色便見心」と同様に、すべての認識対象は心の現れであるとも言う。玄沙は「作用即性」説を批判しつつ、一方でそれをみずからの体系の第一段階に「方便門」として取り入れているのである。

真常流注

このような第一句の内容をもっともよく表す言葉が「真常流注」である。上の引用にもすでに見えているが、この語はひとまず自己の真実としての心、あるいは「当人自己の本体」を表す概念として、肯定的に使われている。

しかし教理学関係の文献を見ると、この「流注」という語が否定的なニュアンスで使用されていることに気づく。「流注」は一般に、起滅相続する虚妄な心識のはたらきを表す言葉なのである。たとえば四巻本『楞伽経』巻一には、「諸識に二種の生有り、謂く流注生、及び相生なり。……」（『大正蔵』第一六巻、四八三頁上）とある。ここで言う「流注」のサンスクリット語原語はprabandhaで、「連続」を意味する。『楞伽経』の異訳である北魏菩提留支訳『入楞伽経』、唐実叉難陀訳『大乗入楞伽経』はこれを「相続」と訳しており、この部分が「相続による識の生起」を表わしているとわかる（『大正蔵』第一六巻、五二二頁下、五九三頁中）。またその後には「山林に宴坐し下中上修し、能《よ》く自心の妄想流注を見る」（『大正蔵』第一六巻、四八四頁中）という句もある。この原語は「水流」を意味するdhārāで、やはり妄想の連続を表している（以上、南條文雄校訂『梵文入楞伽経』、三七頁、四五頁）。また中国撰述の論書としては、隋の慧遠『大乗義章』巻三に、「第七識中に体有り、用有り。其の体を論ずるや、無常の流注にして、前を藉《か》りて後を生ず」と言う（『大正蔵』第四四巻、五三二頁上）。これらの資料から、「流注」は本来、無常で虚妄な識の連続を意味していたことがわかる。

しかし玄沙はこのような伝統的用法に反し、「流注」の語に「真常」を冠して、肯定的に用いている。これにより、この「真常流注」に「真如や仏性といった真なるものの存在を反映しながら、起滅相続する心識」という、屈折した意味合いを持たせている。「真常流注」はすでに見た「昭昭霊霊」と同じく、対象を持つ「見聞覚知」のはたらきである。それは起滅相続する妄識ではあるが、方便としてその中の部分的な真理性を認めているのである。

第一句の問題点

一見すると第一句は肯定されるべき境地のようにも思われるが、しかしこれはあくまで初歩の方便法門であり、完全な悟りに至ったものではない。そのため玄沙は、いたるところで第一句のもつ問題点を指摘する。（A）の第一句部分には次のように言う。

儱侗《ろうとう》の見を作《な》さず、断常《だんじょう》の解を作さず、若し是《かく》の如きを得ば、唯だ自己の真如は不生不滅にして、且《しばら》く其の宗旨を知るも、由《な》お是れ前を明らめて後を明らめず、一箇の平実、法身を分証するの量にして、未だ出格の句有らず、一句の下に死して、未だ自由の分有らず。（『卍続蔵経』第一二六冊、三七〇頁下）

不作儱侗之見、不作断常之解。若得如是、唯自己真如不生不滅、且知其宗旨、由是明前不明後、一箇平実、分証法身之量、未有出格之句、死在一句之下、未有自由分。

儱侗（ぼんやりした）の見解を作さず、断見、常見という誤った考えを起こさなければ、ただ自己に属するかぎりでの真如は不生不滅であり、ひとまずは宗旨を理解したということになる。しかしこれでは前側がわかっただけで後側は見えていない。「ありのまま」一辺倒で、法身の一部分を悟っただけの見解である。そこを突き破る一句はまだなく、その一言のもとで凝り固まって、自由になれない。

ここにみえる「儱侗」は、第一句的な立場を批判する文脈でしばしば使われ、ほとんど専門用語といってよいものになっている。この語の例としては、「三句」を説明する部分ではないが、『広録』巻上に次のような記述がある。この一段もまた、第一句の持つ問題を批判した発言と理解できる。

更に一般の人有りて好悪を識らず、便ち道《いわ》く、「総て説き了われり。人人具足し、人人成現す。尽十方世界は都来《すべ》て只だ是れ我が去処にして、更に青黄赤白、明暗色空、及び地水火風無し。更に什《な》麼《に》を説かば即ち得《よ》からん」と。若し与麼《かくのごと》き見解ならば、且喜すらくは勿交渉。只だ儱侗の真如を成すのみにして、吉凶を辨ぜず。什《なん》麼の用処か有らん。（『卍続蔵経』第一二六冊、三五八頁下）

更有一般人不識好悪、便道、「総説了也。人人具足、人人成現。尽十方世界都来只是我去処、更無青黄赤白、明暗色空及地水火風。更説什麼即得。」若与麼見解、且喜勿交渉。只成儱侗真如、不辨吉凶、有什麽用処。

良し悪しを知らぬ人がいて、次のように言う。「すべて説き終った。人人はみな仏性を具足し、完成されている。この世界はすべて私の心が現れたものであり、あれやこれやの現象はみな虚妄なのである。これ以上何も言うことはない」と。このような見解は全くの的外れ、ただ儱侗の真如と成るだけで、役には立たない。

ここに言う「人人具足、人人成現……」等は、上に引いた第一句の内容とほぼ一致しており、この一段の目的が第一句に対する批判にあると分かる。このような邪見に陥った人は、『我』だけが真理であると考え、「青黄赤白」等の諸現象を虚妄なものとして無視する。このような考え方は儱侗の見解、すなわち「ぼんやりとして不徹底な真如の把握」である、と指摘するのである。

上に引く（A）でも、第一句は「法身を分証するの量」、すなわち法身の一部を悟っただけの見解であるとする。つまり、第一句の立場ではあくまで個人に属する真如を悟ったにすぎないのである。ここで認められた真如とは「見聞覚知」であり、「真常流注」であり、また「我」である。その真実性はまだ、「秘密金剛体」のように外在世界にまで及んでいない。もしこの第一句の立場に固執し、これだけを実体と捉えて絶対視すれば、思想の自由を失うことになる。これが第一句の問題である。

なお、ここではもう一つの誤った見解として「断常の見」が出ている。この語も玄沙の思想における非常に重要な論点を示しているが、問題がやや複雑なため、第四節でまとめて説明することにしたい。ひとまずは、第一句の立場が究極の境地ではないことを確認しつつ、つづけて第二句の内容を見てみよう。第二句では第一句の問題の克服が図られることになる。

二　第二句

理に著せず

第二句の段階でまず始めに克服されるのは、第一句の理論に対する執着である。すでに前に引いた（A）第一句部分には、「未だ出格の句有らず、一句の下に死して、未だ自由の分有らず」とある。第一句の理論は、人に固定観念を与え、縛り付けるものなのである。そのうえで（A）第二句部分には次のように言う。

若是《もし》、第二句ならば、因を迴《めぐ》らして果に就き、平等一如の理に著せず、方便もて喚びて位を転じて機に投ずと作す。（『卍続蔵経』第一二六冊、三七〇頁下。「転位投機」は底本で「転其投機」とするが、『僧宝伝』および入矢義高監修『玄沙広録』巻中、二九頁により改める。）

若是第二句、迴因就果、不著平等一如之理、方便喚作転位投機。

第二句ならば、因位（凡夫の位、現実性）を転換して、果位（仏の位、本来性）に就き、平等一如の道理に執着しない。これを便宜的に「立場を転換して感得する」という。

また、（B）の第二句部分にいわく、

若是《もし》、転側明後底の句ならば、機鋒到らざる無し。二分の法性元常は、有ならず無ならず、応用自在なり。真如平常の見、光応の量を奪下し、一概心法を総て皆な奪下す。生機転側して、唯心平実一真法界、因中の因、死中の句に座せず。（『卍続蔵経』第一二六冊、三八六頁下。「機鋒無不到」は底本に「機鋒不到」とする。入矢義高監修『玄沙広録』巻中、二二一頁により改める。）

若是転側明後底句、機鋒無不到。二分法性元常、不有不無、応用自在。奪下真如平常之見、光応之量、一概心法総皆奪下、生機転側、不座唯心平実一真法界、因中之因、死中之句。

もし立場を転換して、前だけでなく後ろまでも明らかにする一句であれば、死角はない。二分の法性・元常は、有ともいえず無ともいえず、自由自在に現れ出る。真如平常の見解、見聞覚知の光が照らすという考えを否定し、すべては心法だという考えを取り除く。生きたはたらきは立場を固定せず、「唯心たるありのままの真実法界」などという、凡夫の位を破れない硬直した言葉に執着しないのである。

このように、第二句の立場においては、ひとまず「世界はすべて私の心だ」という固定観念への執着を打破するのである。これはまた、馬祖禅への批判が、まず「即心是仏」という教説への教条的理解を批判したことを思い起こさせる。第二句の内容も、それまでの禅思想の展開と歩を合わせたものとなっている。

元常

しかし、第一句と第二句の違いはこれだけではない。真性に対する両者の捉えかたには根本的な違いがある。第二句の立場では、「真常流注」を妄念と考え、その奥により本質的な真性を見出す。そのような真の本来性を表す言葉が「元常」である。

　この語は先の引用ですでに「二分の法性元常」として現れ、有でも無でもなく、応用自在であるものとされていた。またこの外にも、（A）第三句部分では「一真性相の元常は、大用現前して、応化無方」と言われる。この「元常」は第二句、第三句のキーワードであり、人の本性を指す言葉である。あるいはより直截に「仏性」や「真如」に相当する概念だと言ってもよい。

　そしてこの「元常」の出典はというと、やはり『楞厳経』である。実はこの語は、玄沙の「昭昭霊霊」批判を論じた際にすでに一度現れていた。『楞厳経』巻一で「賊を認めて子と為し、汝の元常を失うに由りて、故に輪転を受く」と言うのがそれである。ここに見える「元常」もまた、衆生の「真性」の言い換えである。この「元常」の語は、（A）（B）ともに第一句部分では使われず、第二句以降になって現れる。第一句と第二句の違いは、まさに「真常流注」と「元常」の間にある。

　先に引いた（A）第二句部分のあとには、「四住煩悩」について述べる一段が続く。「四住煩悩」はもともと『勝鬘経』（『大正蔵』第一二巻、二二〇頁上）に出る説であるが、玄沙はこれを換骨奪胎して独自の思想を展開する。すなわち、色愛住が欲愛住を生み、欲愛住が見愛住を生み、見愛住が一切顛倒を生み出す。そしてこの四住煩悩が無明と和合して三界苦楽の因となるという。ここで玄沙は、現世において苦楽が生まれる過程を説明しようとしているのである。そしてその最後に次のように言う。

　但《も》し此の無明虚妄の元由を識《し》らば、自然に色欲見愛四住に拘せられず、方《はじ》めて喚びて三界を頓超す

るの仏性と作す。（『卍続蔵経』第一二六冊、三七一頁上）

但識此無明虚妄元由、自然不被色欲見愛四住所拘、方喚作頓超三界之仏性。

この虚妄なる無明の煩悩の根源となっているものを知れば、おのずとこれらの煩悩にとらわれることはなくなる。これを三界を超え出る仏性というのだ。

ここで玄沙は、苦楽という「現実性」とそれを生みだしている根源としての「本来性」を異なるものとして区別し、「現実性」に還元されない「本来性」を見て取れと言うのである。その「本来性」とは、先ほどから言及されている「元常」ということになる。この第二句では、三界の苦楽が発生する以前の根源的本質を見て取り、現世の苦しみから解脱することが目指されるのである。

以上をまとめると、第二句の趣旨は次の二点にまとめられるだろう。すなわち、「真常流注」の理論に対する執着を打破することと、その背後にある恒常不変の「元常」を発見することである。さて、この観点は、馬祖の後に起こった「作用即性」批判、なかでも石頭系の思想とよく似たものである。玄沙は第一句で「作用即性」説を初歩の方便として取り入れていたが、その第一句の問題を克服する第二句の段階では、「作用即性」に対する批判をも自らの思想体系に取り込んだと見てよい。ここに至って、第一句の問題は克服され、その次の段階へと進む準備が整った。つづく第三句では、いよいよ玄沙本人の立場が表明されることになる。

三　第三句

華厳の思想

第三句の重点を端的に言えば、それは第二句で確認された「元常」の真理性を現象世界へと押し広げることである。(A) にいわく、

若是《もし》、第三句ならば、本智性相の本然有ることを知る。其の越量の知見に通じ、陰を明らめ陽に洞《つう》じ、沙界に廓周す。(『卍続蔵経』第一二六冊、三七一頁上)

若是第三句、知有本智性相之本然。通其越量之知見、明陰洞陽、廓周沙界。

第三句では、本来的な真実の智慧が自らに具わっていることを知る。計り知れない知見に精通し、万物を明らかにし、法界にあまねく行き渡る。

ここに至って自らの本来性は「我」の枠を超え、世界全体へと拡大するのである。このような第三句の特徴として目に付くのが華厳的な語彙の多用である。たとえば (A) の第三句部分では次のように言う。

海印三昧、一時に現前し、群生の一念中に於いて、十種華蔵世界海会を具足し、四輪の応用に同ず。喚びて元常不動の智、仏性大海の本心と作す。広く照らして円明、性相自在なり。(『卍続蔵経』第一二六冊、三七一頁上—下)

海印三昧一時現前、於群生一念之中、具足十種華蔵世界海会、同四輪之応用。喚作元常不動之智、仏性大海之本心。広照円明、性相自在。

（華厳宗において『華厳経』の教主毘盧舎那仏の三昧とされる）海印三昧が現前し、あらゆる生き物の一念が、（毘盧舎那仏の国土である）蓮華蔵世界を具足し、四種の転輪聖王のはたらきに等しくなる。これを元常のゆるがない智慧、仏性という大海の本心と呼ぶのである。広く照らして完成されており、性と相は融通無礙である。

さらに（B）第三句部分には次のような言葉もある。

然れども真如法界は、自無く他無し。所以に喚びて一如性相と作し、智悲の量に座せず、慈定の門に通明す。現行三昧、華蔵海会、十方重重の家風なり。（『卍続蔵経』第一二六冊、三八七頁上）

然而真如法界、無自無他。所以喚作一如性相、不座智悲之量、通明慈定之門。現行三昧、華蔵海会、十方重重之家風也。

しかし真如法界に自他の区別はない。だからこれを性と相が一如になった世界と言うのだ。智慧と慈悲という考えにとどまらず、慈悲にもとづく禅定の法門を明らかにする。これが目の前に現れ出た三昧、蓮華蔵世界の法会、十方世界重重無尽のあり方なのである。

重重無尽の縁起

ここには「海印三昧」「華蔵世界」「重重」等、一見して華厳思想を連想させる語彙が豊富に現れている。これらは第一句、第二句の部分には見られず、第三句の顕著な特徴となっている。では、第三句がこのように華厳の思想を強調するのはなぜだろうか。玄沙―法眼系と華厳思想の関係については、このあとの第二章第四節と第三章第三節でより詳しく論じることになるが、結論から言えば、その目的はおそらく、本来性としての「元常」を現実性としての現象世界に推し広げ、その両者を融合させるため、「重重無尽の法界縁起《ほっかいえんぎ》」という考え方を導入することにあったと思われる。

法界縁起は、伝統的に華厳教学の中心的な思想とされる教説である。華厳の法界縁起説では、現実世界を構成する諸事物・諸事象は、固定的な実体を欠いており、相互に無尽の縁起的関係を結ぶことによって存在すると考える。そしてこのように諸法が重重無尽に縁起し、融合しつつ存在するさまは、真性そのものの現れとされる（木村清孝『初期華厳思想の研究』第二篇第六章、同『中国仏教思想史』一一四頁参照）。

「法界縁起」に使われる「法界」の語は多義的で、理解の難しい概念である。「法界」の原語は dharmadhātu であり、このうち「界」にあたる dhātu は、「要素」や「本質」といった意味を表す。高崎直道によれば、インドの仏教において「法界」の語義はおよそ次のような変遷を経た。まず、アビダルマ仏教における主要な用法として、「法界」は「意」の対象であり、十八界の一つとなる「法という要素」を意味した。この用法はさらに拡張され、広義には「一切法」、つまりはすべての現象世界を意味した（高崎直道「法性、法界、法身、仏性」四一頁）。

大乗仏教の時代になると、この語の意味に変化が現れた。すなわち高崎は、「……大乗仏教における一般的用法としては、(1)法の全領域、すなわち〈一切法〉というのとほとんど同義の用法と、(2)法出生の因（dhātu = hetu）すなわち、一切法の根源、乃至は本質という用法とがある」とし、この二つの語義をさらに細分化したうえで、最終的に「実は〈法界〉は、このような(1)とも(2)とも、また蘊処界の法とも分かちがたいような、混然とした総体を意味しているようで、そのような一切を含み、しかも一切の根元であるようなものである。すなわち、それは『一切法の根本、一切法を住持し、摂するもの』である」とする（高崎直道『如来蔵思想の形成』八六―八七頁）。

中国での展開

「法界」のこのような多義性は中国の仏教にも引き継がれた。華厳教学を実質的に大成し、華厳宗の第三祖とされる法蔵《ほうぞう》は、その著『探玄記』において「法」と「界」それぞれに三つの意味があるとする。このうち「界」（＝dhātu）の語義については（1）因、（2）性（本質）、（3）分斉（区分）の三つを挙げ、これにしたがって「法界」の語に（1）聖なる教えが生じる原因、（2）諸法の拠りどころとなる本性、（3）縁起して現れた諸法の相貌が交じり合わぬこと、の三つの意味があるとする（『大正蔵』第三五巻、四四〇頁中）。（1）は仏法の根拠、（2）は諸存在の本質、（3）は諸存在の総体を意味すると言ってよい。法界縁起とは、このような諸存在の総体であり、同時に諸存在の本質であるような法界の在りかたを解き明かす教説である。

このような法界縁起の思想は、さらに華厳宗四祖とされる澄観《ちょうかん》に至って「四法界」の説にまとめられた。澄観は法界の姿には、（1）「事法界」、（2）「理法界」、（3）「理事無礙法界」、（4）「事事無礙法界」の四種があるとする。そのうち（1）「事法界」とは、現実的諸存在が相互に区別をもちながら存在している在りかた、（2）「理法界」とは、それら諸存在の本質、平等無差別の理法としての在りかた、（3）「理事無礙法界」とは、以上のような理法と諸存在が互いに融合している在りかた、（4）「事事無礙法界」とは、諸存在が相互に縁起的に関係し、無限に融合している在りかた、である。

最後の「事事無礙法界」は諸存在相互の関係を述べたものであるが、とはいえ「理」の存在を否定するものではない。澄観にあっては、「理」は「事（諸存在）」が存在することの下支えである。「事」は個別的な存在として存在しつつ、一方でこの「理」を介して相互に縁起の関係を結ぶことで、一つの総体として融合している。このような局面を描くのが「事事無礙法界」の説である。

この四つの法界は、唯一の法界のそれぞれ異なる側面であり、決して個別の存在ではない。澄観はこの四法界の説によって、諸存在の総体とそれを成立させている本質が渾然一体となった「法界」の在りかたを描き出すのである（木村清孝『中国華厳思想史』二二一―二二五頁、林鳴宇・吉田叡禮「教学仏教の様相」一八六頁参照）。

現在の研究では、これら中国華厳宗の諸祖師の思想には種々の違いがあることが指摘されている。したがって、もし中国華厳宗の歴史的な発展・変化を理解しようとするのであれば、それらの違いを無視して、華厳思想を一枚岩のものとして理解することは適切ではない。しかし、玄沙や法眼はすでに澄観・宗密よりも後の時代の人物であり、彼らの言葉から各祖師の教説を細かに分類したり、あるいはそれらに関する教理学的議論を行おうとしたりする意図を読み取ることはできない。彼らはあくまでそれらの教説を「華厳の思想」という一つの総体として受け止めていたと考えられる。したがって、ここで華厳教学に関する細かな議論に立ち入る必要はないだろう。

玄沙にとって重要だったのは、あくまで石頭系の思想を乗り越え、自己の真性を現象世界にまで拡充することであった。そのような目的にとって、現象世界と真性の融合を説く華厳の縁起説は、恰好の理論的基盤となったのである。

華蔵世界

玄沙の言葉に見られる「華蔵世界」の語も、そのような法界縁起の考え方を示すものである。この語は『華厳経』の教主である毘盧舎那仏の仏国土を指すが、法蔵『探玄記』巻三では、この「華蔵世界」について次のように説いている。

二に、此の遍法界の華蔵に即して十を説き、無尽を顕す。即ち無尽箇の華蔵、一一皆な法界に遍ず。三に、樹形等の雑類《ぞうるい》世界、一一皆な蓮華蔵有りて、並びに彼の界に似て、悉《ことごと》く法界に遍ず。各各に十有りて、無尽無尽なり。（『大正蔵』第三五巻、一六二頁下）

二、即此遍法界之華蔵説十、顕無尽。即無尽箇華蔵、一一皆遍法界。三、樹形等雑類世界、一一皆有蓮華蔵、並似彼界、悉遍法界。各各有十、無尽無尽。

第二に、この法界に遍満する華蔵世界に依拠して無数なることを説き、無尽の関係を示す。つまり無尽の数の華蔵世界の一つ一つがみな法界に遍満しているのである。第三には、樹形などの個別具体的な姿をもつ世界の一つ一つそれぞれにみな華蔵世界が具わる。それぞれが華蔵世界に似ており、すべてが法界に遍満するのである。そしてそのそれぞれに無数の華蔵界があり、重重無尽なのである。

この引用は「華蔵世界」の第二の意味から始まっているが、第一の意味は「同教一乗」所説の「蓮華台蔵世界」について述べたもので、華厳の思想とは関係が薄いためここでは省略する。竹村牧男は、法蔵が捉えたこのような華蔵世界について論じ、これを「円融無礙自在、重々無尽の縁起の世界であり、かつそれは即娑婆世界そのものなのである」とする（竹村牧男「法蔵の「蓮華蔵世界」観をめぐって」二〇頁）。ここでは華蔵世界のみならず、個別的な雑類世界までもが内に蓮華蔵を有し、それらはたがいに重重無尽の縁起的関係によってむすばれ、またそれぞれが法界に遍く広がるとされる。玄沙は実にこのような華蔵世界のイメージを使って、「元常」と現象世界が円融する姿を描き出している。

以上見てきたように、「三句綱宗」の理論はこの第三句にいたって、第一句、第二句の立場を克服し、ついに真性としての「元常」が現象界に充満することを主張する。そして、華厳の教説はそのような第三句の主張を裏付けるために使われていると考えられる。伝統的に、華厳思想の援用は法眼宗の特徴とされるが、そのような傾向は、この玄沙の第三句にすでに始まっているのである。

「三句綱宗」と教判

ひとまず、ここまで「三句綱宗」の全体像を一通り確認した。玄沙の思想における華厳思想の役割にはまだ論ずべき問題があるが、それは以下に節を改めてもう一度考えることにしよう。ただそのまえに、「三句綱宗」全体に関わる問題として、本節冒頭にも述べた「三句綱宗」の「教判」的性格について説明しておかなければならない。

教判とは、教相判釈とも言い、仏教の経典を整理・解釈するために中国で発達した一種の学問である。インドの仏教思想は時代を経るにしたがって発展し、多種多様な経典を生みだしたが、それらの経典は前後の脈絡なく中国へと伝えられることになった。そのため、中国では諸経典の内容を整理し、その思想的な先後関係や優劣を判別する必要が生まれた。中国の仏教者はもちろんこれらの経典がすべて「仏説」であることを疑っていなかった。そこで彼らは、釈尊がその一生の中で簡単な教えから徐々に高度で難解な教えを説いていったものと考え、その時間軸に沿ってこれら多様な経典を整理・体系化した。これが教判の理論である。

この教判の理論は、経典整理法であるにとどまらず、とりもなおさず仏教思想の全体構造に対する理解を示すものであった。そのため教判は長い間、中国仏教のもっとも中心的な学術領域のひとつであり、その後の中国仏教界にも長く大きな影響を及ぼした。また教判は一般的に、原始的な教説が次第に高度な教説に発展するという構成を取る。そのため中国の仏教徒はしばしば自派とは立場を異にする他学派の学説やそれがもとづく経典・論書を相対的に低い段階に位置づけ、一方で自派の立場を高い段階に置いて自らの優位性を主張した。ここから、新たな教判の成立は往々にして一宗一派の確立を意味することにもなった。

さて、玄沙はかならずしも「三句綱宗」が教判であると明言しているわけではないが、「三句綱

表１　玄沙「三句綱宗」の構造

	内容	対応する宗派
第一句	真常流注（現実性）が仏性である。	馬祖系
第二句	現実性の奥に真の真性である元常（本来性）がある。	石頭系
第三句	華厳法界縁起の思想を借りて、本来性が現実性に遍満することを述べる。	玄沙

宗」はやはり教判的な性質を持つと考えてよいように思う。まず、「三句綱宗」の三段論法は、それぞれの段階が当時実在した具体的な教説を念頭に置いていると考えられる。この点については、それぞれの内容を解説する際にすでに触れたが、もう一度まとめると、第一句は馬祖系の「作用即性」説、第二句は石頭系の思想に当たる。玄沙はこれを踏まえ、第三句の段階で自らの立場を示している。

　雪峰の伝記を述べる際に紹介した当時の歴史的状況を考えれば、「三句綱宗」のこのような構成が不自然でないことがわかるだろう。すでに見たとおり、雪峰の行脚以前、福建に広まっていたのは馬祖系の禅であった。その後、福建を出た雪峰は、会昌の廃仏終了後に現れた石頭系の禅を目の当たりにした。石頭系の思想は馬祖系の思想を批判する中から現れてきたものである。雪峰はそのうちの徳山の法系を嗣いで福建に帰ったが、しかし雪峰にも、その師兄である巌頭にも、石頭系を乗り越えんとする問題意識があった。玄沙もまた、雪峰・巌頭と同様の立場にあったと考えられる。以上のような経緯を考えれば、馬祖系の思想を出発点とし、石頭系の思想によってそれを乗り越え、さらにそれを乗り越えて自らの立場を打ち出すという「三句綱宗」の構成が、雪峰や玄沙の目に映った当時の禅宗の状況を反映したものであったとわかる。

玄沙はこのような歴史状況を受けて自らの主張を作り上げた。では、それはどのような主張だったのか。またそこで華厳の思想はどのような意義を持ったのか。次節では、「三句綱宗」の範囲を越えて、玄沙の思想全体の特徴をより詳しく考えてみたい。

第四節　玄沙と華厳の思想

ここからは三句綱宗の第三句で示された玄沙の思想の全般的特徴について考える。ただ、その前にひとつ、重要な参考事例を見ておくことにしよう。それは雪峰のもう一人の法嗣、雲門文偃の思想である。というのも、この雲門には、前節で見た玄沙の問題意識とよく似た視点を見ることができるからである。雲門は玄沙よりも二十九歳年少で、年齢的には一世代下の人物であるが、思想史的な観点から見れば、ほぼ同じ段階に属していると言える。

一　雲門文偃の塵塵三昧

雲門の禅

雲門文偃（八六四―九四九）は、玄沙とならび雪峰下でもっとも有名な禅僧の一人である。ただ、雪峰教団のなかではかなりの年少で、雪峰より四十二歳の年下、鼓山神晏とほぼ同年齢となる。雪峰の「碑銘」に挙げる五大弟子の中に雲門の名は挙げられておらず、雪峰の在世中はかならずしも有力な存在ではなかったようである。のち広州の雲門山に出世し、宋初にかけて雲門宗が発展すると、やがて雪峰以後の時代を代表する禅僧と認められるようになっていった。

この雲門の思想の分析に先鞭をつけたのは、やはり入矢義高であった。入矢は「雲門の禅・その〈向上〉ということ」において、玄沙と雲門がともに師の雪峰に対するラディカルな批判者であったこと、そして雲門には雪峰の禅を突き抜けてその上へ透出する境地があったことを述べ、『雲門広録』巻中の以下の一段を引用する。

師、有時《あるとき》云く、「我、尋常道《い》う、一切の声は是れ仏の声、一切の色は是れ法身、と。枉《いたず》らに箇の仏法中の見を作《な》せり。如今は拄杖を見ば但だ喚びて拄杖と作し、屋を見ば但だ喚びて屋と作す。」（『大正蔵』第四七巻、五五九頁上）

師有時云、「我尋常道、一切声是仏声、一切色是仏色、尽大地是法身。枉作箇仏法中見。如今見拄杖、但喚作拄杖。見屋、但喚作屋。」

雲門禅師はある時こう言った。「私はこれまで『すべての声《しょう》は仏の声、すべての色《しき》は仏の色、大地全体は法身である』と言っていたが、まったく虚しい『仏法』の見解をやらかしたものだ。今は、拄杖を見ればただ拄杖と呼び、家を見ればただ家と呼ぶだけである。」

この言葉を、入矢は次のように解釈する。

さらに第三句の「大地全体が法身だ」という発言は、実は師の雪峰の愛用語「十方世界全部が我が眼《まなこ》だ」の変奏である。……彼がかつて拄杖を取り上げて「一切の声は仏の声……」と高言した時、彼はその拄杖を彼自身の法身と化していたのであったが、しかし「今の私」はもうそんな愚かなことはやらぬ。拄杖はまさに拄杖そのものとして存在し完結しているのだ。それを法身に昇華させる必要は全くない。個物は個物に還せ。それこそが『華厳経』にいう「塵塵三昧」（個個三昧）だ、というのである。（入矢義高「雲門の禅・その〈向上〉ということ」八四頁）

そして、そのあとの結論部分では、「まだ仮説の域を出ない」としながらも、雲門禅の深化の過程が「理念的な法身の探求」、「法身の肉体化、または身体としての法身の能動化」、「その法身を透出して更に上へ超え出ようとする見地」という三つの段階に分けられるという考えを示し、さらに「その志向の落ちつく先は、平常底（または日常性）における、自己をも含めての個物の円成《えんじょう》、つまりは華厳の『塵塵三昧』ではなかったか」とする（入矢義高「雲門の禅・その〈向上〉ということ」八六―八七頁）。

塵塵三昧

ここで入矢が使う「塵塵三昧」の語は、『雲門広録』巻上の次の問答にもとづくものであろう。

問う、「如何なるか是れ塵塵三昧。」師云く、「桶裏には水、鉢裏には飯。」（『大正蔵』第四七巻、五四六頁上）

問、「如何是塵塵三昧？」師云、「桶裏水、鉢裏飯。」

この問答はのちに『碧巌録』や『従容録』といった宋代の公案集に収められて広く知られるようになるが、そのうち『従容録』の評唱者、万松行秀は「塵塵三昧」を華厳の思想として解釈している。また日本の岐陽方秀が『碧巌録』のために撰した注釈書『碧巌録不二鈔』も、『華厳経』賢首品の偈を引用して注としている。「塵塵三昧」の語そのものは華厳関係の文献に見出せないが、一般的には華厳教学を背景とした用語として理解されていたと見てよいだろう。また、この問いに対する「桶裏には水、鉢裏には飯」という回答は、その意味を一義的に決定することが難しいが、ひとまずは、桶の中には水、鉢の中には飯といった具合に、しかるべきものがしかるべきところにある、日常的な姿がありのままで完成されているという、「個物としての完結、円成」を意味すると解釈してよいように思われる。

入矢が指摘する通り、「法身」等の抽象的な価値を介在させずに、個別的存在の真理性を直接に肯定するという傾向は、雲門のほかの言葉にも表れている。たとえば、『雲門広録』巻中に

師、一日拄杖を拈起し、挙す、教に云く、「凡夫は実に之を有と謂い、二乗は析《さ》きて之を無と謂い、縁覚は之を幻有と謂い、菩薩は当体即ち空。」乃ち云く、「衲僧《のっそう》は拄杖を見ば但だ喚びて拄杖と作し、行かば但だ行き、坐らば但だ坐り、総《すべ》て動著するを得ず。」（『大正蔵』第四七巻、五五五頁下）

師一日拈起拄杖、挙、教云、「凡夫実謂之有、二乗析謂之無、縁覚謂之幻有、菩薩当体即空。」乃云、「衲僧見拄杖但喚作拄杖、行但行、坐但坐。総不得動著。」

雲門禅師はある日、拄杖を持ちあげながら、教家の言葉を取りあげた。「凡夫はこれを本当に有ると思い、二乗の徒はこれを分解して、無であると思い、縁覚乗は仮に有るものと思い、菩薩乗はありのままで空だと言う。」そしてこう言った。「禅僧は、拄杖を見ればただ拄杖と呼び、歩く時はただ歩き、坐るときはただ坐る。一切変えることはできぬ。」つまり雲門は、いまここにある拄杖を、無だ、空だとあれこれ言いなしてはいけない、拄杖は拄杖でしかないのだ、と言うのである。

さらには、より明確なものとして次のような言葉もある。

上堂して云く、「諸和尚子、妄想する莫《な》かれ。天は是れ天、地は是れ地、山は是れ山、水は是れ水、僧は是れ僧、俗は是れ俗。」（『大正蔵』第四七巻、五四七頁下）

上堂云、「諸和尚子、莫妄想。天是天、地是地、山是山、水是水、僧是僧、俗是俗。」

上堂して言う。「君たち、妄想してはいけない。天は天であり、地は地だ。山は山で、川は川、出家は出家、在家は在家だ。」

ここで「妄想するな」と言うのは、これら個物の背後に仏性や法身といったありもしない価値を想定するな、という意であろう。この言葉は宋代になっていわゆる「無事禅」の典故として有名になり、また批判を受けることにもなるのだが、これはまた別の問題なので、ここで深入りすることはやめておこう。いずれにせよ雲門のこのような世界観は、入矢が指摘する通り、雪峰的な思想を乗り越えて始めて到達されたものであった。いうなれば、入矢が挙げた雪峰の「尽十方世界は是れ沙門の一隻眼」という言葉、つまり全世界はわたしの心だというテーゼから、「沙門の一隻眼」を抜き去り、いかなる媒介も置かずに「尽十方世界」は「尽十方世界」のままで完成されている、と主張するものである。

このような雲門の思想を、入矢は「塵塵三昧」と表現したのであるが、たしかに華厳の四法界説に照らせば、ここには「事事無礙法界」の観点に近いものを感じることができる。

二　儱侗と断常

個物に対する肯定

雲門と同様の観点は、玄沙の説法にも表れている。玄沙もまた、抽象的な観念を排し、現実世界の個別的存在を直接に肯定しようとする傾向がある。すでに述べた通り、二人の思想はおおよそおなじ歴史段階に属しており、そのため問題意識にも通じるところがあると言えよう。以下には、そのような観点がよく表れたふたつの上堂を見てみたい。まずは『玄沙広録』巻上に載せるものである。

上堂して云く、「諸上座、言に実ならざるは無く、理に是ならざるは無し。処に応じて妙用し、量は言趣を超ゆ。六道、人天、明暗は区分し、人は是れ人、天は是れ天、脩羅は是れ脩羅、魚龍は是れ魚龍、地獄、畜生、乃至十方世界、一一皆な如是たり。諸上座よ、且らく作麽生《いかん》。便即《すなわ》ち一向に『只だ是れ自家《みずか》ら信取せば便ち是。那裏《いずく》にか更に如許《よし》多般の人天六道の往還、四生九類有らんや』と道うは、諸上座、若し与麽《かくのごと》く会せば、什麽《なん》の救処か有らん。什麽の共に語る処か有らん。

……」（『卍続蔵経』第一二六冊、三六一頁下。入矢義高監修『玄沙広録』巻上、一三九―一四四頁）

上堂云、「諸上座、言無不実、理無不是、応処妙用、量超言趣。六道人天、明暗区分、人是人、天是天、脩羅是脩羅、魚龍是魚龍、地獄、畜生、乃至十方世界、一一皆如是。諸上座、且作麽生？便即一向道、『只是自家信取便是也。那裏更有如許多般人天六道往還、四生九類？』諸上座、若与麽会、有什麽救処？有什麽共語処？……」

上堂して言う、「諸上座よ、すべての言葉は真実であり、すべての理法は正しい。その場その場に現れ出ながら、言葉の意味を越えている。六道、人天、明暗はそれぞれ異なり、人は人、天は天、阿修羅は阿修羅、魚竜は魚竜、地獄、畜生、ないし十方世界はみなありのままで円成しているのである。諸上座よ、どうだろうか。もし、ひたすらに『ただ自分を信じきればそれでよい。いったいどこに人天六道の生まれ変わりや、四生九類の区別などというクダクダしいものがあろうか』と言うのなら、こんな考えは救いようもないし、話にならんぞ。」

「四生九類」は、現実性における差別的、個別的現象を表す言葉として『玄沙広録』でくりかえし用いられ、このテーマにおけるキーワードの一つとなっている。ここで批判されるのも、自己内の真実性のみを肯定し、「如許多般の人天六道の往還、四生九類」という個々の現象の存在を認めない態度である。玄沙は人、天から地獄、畜生にいたるまで、すべての個別的な在り方が、そのままで円成しているというのである（入矢義高監修『玄沙広録』上、一四二頁）。それは「我」のみを世界の本質と見る思想を否定し、雲門と同様「個物が個物として円成する」ことを主張するものと言っていいだろう。

『玄沙広録』巻上に載せるもう一つの上堂も、また同様の観点を示している。

面前の青山を見るや

師、雪峰に在りて上堂す。示衆して云く、「……若《も》し只《た》だ与麽《かくのごと》く道理を説きて、『尽什方世界は都《すべ》来て只だ是れ我が者箇《こ》の道理、何ぞ曽て更に四生九類有らん』と、若し与麽《かくのごと》く説話せば、還《は》た曽て仏法を夢見せんや。……

諸上座、你還《は》た疑うや。我、今、你に問う。還た面前の青山を見るや。還た好と悪とを見るや。還た猫児《ねこ》・狗子《いぬ》・一切の鳥獣を見るや。若し見ずと道わば、只だ箇の儱侗を成すのみ。若し見ると道わば、你、便《すなわ》ち説道《と》くらく、『者箇《これ》は只だ是れ色。者箇は多少に分明なり。者箇は是れ什麽《なん》ぞ。者箇は与麽《かくのごと》く可憐生なるを得《う》。都《すべ》来て只だ是れ我、更に什麽《いずく》処にか去《ゆ》かん』と。若し此《かく》の如く説話せば、喚びて儱侗中の又た更に儱侗、緇素《しそ》を辯ぜず、吉凶を識らざる寄褐生の俗人と作す。什麽《なん》の共に仏法を理論するに堪うること有らん。

諸上座、応《まさ》に須是《すべか》らく人に附近して、人我を決択し、儱侗を破却し、其の青黄赤白を識り、其の是非を辯じ、其の好と悪、長と短とを知るべし。人は決定して是れ人、天は決定して是れ天、脩羅は是れ脩羅にして、脩羅の中に解脱を得、乃至餓鬼・畜生・地獄も、一一皆《み》な解脱を得。相に随って区分し、自由自在なり。応須《すべか》らく与麽《かくのごと》く会《え》すべし。明は是れ明、暗は是れ暗、乃至《ないし》青黄赤白も、一一如然たりて、分毫を混濫することも也た得《ま》ず。」（『卍続蔵経』第一二六冊、三六四頁下―三六五頁上。入矢義高監修『玄沙広録』上、一九一―二〇一頁）

師在雪峰上堂。示衆云、「……若只与麽説道理、『尽什方世界都来只是我者箇道理、何曽更有四生九類』、若与麽説話、還曽夢見仏法也未？……諸上座、你還疑也無？我今問你、還見面前青山麽？還見好之与悪麽？還見猫児狗子一切鳥獣麽？若道不見、只成箇儱侗。若道見、你便説道、『者箇只是色。者箇多少分明。者箇是什麽？者箇得与麽可憐生。都来只是我、更什麽処去？』若如此説話、喚作儱侗中又更儱侗、不辯緇素、不識吉凶、寄褐生俗人。有什麽堪共理論仏法。諸上座、応須是附近人、決択人我、破却儱侗、識其青黄赤白、辯其是非、知其好悪、長之与短。人決定是人、天決定是天、脩羅是脩羅、脩羅中得解脱。乃至餓鬼、畜生、地獄、一一皆得解脱。随相区分、自由自在。応須与麽会。明是明、暗是暗、乃至青黄赤白、一一如然、混濫分毫也不得。

玄沙は雪峰山で上堂し、次のように言った。「もしただ理屈をこねて、『すべての世界はただ「我」という道理だけだ、その他に四生九類などあるものか』とでも言うのなら、これは夢にも仏法がわかっていない。

諸上座よ、まだ疑っているのか。いま、お前たちに問おう、目の前の青山が見えるか。好と悪とが見えるか。猫、犬、一切の鳥獣が見えるか。もしこれらが『見えない』と言うのなら、それは『儱侗』の見解だ。とはいえ、『見える』と言ったとしても、お前たちはすぐさまこう言うだろう。『これは視覚の対象に過ぎない。これは何とはっきりしたことか。これはいったい何ものか。これはなんとも素晴らしい。これらは全て「我」でしかない、他に何があるというのか』と。このようなことでは『儱侗』中の『儱侗』、良し悪しの判らぬエセ坊主だ。仏法を論じる資格などない。

諸上座よ、しかるべき指導者につき、人我の見、儱侗の見を片づけ、青黄赤白、是非、好悪、長短という個別的存在を知らなければならない。人は紛れもなく人であり、天は紛れもなく天である。修羅は修羅であり、修羅として解脱を得る。餓鬼も畜生も地獄も、みなそれぞれが解脱を得る。それぞれの姿によって区別されながら、全てが自由自在なのだ。このことを知らねばならん。明は明、暗は暗、青も黄色もそれぞれがありのままにあって、すこしも混同することはできぬ。」

儱侗の見

この上堂の冒頭で批判されるのも「我」のみを真実と見なし、「四生九類」といった個別的現象を虚妄な存在として否定する見解である。玄沙は「青山」「好悪」「猫、犬、一切鳥獣」といった個別的存在を無視すれば、これは「儱侗《ぼんやり》」した見解に過ぎないとする。さらに、それら個別的存在が「見えた」としても、「個別的現象は存在するが、それは『我』が変化したものにすぎない」などと主張するのであれば、それは「儱侗」中の「儱侗」だ、と批判する。

そのうえで玄沙は自身の主張として次のように述べる。すなわち、このような「我」を実体視する見解を捨てさり、青・黄・赤・白等の個別現象を知らねばならない。それができれば、人は人、天は天、脩羅は脩羅のままで解脱する。これら個物はすべてありのままで完成されており、その区別を無視することはできないのだ、と。

ここに見える「儱侗」の語は、すでに第三節にも見た通り、第一句を批判する文脈でしばしば用いられるもので、この上堂の内容が「三句綱宗」と連動していることが分かる。ここで玄沙が批判する、「我のみを真実とする」見方も、第一句に属する思想と考えてよい。第一句的な思想が必然的に陥る問題のひとつは、個別的存在を虚妄なものとみなしてしまうことである。それに対して第三句の段階で玄沙は、華厳の思想を援用しつつ、自己の真理性が現象世界全体に遍周し、真性と現象が円融することを主張するのである。玄沙は雲門と同じく「個物が個物として円成する」世界観を肯定する。そのような「塵塵三昧」あるいは「法界縁起」的な世界観は、玄沙の最終的な立場でもあった。

断常

さて、先の上堂では「儱侗」の語が否定的な意味で使われていたが、すでに第三節でも触れたとおり、これとしばしば対になって第一句的な思想の否定的側面を表す言葉に「断常」がある。この「断常」の語は、「儱侗」とは異なる角度からの批判を示しており、この語の内容を考えることで、我々は玄沙の思想をより総体的に理解することができる。

では、「断常」はいかなる意味を持っているのか。いまここであらかじめ結論を述べれば、それは、「儱侗」とは逆に、個別的存在の真実性を強調するあまり、それらを実体視し、それによって仏教の基本教義である縁起の考え方に背いてしまうことを指す言葉であると考えられる。以下、このことについて考えてみよう。

第三節で引用した玄沙の説法では、第一句について次のような説明をしていた。「儱侗の見を作さず、断常の解を作さず、若し是《かく》の如きを得ば、唯だ自己の真如は不生不滅にして……（儱侗の見解を作さず、断常の見を起こさなければ、第一句の立場で主張される自己内の真如は不生不滅であり……）。」

ここで「断常」は「儱侗」と同じく、第一句的な立場が陥る誤りを表しており、玄沙の批判のもう一つの側面を示している。『玄沙広録』では、この「断常」の語の用例はかならずしも多くなく、厳密な定義を見つけることはできないが、以下に示す資料から、そのおおよその意味を推しはかることができる。『玄沙広録』巻中に次のような一段がある。

王令公、茘枝を送りて師に上《たてまつ》る。師、拈起して云く、「者箇《こ》の茘枝は与麼《かくのごと》く紅《あか》きを得《え》、与麼く赤《あか》きを得《う》。你ら諸人、且く作麼生《いかん》。若し一色と道わば、又た是れ儱侗。若し是れ衆色と道わば、只だ箇の断常を成ずるのみ。你ら諸人、且く作麼生《いかん》。」（『卍続蔵経』第一二六冊、三七五頁上。入矢義高監修『玄沙広録』中、七五―七七頁）

王令公送茘枝上師。師拈起云、「者箇茘枝得与麼紅、得与麼赤。你諸人且作麼生？若道一色、又是儱侗。若道是衆色、只成箇断常。你諸人且作麼生？」

王令公とは、すでにみた閩の忠懿王王審知である。その王審知が玄沙に茘枝《ライチ》を贈った。そこで玄沙が衆僧に問う、この茘枝の色は赤であったり、紅であったりとさまざまであるが、さてどうだろうか。もしこれらが「一色」であるといえば、それは「儱侗」であり、もし「衆《おお》くの色」であるといえば、それは「断常」である、と。

個別的存在の絶対視に対する批判

「一色」は一般に、真実の境地においてあらゆる個物の区別が解消される「平等相《びょうどう》」を示す言葉であり、ここでもそのような意味合いがあると見てよい。上に見た上堂を参考にすれば、「赤」や「紅」といった個別の在り方を虚妄なるものとし、これらすべては「我」から派生したものにすぎないという「平等一如」に執着するのが、「儱侗」の見解であると言えよう。とすれば、「断常」は、「衆色」＝「赤」や「紅」など個別的存在が区別された状態で存在する「差別相《しゃべつ》」を絶対視する見解ということになる。これは「儱侗」と逆に、「四生九類」等の個別的存在の実在性を過度に肯定する考え方と言っていい。

第二節に紹介した昭昭霊霊批判に見えるように、このような個別的存在には、我々の身心も含まれることになる。「断常の見」が実体視するものには、感覚の対象だけでなく、感覚の主体も含まれる。この点は以下の資料から確かめることができる。

若《も》し「仁者は便ち一分現定の肉団身有りて、其の五蘊性を具し、便ち一分の法身有りて、其の形相無し。只《た》是だ自家《みずか》ら体解取せば便ち是《よ》し」と説かば、若し此の如く説話せば、便ち断常外道の見解《けんげ》と成る。（『卍続蔵経』第一二六冊、三七七頁上。入矢義高監修『玄沙広録』中、九四―一〇〇頁参照。原文では「若説」を「若説不得」とするが、入矢監修本に従い「不得」を衍字と見なす。）

若説、「仁者便有一分現定肉団身、具其五蘊性、便有一分法身、無其形相、只是自家体解取便是也。」若如此説話、便成断常外道見解。

「あなたたちはありありとした肉体をひとつ所有している。それは五蘊という形而下的な性質を持ちながら、しかしそこに姿かたちの無い一分の法身を具えている。それをみずから信ずればよいのだ。」もしこのように言うのならば、それは断常外道の見解である。

ここにいう「只是《た》だ自家《みずか》ら体解取せば便ち是なり」は、先に引用した上堂にも見える「只是だ自家《みずか》ら信取せば便ち是なり」と同趣旨で、この一段もやはり第一句的立場を批判したものとわかる。前に見たふたつの上堂との違いが分かりにくいが、前の上堂では個物の存在を否定することを批判していたのに対し、こちらは個別的かつ物質的な「肉団身」に「法身」が具わること、つまりは「我」を実体視する言説を批判している。これを玄沙は「断常外道の見解」というのである。

さて、これらの発言における玄沙の意図をより正確に理解するため、ここでひとまず「断見」「常見」という語の基本的な意味合いを確認しておこう。

断見・常見と縁起の思想

そもそも、初期の仏教において、「断見」とは、死後に自己の存在が断滅し無に帰すという見解、「常見」とは、死後も自己の実体が永続するという見解を指した。もちろんよく知られる通り、仏教はその両方の立場を否定する。馬場紀寿『初期仏教』はそのような初期の仏教の思想をまとめて、

「(仏教は)『主体としての自己の不在』と『諸要素としての自己の再生産』という生存の両形態を明かす」と言う(一七三頁)。すなわち仏教は、一方で輪廻の主体となるような実体としての「我」の存在を否定しつつ、もう一方で、渇望が執着を生み、執着が生存を生むという「自己の再生産」の連鎖を不断に繰り返すことで、人間が輪廻しつつ存在していると考えるのである。

このような、実体を持たないという点では虚構であり、しかし因果の連鎖を繰り返しているという点では存在しているという人間の二面的な在り方を説明するのが縁起の理論であった。縁起説は、人が因果の連鎖によって作り上げられた存在であることを説く。このような縁起は実に「断常二辺を離れた中道」と言われる。つまり、断見・常見とはこのような縁起に反する考え方である。人が個別の実体として存在すると考えるからこそ、永遠に存在するか(常)、あるいはその存在が一度途切れれば、二度と再生することはない(断)という誤った結論に行きつくのである。

その後、縁起の理論は次第に発展していったが、大乗仏教の登場以降は、個人存在以外にも適用され、ひろく諸法の在りかたを説明する教説として整備されていった。そして、それにともなって「断常」の概念もより広い意味合いを持つことになった。中観派の祖、龍樹の『中論』の冒頭の帰敬偈では「不生不滅、不常不断、不一不異、不来不去」といういわゆる「八不」によって縁起を説明するが、ここにも「断」「常」の語を見ることができる。

『中論』では、それまで主要には時間的な因果関係によって輪廻する人間の在りかたを説明するものであった縁起説を、現象界における諸法の相互依存的成立を説明する理論としている。ちょうど「短い」という概念と「長い」という概念が互いに依存しあいながら成立するように、諸法は、相互に依存することではじめて存在することができるとするのである（中村元『龍樹』一八二―一八五頁）。

このように相互依存的に存在する諸法は、それ固有の実体をもたない。これが無自性であり、空である。逆に言えば、空・無自性とは、縁起しているということの言い換えにほかならず、そのように自性が無いからこそ縁起的に成立することができるとも言える。もしある事象が固有不変の実体（自性）を持つならば、それ自体として永遠不変に存在しつづけるか（常）、もしくはひとたび滅すれば二度と生じることはない（滅）ものとなるだろう。しかしこのような考え方は縁起の考え方に反しており、そのために誤りとされるのである（中村元『龍樹』一三八―一四二頁、二三四―二四〇頁）。

華厳の思想と縁起

このように、『中論』において「不常不断」は、実体を欠きつつ縁起するという諸法の在りかたを説明する言葉となっている。玄沙が「断常」という言葉を使うときにも、基本的にこのような考え方に沿っていると考えてよい。この点は、法眼の法孫である延寿の著した『宗鏡録』巻四六の記述にも表れている。

又《ま》た若《も》し究竟《くきょう》して断常辺邪の見を免れんと欲せば、須らく華厳六相義門を明かすべし。則ち能く法に任せて施為し、自ら能所を亡じ、縁に随って動寂して、有無を壊さず、大総持を具し、究竟して過《あやま》ち無きなり。（『大正蔵』第四八巻、六九〇頁上）

又若究竟欲免断常辺邪之見、須明華厳六相義門、則能任法施為、自亡能所、随縁動寂、不壊有無、具大総持、究竟無過矣。

もし徹底的に「断見・常見」という偏った見解を振り払いたいのならば、華厳六相義の法門を知らなければならない。それを知れば、諸法のありかたにまかせてふるまいながら、自ずと主客の別を解消し、縁にしたがって動きながら、有無を無《な》みすることはなく、そのままに大いなる真理をそなえ、誤ることがない。

この一段はのちに、南宋の『人天眼目』に法眼宗の宗旨として引用されることになる。華厳六相義とは「総・別・同・異・成・壊」という六つの相によって、諸法が縁起的な関係を結びつつ相即相入する法界縁起のありかたを述べる教説で、法眼の偈頌の題材となったことでもよく知られている（この偈頌については後で詳しく紹介する）。いずれにせよ、ここでも縁起を知ることにより「断常辺邪の見」を克服するとされる。

延寿のこのような言い方は、あるいは華厳宗三祖とされる法蔵の説から直接の影響を受けたものかもしれない。法蔵はすでに紹介したとおり華厳教学の実質的な大成者で、「華厳六相義」の教説も法蔵の著した綱要書である『華厳五教章』において明確に体系づけられた（木村清孝『中国華厳思想史』一九〇頁）。法蔵はこの六相を解説する際、もしこれらの関係が成立しなければどのような過《あやま》ちがあるか、という問いに対して、「断常の過がある」と答えている（『大正蔵』第四五巻、五〇七頁下―五〇九頁上。鎌田茂雄『華厳五教章』三〇八―三一五頁）。法蔵が六相円融義によって説明しようとするのは諸法の縁起的な在り方であり、それに違背すれば、やはり「断見・常見」という過ちに陥るのである。

個物の円成

これらを参考にすれば、玄沙の意図を推しはかることができよう。玄沙は雲門と同様、「個物が個物のままで円成すること」を主張した。ここまでこの「個物の円成」という少々曖昧な言い方を多用してきたが、それはつまるところ、個別的な現象が真性を反映しつつ、その表れとして存在することを意味する。玄沙はこれを華厳の縁起説を援用することで主張した。つまり、諸々の個物は縁起的な存在であり、つきつめれば空・無自性なるものであるが、同時に、空・無自性であるからこそ、相互に縁起的な関係を結びつつ融合し、真性を反映しながら存在すると言える。これが「個物が円成する」ことにほかならない。

このような主張のもと、「四生九類」の真実性を無視し、それとは異なる次元にある「我」のみを真理と見なす見解を、玄沙は「儱侗」として批判した。これは「三句綱宗」の枠組みで、最終的に「元常」の真性を現象界に広げようとしたことと軌を一にする。玄沙はまず個物が真性の表れであり、虚妄な存在ではないことを主張する。

「断常」はこの「儱侗」とは異なる角度からの批判を示している。すなわち、個物の真実性を強調するあまり、それらを実体視することになれば、次には縁起に背くという誤りに陥ることになる。個物は自性を持たず、空であり、縁起しているからこそ、真性の現れとなることができるのである。そのような個物の縁起性を否定し、それらを実体視することになれば、「断見・常見」の誤りに陥ることになるだろう。玄沙は「断常」の語を用いて、そのような考え方を批判しているのである。

三　王太尉との問答

玄沙沙弥を打つ

玄沙が三句綱宗の第三句で主張したのは、個人の身心を含む個別的存在が、真性を反映しながら縁起しつつ存在しているということであった。言葉を換えればそれは、真性は実にそのような形で現実世界に現れ出てきているという主張であるし、さらには、そのように現れている真性を見て取れ、ということでもある。

ここまではそのような思想を、主に上堂説法を資料として考えてみた。一方で禅は実地の問答を重んじる宗教でもある。問答とは、師が弟子を悟りに導くために行う口頭の接化で、とくに馬祖道一以降、禅門において思想の表明と伝達を行うための重要な手段となっていった。もちろん玄沙も例外ではなく、多くの問答を行っている。では、これまで見てきたような玄沙の思想は、対話形式の問答のなかでどのように表れているだろうか。以下には玄沙の思想を考える材料として、『玄沙広録』巻中に見える「玄沙打沙弥」の問答を読解してみたいと思う。難解ではあるが、しかし玄沙の思想がよく表れた興味深い問答である。まずは原文の全体を見ておこう。

因《ちな》みに語話する次《つい》で、師云く、「太尉、人人具足す。」尉云く、「大師に啓《もう》す、敢えてせず。」師云く、「是れは者箇《こ》の道理ならず。」師又《ま》た云く、「太尉具足し、某《それがし》具足す。還《は》た且《しばら》く作麽生《いかん》。」太尉対《こた》うる無し。此の時、忽《たちま》ち一沙弥《しゃみ》有りて簾《すだれ》を掲《かか》げて入り来る。師云く、「者箇《こ》の沙弥、二十棒を喫するに好し。」太尉云く、「某《それがし》、箇の会《え》する処有り。」師云く、「作麽生《いかん》。」尉云く、「師の指示を謝す。」師云く、「仏法は是れ者箇の道理ならず。」尉云く、「某《それがし》は只だ与麽《かくのごと》し。知らず、大師の意旨は如何《いかん》。」師云く、「未だ是れ分外ならず。」師云く、「太尉、法法恒然にして、未だ是ならざる有らず、未だ非ならざる有らず。全機の体性は是の如《かく》し。言として実ならざる無く、行として通ぜざる無し。一法如然にして、万法は悉く皆な具足す。某《それがし》と太尉と什麽処《いずく》か如是ならざる。大地虚空は咸《み》な是れ妙明真心の現ずる所なり。応用自在にして、広く十方法界の衆生を利し、大いに仏事を作す。所以《ゆえ》に人人、道を具足し、人人、仏を具足す。万里の山川、性性是の如《かく》し。重重無尽にして、生を出で死に入り、声に応じ色に応じて、是ならざる無く、更に他故無し。」（『卍続蔵経』第一二六冊、三八五頁上―下。入矢義高監修『玄沙広録』中、二〇七―二一〇頁参照）

因語話次、師云、「太尉、人人具足。」尉云、「啓大師、不敢。」師云、「不是者箇道理。」師又云、「太尉具足、某具足、還且作麽生？」太尉無対。此時忽有一沙弥掲簾入来。師云、「者箇沙弥、好喫二十棒。」太尉云、「某有箇会処。」師云、「作麽生？」尉云、「謝師指示。」師云、「仏法不是者箇道理。」尉云、「某只与麽、不知大師意旨如何？」師云、「未是分外。」師云、「太尉、法法恒然、未有者不是、未有者不非。全機体性如是。言無不実、行無不通、一法如然、万法悉皆具足。某与太尉什麽処不如是？大地虚空咸是妙明真心所現、応用自在、広利十方法界衆生、大作仏事。所以人人具足道、人人具足仏。万里山川、性性如是。重重無尽、出生入死、応声応色、無者不是、更無他故。」

ここに見える太尉とは、閩の忠懿王王審知の甥で、泉州刺史であった王延彬《えんぴん》（八八五―九三〇）を指す。禅理に通じたといわれ、天祐三年（九〇六）には雪峰門下の慧稜を招いて泉州招慶院の住持とした。この問答は、開元元年（九〇七）に玄沙がその慧稜を訪れた際の出来事である（禅文化研究所唐代語録研究班編『祖堂集』巻一〇訳注（一）」九八―九九頁）。長い問答なので、少しずつ区切りながら解釈してみたい。

人人具足

ここで玄沙はまず次のように言う。「太尉、人はみな具足しております。」これもすでに何度も繰り返された主張であるが、つまりは全ての人は仏性を具えているということを言っている。太尉はこれに答えて「不敢」、めっそうもございません、と言う。これは仏性があることを否定しているわけではなく、「恐れ入ります」、「はい、わたくしにも仏性が具わっております」と婉曲に肯定したのである。ところが玄沙はこれを受けつけない。「そのような道理ではありません。」そして続ける、「太尉も具足し、私も具足しているのです。さあ、どうでしょう。」太尉はこれに答えることができなかった。この時、一人の沙弥が簾をあげて入ってきた。玄沙は、「この沙弥、二十棒ものですな。」太尉はここで、「わかりました。」

対話はまだ続くが、ひとまずここまでのやり取りを見てみよう。難解な問答ではあるが、焦点が「人はみな仏性を具足する」という命題の捉えかたにあることがわかるだろう。また突然入って来た沙弥が玄沙に叱られるが、沙弥の行いそのものが問題になっているとは考えづらい。前後に太尉との問答が続いているところを見ると、これもやはり太尉に対する何らかのメッセージであったと考えてよいだろう。

さて、「見性成仏」を旨とする禅宗にあって、「一人一人に仏性が具わっている」という考えは、ほとんど自明の真理と言ってよい。対話の初めに、太尉はそれを素直に肯定するのだが、しかし、玄沙はこれを「そのような道理ではない」と退ける。その後の玄沙の言葉はさらに思わせぶりである。太尉に仏性が具わるという理解をいったん否定したうえで、太尉にも具わっており、私にも具わっているのです、さあ、どうか、と迫るのである。

重重無尽

ここで問答の後に附される長めの説法に目を転じてみよう。玄沙は次のように言っている。「太尉、すべての法は不変であり、是でないものもなく、非でないものもありません。完全なる心のはたらきの本性とはこのようなものなのです。すべての言葉、すべての行いはみな真実です。一つの法が円成すれば、すべての法が真実を具足するのです。私と太尉もそうでないことがありましょうか。『楞厳経』に説くように、大地虚空はみな妙明真心が現れ出たものです。その働きは自在で、十方世界の衆生を利益し、導きます。だからこそ、一人一人の人が道を具足し、仏を具足するのです。山河大地は本性として完成されています。重重無尽に円融し、生死に通じ、あらゆる出来事はすべて真実であり、それ以外ではないのです。」

必ずしもわかりやすい説法ではないが、しかしこれまでに見た上堂の言葉とよく似ていることがわかるだろう。また「重重無尽」という華厳思想の語彙が見られることから、これが第三句の立場を表していることも明らかである。第三句は「我」のみを真実とみなす立場を批判し、個物が真理の表れとなる法界縁起的な世界観を主張するものであった。ここでもそのような立場が表明されていると考えてよい。

自無く他無し

そのような観点からこの問答を見た場合、次のいくつかの資料との関連を指摘することができる。以下の資料はみな、個物間の無差別、あるいは自他の無差別をテーマとしたものである。同様の考えかたはすでに見た玄沙の言葉にも表れていた。第三節で「三句綱宗」を説明した際の（B）の第三句部分で「真如法界は、自無く他無し」と言っていたのがそうである。真如の世界では自他の区別が否定されると言うのであり、これもまた自他の無差別を述べたものと解釈できる。さらに『玄沙広録』巻上の上堂には次のようにある。

> 諸人、特に与麽《かくのごと》く上来して相承するも、延待するべき無し。蓋し是れ仏法の身心、三五日の間に、又た一物の喫すべき無し。只だ是れ菜飯、各自に喫取せば便ち是なり。諸上座、各自に喫し得て飽かば、某《それがし》も也《ま》た自然に飽く。還《は》た与麽《かくのごと》く道うを会《え》すや。……（『卍続蔵経』第一二六冊、三五八頁下。入矢義高監修『玄沙広録』上、九八―一〇一頁参照）
>
> 諸人特与麽上来相承、無可延待。蓋是仏法身心、三五日間又無一物可喫。只是菜飯、各自喫取便是也。諸上座、各自喫得飽、某也自然飽。還会与麽道麽？……

これは雪峰山の禅僧がそろって玄沙を訪れた際の上堂である。玄沙は「特にもてなすほどの食べ物もないが」と一通りの社交辞令を述べたあと、「みなが満腹になれば、私もおのずと満腹になる。さて、このように言うのが分かるか」と問いかける。この口ぶりから見て、これがただのあいさつとは考えづらい。ここでは、各個人間の区別が主題となっていると思われる。また次のような例もある。

『祖堂集』巻一〇・玄沙章にいわく、

師、魚鼓の声を聞きて、乃ち云く、「我を打てり。」（中華書局標点本、四五六頁。禅文化研究所唐代語録研究班編「『祖堂集』巻一〇訳注（一）」九二—九四頁参照）

師聞魚鼓声、乃云、「打我也！」

食事を知らせる魚板の音を聞いて、玄沙は言った、「ワシを打ちおる」と。ほかに『玄沙広録』巻上にも似た問答が見られる。

因みに鐘の鳴る次《つい》で、師、忍痛の声を作し、身を騰《あ》げて云く、「者箇《こ》の鐘は我が肚裏に在って鳴る。你ら諸人、且く作麽生《いかん》。」（『卍続蔵経』第一二六冊、三六六頁上。入矢義高監修『玄沙広録』上、二一一—二一三頁参照）

因鍾鳴次、師作忍痛声、騰身云、「者箇鍾在我肚裏鳴。你諸人且作麽生？」

鐘が鳴ったとき、玄沙はウーンとなり、身をよじって言った。「この鐘はワシの腹の中で鳴っている。さあお前たち、どうだ。」

これまで見てきた玄沙の論理を前提とすれば、これらの問答で問題とされているのが、見聞覚知のはたらきに即して仏性の存在を知るという、いわゆる「作用即性」的な主題でないことは明らかである。これらの問答の焦点は、「魚鼓」あるいは「鐘」と自己が異ならないとする自他の区別であろう。遠くで鳴る魚鼓の音も、鐘の音も、すべて全一なる仏性の中で起きていることであり、自分の外側にあるものではない、というのである。

妙明真心と太陽

このような考え方の基礎となっているのは、やはり『楞厳経』である。これははじめの問答に「妙明真心」という『楞厳経』の言葉が使われていることからも分かる。すでに玄沙の昭昭霊霊批判を論じた際に見たことだが、『楞厳経』では「汝の身と汝の心は皆な是れ妙明真精妙心中の所現の物なり。……、色身より外、山河・虚空・大地に洎《およ》ぶまで、咸《み》な是れ妙明真心中の物なるを知らず（お前たちの身体も心も、みなこの霊妙なる心の中に現れたものである。……肉体の外、山河・虚空・大地に至るまで、すべてが妙明真心の中のものであることを理解していない）」と言う。ここで個人の「身心」は、「妙明真心」という個人存在を超越した真性のなかに現れる複数性の現象なのである。この考えは「秘密金剛体」やそれを説明する際の太陽の比喩にも表れていた。昭昭霊霊批判において、「昭昭霊霊」は個人レベルの肉体の中で主宰となる心的作用であり、「秘密金剛体」はそれを越えて「沙界に遍周」する仏性・真如を指していた。またそれを説明する太陽の比喩では「太陽の体がいくつもあるだろうか」と

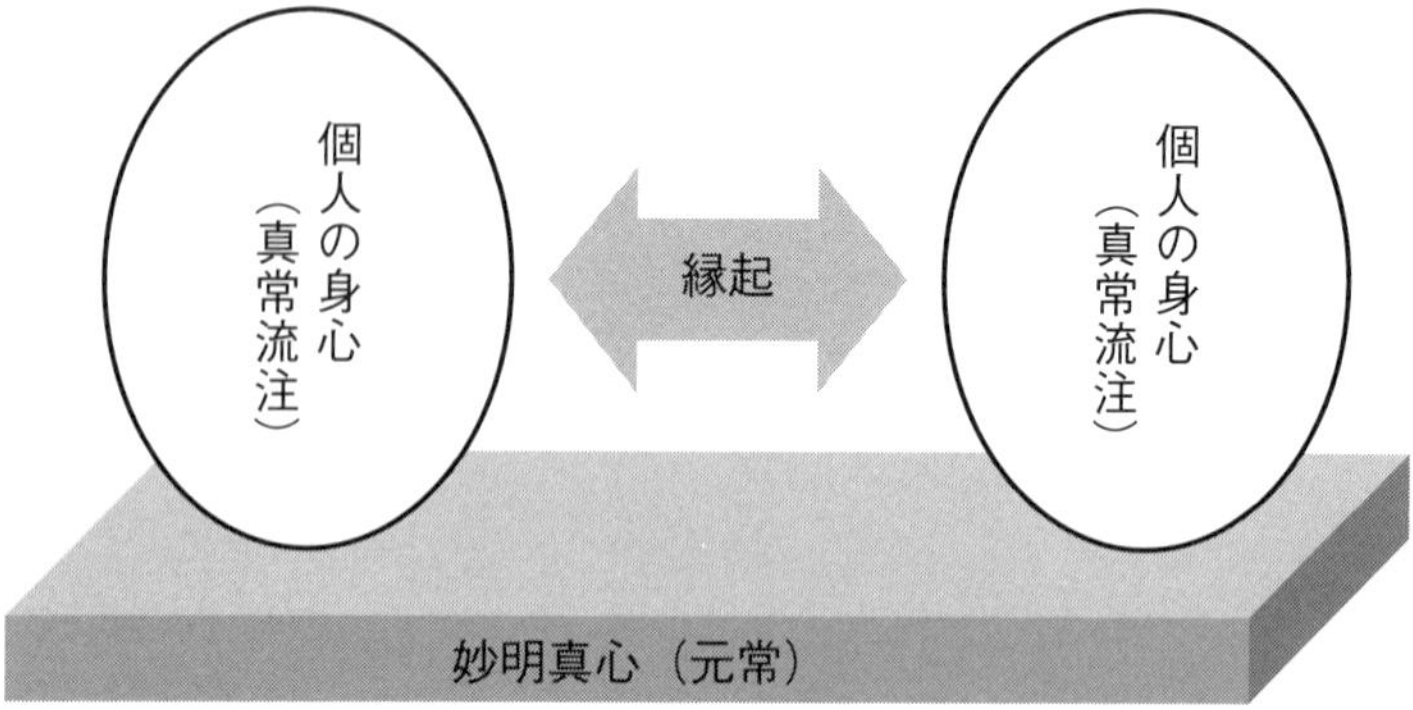

図3　玄沙の思想

言って、「秘密金剛体」が単一の総体であることを強調していた。玄沙の目標は個人の心的作用を越えて、この普遍的で全一なる仏性を体得することにあった。玄沙と太尉の問答もまた、同様の主題を意識しながら行われたものと考えなければならない。

ここで改めて玄沙と太尉の問答を見てみると、その言わんとすることが分かるだろう。「人人具足す」という玄沙の言葉の真意をつかみかねている太尉に対し、玄沙はおもわせぶりに「太尉にも仏性が具わり、私にも仏性が具わっています、これはいったいどういうことでしょう」と問いかける。これはつまり、「太尉は自分に仏性が具わっていると言いますが、私にもあなたにも仏性が具わっています。このように二人にそれぞれ仏性が具わっているとすると、その関係はどうなっているのでしょうか」と問いかけているのである。はたして複数の仏性が併存し、その両方が真実の実体だなどということがあるだろうか。いや複数存在するものが唯一絶対の仏性であるはずがない。二人に具わる感覚作用は複数性の縁起的な存在であり、その背後には両者の成立の基盤となる、より根本的な妙明真心があるはずではないか。

沙弥を打つことと太尉を打つこと

しかし太尉はこの問いの意味を理解できなかった。そこへ不意に沙弥が入って来た。玄沙は言う、「この沙弥、二十棒ものですな。」太尉、「あっ、わかりました。」玄沙、「いかがですかな。」太尉、「師のご教示に感謝いたします。」

太尉は玄沙のさきほどの問いに答えられなかった。本来打たれるべきは太尉である。それを玄沙は、沙弥を打つと言った。魚鼓を打つ声を聴いて、「ワシを打つ」と言った玄沙である。沙弥が打たれるのも、太尉が打たれるのも、同じことではないか。太尉も沙弥も「妙明真心」中のものであれば、そこに自他の差別はないのである。太尉はその意味を察し、玄沙の教えに謝したのである。

ところが、玄沙はまだ太尉を認めない。玄沙、「いや、仏法とはそのような道理ではありません。」太尉、「私はただこのように理解いたしました。師のお考えはいかがでしょうか。」玄沙、「決して分外の事ではありません。」玄沙はなぜ太尉を認めないのだろうか。この点は決してわかりやすくはないが、あるいは太尉がわざわざ師の教えに謝したことに、まだ自他の区別を見たからではないだろうか。いまこの場でも、太尉と玄沙を別物と見てはならない、すべては自他の対立を超えた「妙明真心」の中での出来事なのだ。そのような意味で、玄沙は「分外のことではない」と言ったのだろう。

ふりかえって、この問答を「三句綱宗」の枠組みを使って解釈すれば、次のように言えるだろう。「我」のみを真実と見る第一句の立場は必然的にジレンマに陥る。それは、「私が仏性を持つ」ということと「あなたが仏性を持つ」ということの整合性を説明できなくなることである。二人が同時に仏性を持つのであれば、仏性は複数性の存在となる。複数性の存在は、あらゆる存在の基盤となる唯一絶対の真性とは言えない。「私の仏性」のみが真実であるとすると、「あなたの仏性」はそこに現れた虚妄なる現象の一つとなり、「あなた」に成仏の可能性はなくなる。すべての人が仏性を持ちつつ、同時に仏性が諸存在の全一なる基盤であるためには、まず個を越えた「妙明真心」が存在し、さらにその中に現れる個人・個物がそのままで円成している必要がある。この両面をかなえようとしたのが第三句の立場であった。

四　まとめ

以上に考察した玄沙の思想は、かならずしもすべてが玄沙の独創とはいえないだろう。彼より以前に、それと類似した発想や言葉が無かったわけではない。玄沙の思想の原型は、馬祖の思想の登場とそれに対する反省という展開の中で、徐々に形成されてきたと考えるべきである。玄沙の独自性は、そのような展開の中で現れたさまざまな観点を分類・整理し、問題克服の道筋を明確にしたところにあった。その結果が「三句綱宗」にほかならない。

玄沙の思想の源泉は二つある。既に見たとおり、その一つは『楞厳経』であり、もう一つは華厳の思想である。個人を越え世界に充満する仏性という考え方について言うと、言葉の上では「元常」や「妙明真心」など『楞厳経』による影響が大きい。しかし、それだけで玄沙の思想が完成するわけではない。『楞厳経』は時として、「妙明真心」のみを真実の存在とし、その上に現れる諸現象を虚妄なものとする傾向を見せる。しかし玄沙は、個を超越する仏性を提唱しつつ、一方でその中に存在する個物を単に虚妄な存在と見なすことを厳しく批判する。ここに玄沙が華厳の思想を必要とした理由がある。玄沙は個物が個物としてそのまま円成するという境地を理想とした。この観点を支えたのが華厳の縁起思想である。個物を越え、世界に充満する仏性と、その仏性の中に生起し、相互に無尽の縁起的関係を結びながら仏性の表れとなる個物という両面の要素がそろった時、玄沙の思想が完成されたのである。

海と波

玄沙がいつ、どこで華厳思想を学んだのかについて、諸資料は言及していない。そのため、彼がどのような文献や観点を参考にしたのか、はっきりしたことはわからない。しかし、ここまで見てきた内容を、以下の『法界観門』本文における海と波の比喩と比べることは、玄沙の思想を理解する上での参考としてもよいだろう。

『法界観門』は伝統的に華厳宗初祖とされる杜順の作と伝えられるものである。この書は、のちに華厳宗四祖とされる澄観が『華厳法界玄鏡』を、さらに五祖宗密が『註華厳法界観門』を著して注釈したことで広く知られるようになった。ただ、澄観以前に『法界観門』がどのような形で存在していたかについては不明の点が多く、そのため現在は『法界観門』が杜順の作であることを疑問視する意見が多く提出されている（王頌『華厳法界観門校釈研究』第一章、吉田叡禮訳注「法界玄鏡」解題参照）。しかし、すでに述べた通り、玄沙が活躍した時代はすでに宗密よりも後であって、この頃はすでに現在と同じような形で受け入れられていたと考えられる。ここで『法界観門』の来歴や作者問題にこだわる必要はないだろう。なお後で見る通り、法眼は『法界観門』を見ていたことがわかる。

『法界観門』は「真空観」「理事無礙観」「周遍含容観」の三つの章から成る。これは澄観が提出した四法界説とほぼ対応する構成である。四法界はすでに述べた通り、法界のあり方の四つの側面のことであり、①事法界、②理法界、③理事無礙法界、④事事無礙法界を指している。この四法界と『法界観門』の構成の対応を述べれば、「真空観」が理法界、「理事無礙観」が理事無礙法界、「周遍含容観」が事事無礙法界の在りかたを説明するものとなる（木村清孝『中国華厳思想史』二二一頁。林鳴宇・吉田叡禮「教学仏教の様相」一八七頁参照）。

以下に見る海と波の比喩は、このうちの「理事無礙観」に出るもので、つまりは理事無礙法界に関する説明の一部である。そこでは次のように言う。

全大海の一波中に在りて、而して海は小に非ざるが如し。一小波の大海に匝《めぐ》りて、而して波は大に非ざるが如し。同時に諸波に全遍して、而して海は異に非ず。俱時に大海に各おの匝りて、而して波は一に非ず。又た大海の一波に全遍する時、体を挙げて諸波に全遍するを妨げず。一波の大海に全匝する時、諸波も亦た各おの全匝して、互いに相い礙げず。（『大正蔵』第四五巻、六七六頁下。吉田叡禮訳注「法界玄鏡」二二五頁参照）

如全大海在一波中、而海非小。如一小波匝於大海、而波非大。

同時全遍於諸波、而海非異。倶時各匝於大海、而波非一。又大海全遍一波時、不妨挙体全遍於諸波。一波全匝大海時、諸波亦各全匝、互不相礙。

ここで、海は「理」を、波は「事」を譬える。「理」とは普遍平等な理法、「事」は個別的な現象である。難しい比喩なので、区切りながら見ていこう。

まず最初の一段には次のように言う。「大海のすべては一つの波の中に在るが、しかし海が小さくなったわけではない。一つの小さな波が大海全体にめぐり渡っているが、決して波が大きくなったわけではない。」

ここで「大海のすべてが一つの波の中に在る」「一つの波が大海全体にめぐり渡る」というのは、常識的には理解しがたいが、澄観の『華厳法界玄鏡』はこれを、「理は不可分」で、かつ「事は理に同ずる」からだ、と説明している。つまり、諸々の現象は、現実性の側面としては区別の有る個別的現象であるが、本来性の側面としては平等な理法である。このように現象と理法は表裏一体の関係にある。そしてこの平等な理法は全一なるものであり、分割することができない。とすれば、一つの個別的現象は理法の一部分だけを切り取って我がものとすることはできず、あくまで理法の総体を反映しているはずであるし、逆に理法のすべては一つの個別的現象に表れていることになる。「大海」はこの世にただ一つしかないが、その全体が一つの波の中に現れている、ということになる。

卑近な例を使えば次のように言えるかもしれない。つまり、我々は東京湾を見れば、それを「海だ」と言うだろう。もちろん「東京湾」は「海」のすべてではない。そもそも私たちが「海」の全貌をいちどに見ることは物理的に不可能である。それでも、東京湾に行ったことのある人に、「海を見たことがありますか」と問えば、「海を見たことがある」と答えるだろう。とすれば東京湾にすべての「海」が現れている、と言っていいし、東京湾は「海」そのものであると言ってもいいはずである。

理事無礙

この理屈で、これ以下の段落も理解することができるだろう。引用文はつづけて次のように言う。「海は同時に諸々の波に行きわたるが、二つになったわけではない。諸々の波はみな海に等しいが、波が一つになったわけではない。」これも「理は不可分である」という原則を念頭に置けば理解は難しくない。やはり卑近な例で説明すれば、我々は東京湾のほかに、日本海側にある富山湾を見たときも、それを「海だ」と言うだろう。二人の人がそれぞれ同時に東京湾と富山湾で「これは海だ」と言うことも可能である。そのとき東京湾にも富山湾にも同時に「すべての海」が現れている。しかし「海」が二つになったわけではない。また東京湾と富山湾はそれぞれ同時に「海」であるが、東京湾と富山湾が一つになったわけでもない。

引用文の最後には次のように言う。「『すべての海』が『一つの波』の中に現れているとき、その『すべての海』がほかの波に現れることは妨げられない。また『一つの波』が『すべての海』に等しいとき、『諸々の波』も同時に『すべての海』に等しいが、それぞれの波が妨げあうことはない。」引用文はこのように「理」と「事」がそれぞれ全一性と個別性を保ちながら、互いに円融するありさまを描き出す。

ここで、この「波」を個人の「身心」、「海」を「妙明真心」に置き換えれば、「玄沙打沙弥」の問答に対する恰好の解説と見ることができる。繰りかえしになるが、玄沙がこの理論を参照しているという明確な証拠はない。しかし、二つの理屈はよく一致している。すなわち、玄沙、太尉、沙弥の三人は個別の人でありながら、同時に一人一人が全一なる仏性の顕現である。三人は「事」として個別性を保つが、その一人一人に仏性の全体が表れている。同時に仏性は不可分であるので、三人に表れた仏性に区別はない。

玄沙は、「理」としての「妙明真心」のうえで、個々の現象や身心、あるいは太尉や沙弥といった個人が円融することを強調する。ここまで玄沙の思想に華厳教学の影響があることを述べてきたが、もしその傾向を四法界の語彙で表現するならば、それは「理事無礙」的と言うのがふさわしいかもしれない。一方で、雲門や、そしてのちの法眼をこれと比べると、彼らはより「事事無礙」的という印象を与える。ここまで雲門の思想を重要な参考事例としてきたが、詳しく比較すれば、そこには微妙な傾向の違いがあるように思われる。ただ、この問題もまた比較的複雑なので、以下に法眼の思想を見る際に改めて論じることにしよう。

後世の批判

さて、玄沙のこのような思想は玄沙の後継者たちに受け継がれ、やがて法眼宗の特徴と見なされるようになった。しかし、いかなる観点であれ、ひとたびそれが定式化・固定化されると、すぐさま批判の対象となるのも禅の常である。事実、法眼の次の世代には、このような思想に早くも教条化の傾向が現れたようである。少し気が早いが、玄沙―法眼系に対する後の時代の批判を最後に見ておこう。これによって、このような思想がひとつの類型として認識されていたことを確認できるだろう。『景徳伝灯録』巻二五・宝塔寺紹巌章には、つぎのような説法が見られる。紹巌は法眼の法嗣である。

諸仁者、還た明心せしや。是れ語言譚笑する時、凝然杜黙する時、……是れ汝の心ならざる莫きや。如上の所解は尽く魔魅の摂むる所と為る。豈に明心と曰《い》わんや。更に一類の人有りて、身中の妄想を離れての外に、別に十方世界に遍じ、日月を含み太虚を包むを認め、是れ本来真心なりと謂《おも》う。斯《これ》も亦た外道の所計にして明心にあらざるなり。（禅文研本、五二〇頁上）

諸仁者、還明心也未？　莫不是語言譚笑時、凝然杜黙時、……是汝心否？　如上所解尽為魔魅所摂、豈曰明心。更有一類人、離身中妄想外、別認遍十方世界、含日月包太虚、謂是本来真心。斯亦外道所計、非明心也。

諸君、心を明らかにできたであろうか。ひょっとして、話をしたり、談笑したり、あるいはじっと黙ったりするとき、……これはそなたの心ではなかろうか。いや、そのような考えは魔物のしわざである。どうして心を明らかにしたと言えようか。また別のやからもおって、肉体内の妄想とは別に、十方世界に遍満して日月虚空を含みこむ、本来の真心なるものがあると思っておる。これもまた外道の考えで、心を明らかにしたとはいえない。

ここで紹巌は心に対する誤った見方を二つ挙げる。一つめは「語言譚笑、凝然杜黙」を心と見なすこと、これは常識的な心理作用――「見聞覚知」を心と見る立場で、「作用即性」説に近いものである。そしてもう一つは、妄念とは別に、「十方世界に遍在し、日月太虚を包み込む本来の真心」を想定する考えである。これは、まさに玄沙第三句の思想ではないだろうか。当時、一部の人はそのような「本来の真心」を、個々人の心とは別に存在するもう一つの実体として捉えたようである。これもまた誤った考えとして斥けられる。

紹巌のことばから、玄沙の思想がすでに一つの類型として広く知られ、さらには教条的に受け入れられていたことがわかる。これもまた、別の側面から玄沙の影響の大きさを物語るものである。

第五節　ふたたび雪峰と玄沙

ここまで玄沙の思想について長々と説明を行ってきた。しかし、我々は最後にもう一度、雪峰と玄沙の思想面における関係にもどらなければならない。玄沙の法系とその他の雪峰教団という二派の分裂を示す具体的な事件については、すでに第一章で紹介した通りであるが、その分裂ははたして単なる派閥間の勢力争いだったのか、それとも、思想上の観点でも対立を抱えるものだったのか。そして、もし思想的な対立があったとすれば、それはいったいどのようなものだったのか。この点がはっきりしないと、玄沙や法眼の特徴を正確に捉えることはできない。禅僧の思想は明確な定式化を拒むところがあり、なかなかはっきりした答えを得づらい問題ではあるが、以下に筆者の考えをひととおりまとめておきたい。

都来《すべ》て只だ是れ我が去処《ところ》

すでに紹介したとおり、雪峰と玄沙は法系上の師弟関係にありながら、「本《も》と法門の昆仲《きょうだい》」であったといわれる。また、問答において玄沙は雪峰に遠慮しなかったという記述もある。玄沙は徹底して独立独歩の人であって、雪峰の単なる追随者ではなかった。そしてふたりの法系は最終的に分裂の道をたどり、玄沙の法系から法眼宗が成立した。

そのような雪峰と玄沙の思想的関係について学術的な研究の基礎をつくったのも、やはり入矢義高であった。ここでも入矢の説を議論の出発点としよう。入矢はその論文「雪峰と玄沙」で次のように述べる。

ところがです、「人々具足、人々成現」も、「都来《すべ》て只だ是れ我が去処《ところ》」も、実は若いころの玄沙自身が愛用した言葉だったのです。……

「都来《すべ》て只だ是れ我が去処」というのは、「三千世界すべて沙門の一隻眼」というのと同じことで、この世界全体がおれの占めている場所だ、ということです。これは玄沙が師の雪峰の説法から引きついでいる趣旨に他ならないわけで、玄沙が雪峰の模範弟子であったときに、師の言ったことをそのままに受けとって展開していた言葉だったのです。

ところがそれを、後になって「与麼《かか》る見解《けんげ》の若《ごと》きはお見事なスカタンだ」と、自己否定するに至っ

たのです。……ここですでに、玄沙が雪峰禅に穴をあけて、その先へ突き抜け出たことが明示されています。（五三―五四頁）

……つまり、法身の上へ抜け出たところに、何と言いますか、私の用語で言いますと「向上法身」という新たな聖量が形成されてしまう。……その「向上の自己」をも超克する第三段階が、雲門と玄沙には厳としてあります。

……そして、この第三の段階というものが、はっきり言って雪峰にはないのです。（六四―六五頁）

前にも述べた通り、入矢は雲門の思想に三段階の変化があったという仮説を立てており、そのうえでここでは、玄沙についても同様の変化があったと指摘する。たしかに『玄沙広録』には相互に矛盾する表現が多く見られ、それらを整合的に解釈することはむずかしい。入矢はそれを通時的な思想の変化として理解したのである。その見方にもとづけば、玄沙ははじめに雪峰の思想を受け容れ、そしてそれを乗り越えて自らの立場を確立した、ということになる。

尽十方世界は是れ沙門の一隻眼

入矢が指摘する通り、「都《す》来《べ》て只だ是れ我が去処《ところ》」という言葉は、たしかに雪峰の思想と類似している。『趙州語録』巻下には次のようにある。

師、新到に問う、「什《い》麽《ず》処《く》をか離るる。」云く、「雪峰を離る。」師云く、「雪峰に什麽《なん》の言句か有りて人に示す。」云く、「和尚尋常道《い》わく、『尽十方世界は是れ沙門の一隻眼、你等諸人、什麽処《いずく》に向《お》いてか屙《くそ》する』と。」師云く、「闍黎《なんじ》若《も》し廻《かえ》らば、箇の鍬子《すき》を寄せ去らん。」（『古尊宿語要』巻一、『禅学叢書』之一、四九頁上。入矢義高「雪峰と玄沙」三六頁参照）

師問新到、「離什麽処？」云、「離雪峰。」師云、「雪峰有什麽言句示人？」云、「和尚尋常道、『尽十方世界是沙門一隻眼、你等諸人向什麽処屙？』」師云、「闍梨若廻、寄箇鍬子去。」

雪峰山からやってきた行脚僧に趙州が尋ねる、「雪峰はどのような教えを示しているか。」僧が答える、「雪峰和尚は日ごろ、『この十方世界は沙門のまなこである、おまえたち、いったいどこにクソをたれるのか』とおっしゃられています。」雪峰がいうのは、この世界はすべておまえの心が生み出したものである、そこにはクソをする一部の隙も無いのだ、ということだろう。しかし趙州はこれを聞いてこう言う、「それでは、そなたが雪峰山に帰るおりには、スキを一本持っていってもらおう。」このスキで穴を掘ってそこにクソをしろというのである。抽象的な議論をする雪峰に対し、もういちど現実性の次元に戻れという批判であろうか。興味ぶかい問答だが、解釈の問題に深入りすることはやめて、ひとまず雪峰の言葉が広く知られていたことを確認するにとどめておこう。

『雲門広録』巻上には次のようにある。

古人、大いに葛藤して相い為《ため》にする処有り。秖如《たと》えば雪峰和尚道く、「尽大地は是れ爾《なんじ》」と、……

（『大正蔵』第四七巻、五四七頁上）

古人大有葛藤相為処。秖如雪峰和尚道、「尽大地是爾」……

雲門は「古人は、言葉による接化を大いに行った」と言い、その例として「この世界はすべておまえだ」という雪峰の言葉を引いている。やはり世界は我々という主体から生まれたもので、両者は完全に一致しているというのである。

以上の二例から、「尽十方世界は是れ沙門の一隻眼」、「尽大地は是れ爾《なんじ》」という言葉が、雪峰の代表的な教説として雪峰山の外にもよく知られていたことがわかるだろう。これらは、たしかに玄沙が言う「都《す》来《べ》て只だ是れ我が去処《ところ》」という主張と似ている。その趣旨は、自己の一心がこの現象世界と一致するという点にあると理解できる。

第一句と雪峰の思想

ここで見逃せないのは、この「都《す》来《べ》て只だ是れ我が去処《ところ》」という表現が、「三句綱宗」の枠組みの中では、第一句と関連付けられていることである。たとえば第三節の資料（B）第一句部分には「尽什方世界は只だ是れ当人自己の本体」という表現が見られる。また第四節に引いた玄沙の上堂では、批判すべき考え方として「尽什方世界は都《す》来《べ》て只だ是れ我が者箇《こ》の道理、何ぞ曽て更に四生九類有らん」という言葉が挙げられていた。つまり、入矢が挙げる「都《す》来《べ》て只だ是れ我が去処《ところ》」という言葉は、玄沙三句綱宗の出発点である第一句に位置づけられている。入矢が通時的な変化と捉えた玄沙の思想の複雑さは、「三句綱宗」という共時的な構造によって理解することも可能である。

以上のことが認められれば、ひとまず次のように考えることができそうである。すなわち、「三句綱宗」は教判としての性質を持ち、第一句は馬祖「作用即性」説に相当していた。したがって、玄沙は雪峰の思想を馬祖「作用即性」説と同様の性質をもつものと見なしていた、と。さて、この見方は成立するだろうか。また玄沙の主観的な見方としてではなく、雪峰の思想そのものを客観的に見た時、それが「作用即性」説と類似した内容を持つと判断できるだろうか。

まず、雪峰が馬祖流の「作用即性」説をそのまま受け入れていたかというと、そのように考えることは難しい。第一章の伝記で見たとおり、雪峰は行脚の最中に石頭系の台頭と、彼らによる「作用即性」批判を目の当たりにし、そのうえで石頭系の法を嗣いだ。王審知への入内説法である『仏心印録』でも、「山僧、先の徳山・石頭自従《よ》り已来《このかた》、此の秘密法門を伝う」と明言していた。雪峰は馬祖系への批判を知り、それを受け入れたうえで自己の思想を形成しているのであり、雪峰の思想が馬祖系と同質であったとは考えづらい。

石頭系を越える

さらに雪峰は、石頭系による「作用即性」批判すら乗り越えようとしていたと思われる。これは、雪峰が大悟したとされる鼇山成道の話を紹介する部分ですでに触れたことでもある。第一章で述べたとおり、雪峰は鼇山における巌頭との対話によって大悟した。そのあらすじはおおよそ次のようなものであった。雪峰と巌頭が雪で鼇山に足止めされたおり、雪峰は、安心《あんじん》が得られないと巌頭に訴える。そこで巌頭が、これまで学んだものを述べてみよと命ずると、雪峰は自ら得るところのあった学説として（おそらくは馬祖系の）塩官の「観色空義」と（石頭系の）洞山の「過水偈」を挙げる。しかし巌頭はそれを「そんなことでは自分を救うことすらできぬ」と否定し、「自己の胸襟から流れ出で、天地を覆うようでなくてはならぬ（一一个个、自己の胸襟の間より流れ将《い》出来《できた》りて、他《かれ》が与《ため》に蓋天蓋地し去らしめ摩《よ》）」と言い、雪峰はこれを聞いて、言下に大悟したのである。この物語には、馬祖系と石頭系を越えたところにみずからの思想があるという、雪峰とその法系の人々の意識がにじんでいるように思われる。また巌頭はこの外にも、洞山を批判して「洞山は素晴らしい仏であったが、しかし光がなかった（無光奴）」と言っていた。

さて、ここに見られる「天地を覆う」や、あるいは「光がない」という言葉は、いずれも比喩的な言い方であるが、実際には何を言おうとしたものだったのだろうか。これに関しては、小川隆の次の論評が参考になるだろう。

> 巌頭は法系図の上では青原―石頭の系譜に連なり、また、多年にわたって自ら洞山に深く親炙した経歴をもつ。だが、にもかかわらず――そして、それだからこそ――巌頭は洞山の限界を痛感し、それを批判しないわけにはゆかなかった。かつて馬祖禅自身の内部から「作用即性」への懐疑と批判が現れたごとく、石頭系においても、本来性への内向的沈潜に対する、あらたな反動がおこらざるをえなかったのである。「好《よ》き仏ではあるが、ただ、光彩が無い」、「一々が自己の胸のうちから迸り出て、天地を蓋うようでなければならぬ」――これらはいずれも、洞山の禅が現実界にはたらき出る躍動的な活機を欠いていることを非難する語に外なるまい。（小川隆『語録の思想史』一四〇頁）

巌頭の批判は石頭系の「本来性への内向的沈潜」に向けられたものであった。そして、雪峰の大悟の契機となった「蓋天蓋地」の語は、それを乗り越え、内面の本来性をもういちど現実界にはたらき出させようとしたものだった、というのである。

自己と世界の相即

さて、このような思想は、むしろ玄沙の立場とよく似ていないだろうか。玄沙の考えによれば、第一句的な立場は現象世界に表れている「見聞覚知」のはたらきを仏性と見なすものであった。また第二句の立場は、「見聞覚知」の深層にある「元常」を発見しようとした。そして玄沙はこの二つの段階を乗り越え、第三句の段階で仏性が個人の範囲を越えながら現象世界の中に現れ、仏性と現象世界が円融することを主張した。そうであるとすれば、心を現象世界にはたらき出させようとする雪峰の思想は、むしろ玄沙の第三句に近い。雪峰と玄沙は、ともに石頭系のあとに現れた禅者として、共通の問題意識を持っていたと考えた方がよさそうである。

以上のことを考慮した場合、雪峰の言う「尽十方世界は是れ沙門の一隻眼」という言葉の主張の重点は、第一句的な「心だけが世界の本質である」ということではなく、むしろ「心が現象世界に拡大している」「一心と現象世界が円融している」という部分にあったと考えるほうが妥当である。たとえば『祖堂集』巻七・雪峰章にある次の問答はその典型と見なすことができる。

師云く、「世界闊《ひろ》きこと一丈なれば、古鏡闊きこと一丈。世界闊きこと一尺なれば、古鏡闊きこと

一尺。」学人、火爐を指さして問う、「闊きこと多少ぞ。」師云く、「恰《あたか》も古鏡の闊きが似《ごと》し。」（中華書局標点本、三五〇頁）

師云、「世界闊一丈、古鏡闊一丈。世界闊一尺、古鏡闊一尺。」学人指火爐問、「闊多少？」師云、「恰似古鏡闊。」

雪峰和尚が言う、「世界の広さが一丈であれば、古鏡の広さも一丈である。世界の広さが一尺であれば、古鏡の広さも一尺である。」学僧が火鉢を指して言った、「これの広さはいかほどでしょうか。」雪峰、「ちょうど古鏡と同じ広さだ。」

「鏡」はしばしば心の譬喩として用いられる。この一段も「尽十方世界は是れ沙門の一隻眼」と同様で、心と現象世界の相即を表現したものである。そして「蓋天蓋地」の語を参照すれば、「心が世界大に遍満している」というイメージをよく伝えたものとして理解することができるだろう。たしかに、雪峰と玄沙の二人は、同様の時代的課題を解決しようとしていたと思われるのである。

雪峰系の限界

したがって、我々は雪峰と玄沙を過度に対立させて考えるべきではない。両者は同様の問題意識から出発していた。それは、石頭系の禅師によって探求された自己内部の仏性を、どうやって再び現象世界にはたらき出させるか、という問題であった。

しかし、だからといってその両者の思想の到着点までが同じだったというわけではない。つまり、上に見た雪峰の思想をいかに実現するのか、どのようにして一心と現象世界を結び付けるのかという点になると、はたして雪峰に馬祖系・石頭系を超える発想があったか、非常に疑わしい。雪峰も玄沙と同様、自己の内面にある真性と現象世界を結び付けようとするのであるが、その媒介として作用しうるのは、依然として個人に属する現実性の認識作用＝「見聞覚知」しかなかったのではないだろうか。それは石頭系の思想を踏まえ、「見聞覚知とは別の次元に本来性があるが」という留保を附された方便説法ではあるものの、それ以外の経路を雪峰系の人々が明確に示した例を見つけるのは難しい。たとえば以下のような例は、雪峰系の思想の複雑さと同時に、ある種の限界を示しているように思われる。『祖堂集』巻一一・保福章にいわく、

招慶《しょうけい》、清源《せいげん》の請に赴く時に臨みて、遂に安国《あんこく》と師とに命じて同游せしむ。山行する次《つい》で、招慶云く、「某甲《それがし》、山門に来去して、已《すで》に二十八年を経《ふ》。此廻《このたび》住すれば、心中也《ま》た足れり。」師問う、「二十八年中に於いて、山中和尚、什《なん》摩の枢要の処か有る。請う和尚、家才を費やさず、一両則を挙されよ。」云く、「一則有り、某甲《それがし》、収めて方便と為す。」師云く、「什《なん》摩の処ぞ。」招慶、首《こうべ》を挙げて顧視す。師云く、「這个《これ》は則ち収めて方便と為す。只だ宗脈中の事の如きは作摩生《いかん》。」良久す。師云く、「什摩人《なんぴと》をしてか委《つまび》らかにせ教《し》むる。」招慶云く、「闍梨《そなた》、又《ま》た与摩《かくのごと》く泥猪疥狗《でいちょかいく》して什《なに》摩をか作《せ》ん。」（中華書局標点本、五〇二頁）

招慶臨赴清源請時、遂命安国与師同遊。山行次、招慶云、「某甲来去山門、已経二十八年。此廻住、心中也足。」師問、「於二十八年中、山中和尚有什摩枢要処。請和尚不費家才、挙一両則。」云、「有

一則、某甲収為方便。」師云、「什摩処？」招慶挙首顧視。師云、「這个則収為方便、只如宗脈中事作摩生？」良久。師云、「教什摩人委？」招慶云、「闍梨又与摩泥猪疥狗作什摩！」

ここで「招慶」と呼ばれるのは、すでに紹介した雪峰の法嗣、長慶慧稜《ちょうけいえりょう》である。慧稜は、天祐三年（九〇六）、泉州刺史王延彬の請により、泉州招慶院に出世した。上は、その出発の直前に同門の禅僧と交わした会話である。慧稜の師弟、保福従展が問う、「この二十八年の修行生活で、山中和尚（雪峰のこと）はどのような大切な教えを述べられたでしょうか。どうぞあなたのお立場を損なわない限りで、すこしお示しください。」これに対し慧稜は、「ひとつ方便がある」としつつ「首を挙げて視る」ことによって答える。このような回答は禅の問答にしばしば見られるものだが、つまりは「視る」という動作によって自らの仏性を示すものである。「作用即性」的な回答の典型と言っていいだろう。

しかしこの回答に対し、保福は「これはあくまで方便として収めたものですね。では真に肝要なところ（宗脈中の事）はいかなるものでしょうか」と切り返す。このような保福の問いに対し、慧稜は沈黙（良久）することで答える。これはつまり、沈黙によって「宗脈中の事」を示している、あるいは「宗脈中の事」は言語によって表現できないと言っている、と理解できる。

すると保福はさらに、「それでは、どのような人にその教えを理解させるのか」と問う。つまり、沈黙はたしかに真理であるが、人々への教化はどうするのか、と言うのである。真理は言葉で表現できないが、無言では何も伝えることができない、これも禅の問答において常に問題となるジレンマである。これに慧稜は、「おぬし、そのようにくだくだしく（泥猪疥狗《でいちょかいく》）してどうする。」「泥猪疥狗」は用例が少なく、意味を確定することが難しいが、つまりは豚が全身に泥をあび、皮膚病の犬があちこちに体をこするように、言葉にまみれて説明しようとすることであろう。そのように無理に説明しようとするものではない、すでに方便も真理も示し終わったではないか、と問答を打ち切ったのである。

後退の可能性

ここで注意すべきは、雪峰禅の枢要として、あくまで方便であると断りつつも「顧視」という「作用即性」的な接化の手段を用いていること、さらにそれとは別の次元に「沈黙」というより根源的な真理を認識していること、しかし、これは言葉によって人に伝えることができないとしていることである。慧稜は決して「作用即性」的な手段を無条件に肯定しているわけではない。それはあくまで仏性の存在を知るための入り口でしかなく、それとは別の次元に本来性の自己があると認識している。しかし、「作用」とは別次元に存在する真性を直接に表現する適当な手段は、いまだ明確に示されていない。

この例を見るに、雪峰系の禅者も「作用即性」的な回答の限界を意識し、その乗り越えを模索していたことがうかがわれる。しかし、雪峰系の人々がこの問題に対して、最終的にどのような解決を与えたのか、明確な答えを見つけることは難しい。雪峰の禅は、一心と現象世界の相即をはかるものであったが、その媒介となるのはやはり「見聞覚知」しかなかった。そのため雪峰系の思想は、時とし

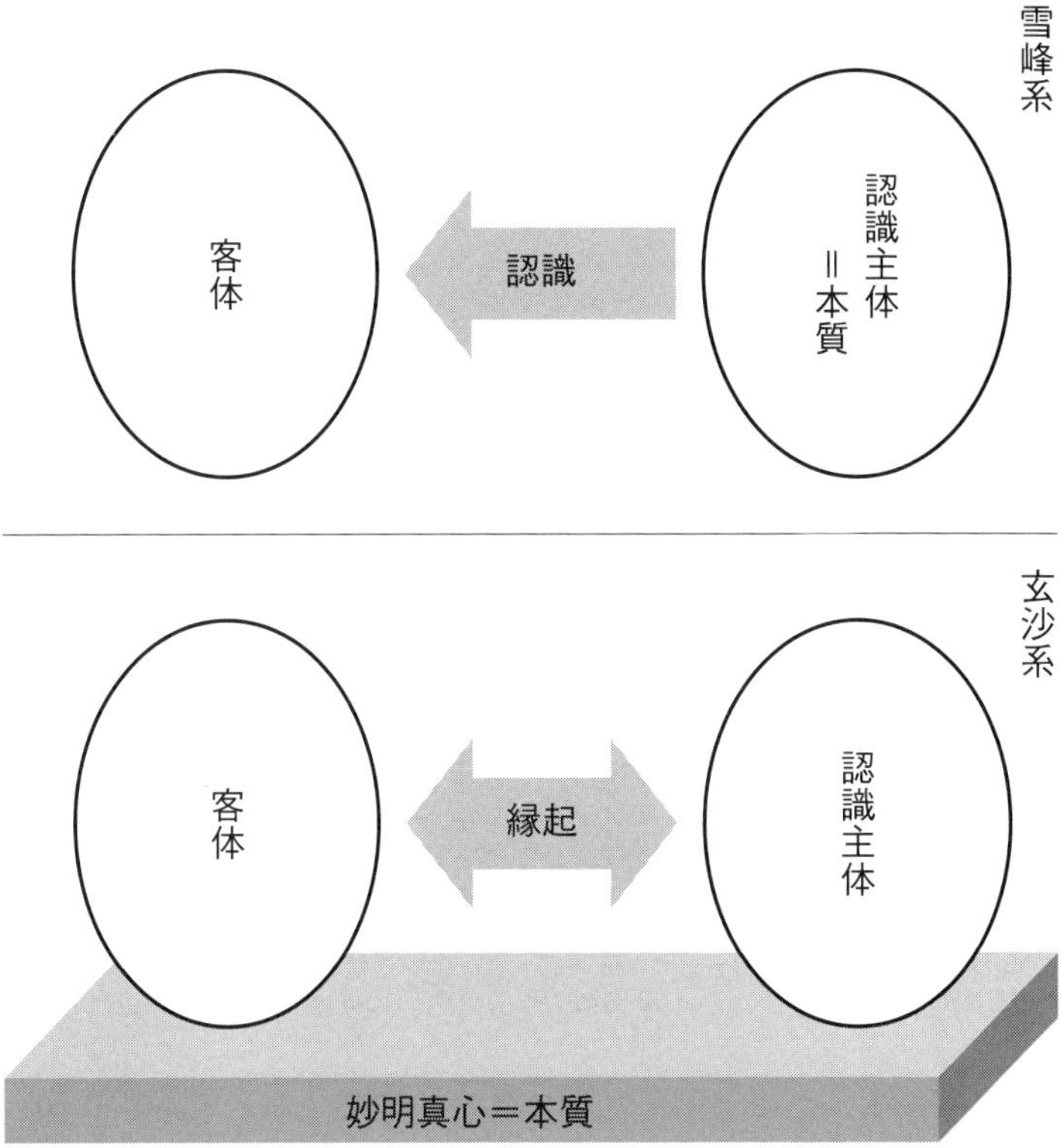

図4　雪峰系と玄沙系の違い

て「作用即性」的な発想に後退してしまう可能性を持っていたのである。

またそれは、かならず「認識の主体」と「現象世界」を対比的に捉え、その枠組みのなかで一心と現象世界の相即を求めるものでもあった。このような思想は、第四節で見たとおり、つねに「儱侗」か「断常」に陥る危険をともなうであろう。すなわち、この「認識主体」のみが現象の本質であると考えれば「儱侗」となり、「現象世界」までもが実体的に存在すると考えれば「断常」となる。

玄沙はそれを乗り越えるため、その深層に「妙明真心」という真性を想定し、「認識主体」も「個別的現象」もそのうえで縁起的に存在するものとしたのである。しかし、そのような仕掛けを雪峰系の人々の言葉に読み取ることはできない。であるとすれば、雪峰系の思想は玄沙にとって「第一句」とおなじ次元に留まるものだったと言える。玄沙が批判したのは、雪峰系の思想のこのような後退の可能性、あるいは実際に後退してしまった局面だったのではないだろうか。

大普玄通

そのような状況をうかがわせる例として、雪峰系の禅師の中に次のような人物を見ることができる。『祖堂集』一〇・大普玄通章にいわく、

大普和尚は雪峰に嗣ぐ。師、諱は玄通、福州福唐県の人なり。……僧有りて問う、「巨海の驪珠は、如何にか取得する。」師乃ち撫掌瞬視す。（中華書局標点本、四六五頁。禅文化研究所唐代語録研究班編『祖堂集』巻一〇訳注（一）」一八三―一八七頁参照）

大普和尚嗣雪峰。師諱玄通、福州福唐県人也。……有僧問、「巨海驪珠、如何取得？」師乃撫掌瞬視。

大普玄通和尚は雪峰の法嗣で、福州の人である。ある時、僧が尋ねた「大海に住むという驪龍の頷《あご》の下の宝珠は、どのようにすれば得られるでしょうか。」驪龍のあごの下に宝珠があるというのは『荘子』列禦寇篇に見える伝説で、ここでは無上の真理を喩えている。僧は、いかにすればそのような境地にいたることができるのか、と問うのである。これに対する玄通の答えは、「手をたたき、瞬きする」というものであった。これが自らの動作を仏性のはたらきと同一視する典型的な「作用即性」説であることは分かりやすいだろう。雪峰の法嗣にこのような事例が見られることは、上に述べた考察の裏づけとなる。

また、この玄通は玄沙にまみえたこともあったようで、『景徳伝灯録』巻一八・玄沙章には以下のような相見の様子を記録している。

大普玄通、到りて礼覲す。師、謂いて曰く、「汝、彼《かしこ》に在りて住しては、人家の男女を誑惑すること莫《な》かれ。」対《こた》えて曰く、「玄通は只《た》だ个の供養門を開きて晩来朝去するのみ。争《いか》でか敢えて恁麼《かくのごと》き事を作《な》さん。」師曰く、「事、難《かた》し。」曰く、「其の情は是れ難し。」師曰く、「什麼《いず》く処か是れ難き処。」曰く、「伊《か》の承當するを肯《が》んぜざるが為に。」師、便ち方丈に入りて門を拄却す。（禅文研本、三五七頁上―下）

大普玄通到礼覲。師謂曰、「汝在彼住、莫誑惑人家男女。」対曰、「玄通只是開个供養門、晩来朝去、争敢作恁麽事。」師曰、「事難。」曰、「其情是難。」師曰、「什麽処是難処。」曰、「為伊不肯承當。」師便入方丈拄却門。

大普玄通が玄沙のもとを訪れ挨拶した。玄沙が言う。「そなたはあちらで住職をなされているが、良家の子女をたぶらかすようなことをしてはなりませんぞ。」玄通が答える。「わたしは仏事の場を作っては朝晩に行き来しているだけでして、どうしてそのような事をいたしましょうか。」玄沙、「とはいえ、なかなか難しい。」玄通、「実のところ、たしかに難しゅうございます。」玄沙、「どのようなところが難しいかな。」玄通、「なにせ彼らが自心の仏なることを受け止めようとしませぬので。」すると玄沙は方丈に帰り、門を閉ざしてつっかえ棒までしてしまった。

ここで玄沙が「良家の子女をたぶらかす」と言っているのは、禅の思想を理解させられないことではなく、逆に余計な知識を与えて人々の煩悩を増やしてしまうことである。たとえば『投子語録』に「若《も》し一法有りて你に与《あた》うれば、即ち是れ你を誑謼《たぶら》かす（何か具体的な教説をひとつでも与えれば、それはお前たちを騙すのと同じだ）」（『古尊宿語要』巻一、『禅学叢書』之一、一一頁上）といい、船子徳誠が「一句合頭の語は万劫の繋驢橛《けろけつ》（ぴたりと言い当てた一句は、かえって人を縛りつける）」（『景徳伝灯録』巻一四・船子章、禅文研本、二八二頁上）というのと同じことであろう。型にはまった接化はかえって学人の自由を奪うことになる。禅師は常に観念の固定化を警戒しなければならなかった。しかし、玄通にはその意味が分からなかった。接化がむずかしいのは「彼らが受けとめないから」だと、修行者の非を責めるだけで、自ら説法することの困難を省みることはない。そのため玄沙は、まるでお話にならぬと帰ってしまったのである。そして、ここからは想像にすぎないが、玄沙はひょっとすると玄通の「作用即性」的な接化を知り、婉曲にそれを戒めようとしていたのかもしれない。玄沙自身は細心の注意を払って自らの立場を「作用即性」説から区別しようとしていた。しかし玄通は、自分がその「作用即性」説に陥っていることにすら気づいていなかったのである。門につっかえ棒までしたことに、玄沙の憤懣がよく表れている。

小結

我々は雪峰と玄沙、さらには二つの法系の関係を次のようにまとめることができる。雪峰と玄沙は馬祖系・石頭系のあとを受けるものとして、同様の時代的課題を意識していた。それは、いかにして内在的な真性をふたたび現象世界の中へはたらきださせるかという問題であった。彼らはともにその解決を模索していたのである。

雪峰は江西湖南の新たな潮流と、それにつづく問題意識を福建にもたらした第一人者であった。しかし、その解決方法を明確な理論として構築するにはいたらなかった。鼇山成道での「蓋天蓋地」、またみずから述べた「尽十方世界は沙門の一隻眼」という言葉は、一心が現象世界へとはたらきだし、両者が相即することを説くものであったが、その媒介となるものは、あいかわらず「見聞覚知」という認識の作用しかなかった。そのため、雪峰系の思想は、時として方便としての「作用即性」説と区別することが難しく、なかには、馬祖禅の地点にまで後退してしまう者も現れたのである。

玄沙はおそらくそのような弊害を目の当たりにしていた。これが、「都来《すべ》て只だ是れ我が去処《ところ》」という言葉を第一句に配当し、「作用即性」的な思想と見なしたことの理由である。

その一方で玄沙は自らの思想として、華厳教学と『楞厳経』の教説によってあらたな理論を構築し、これを「三句綱宗」に結実させた。とくに華厳の重重無尽の法界縁起という視点を援用し、「作用即性」説とははっきり異なる形で、真性と現象世界の一致を説く理論を体系化したのである。入矢は「その『向上の自己』をも超克する第三段階が、雲門と玄沙には厳としてあります。……そして、この第三の段階というものが、はっきり言って雪峰にはないのです」と評していた。これも、そのような事態を捉えたものだったと言えないだろうか。

こうして玄沙が確立した「三句綱宗」は、仏性論や修道論であるだけでなく、教判としての性格も有していた。中国の仏教において、教判の確立は往々にして一宗一派の確立を意味する。教判という自らの明確な仏教観を持った玄沙の法系は、やがて独自の集団を形成していくことになったのである。

第三章　法眼文益の生涯と思想

さて、ここまで雪峰教団の登場から玄沙系の思想の確立へといたる過程を追いかけてきた。ずいぶんと長くなってしまったが、ここからは本書の主人公、法眼文益の生涯と思想へと話を進めていくことにしよう。法眼は、のちに法眼宗の祖として人々に知られることになるのだが、本書の冒頭にも述べたとおり、古い時代の記録では「玄沙正宗の中興」とされている。彼は、ここまで述べてきたような雪峰・玄沙をめぐる歴史的文脈と密接なかかわりを持ちながら現れてきたのである。

それでは、まずは法眼の生涯について、改めてその生い立ちから見ていきたい。法眼の伝記について、もっとも基本的な資料となるのは、『宋高僧伝』巻一三に載せる法眼伝と、『景徳伝灯録』巻二四の法眼章である。その他にもいくつか参照すべきものがあるが、ひとまずはこの二つの記述に沿って進めていくことにする。

第一節　出家、受戒、長慶慧稜門下での参禅

出家・受戒

法眼文益、俗姓は魯氏、余杭（現浙江省杭州市余杭区）の人である。法眼の称は、示寂ののち南唐より贈られた諡号「大法眼禅師」による。したがって彼の生前の事績を語るさいに法眼の呼称を用いるのは実はあまり適切ではないのだが、これが最もよく知られた呼び名なので、ここでもやはり法眼と呼ぶことにする。伝記には周世宗の顕徳五年（九五八）閏七月五日に示寂したとある。世寿は七十四、

法臘は五十四（『景徳伝灯録』による。『宋高僧伝』では法臘五十五）とされるので、生年は唐の光啓元年（八八五）となる。

七歳のとき、新定（現浙江省建徳市付近）の智通院で全偉禅師（生卒年未詳）について出家。二十歳になると、越州（現浙江省紹興市）の開元寺で受戒し、正式な僧となった。このころ、律学の大家である希覚律師が明州（現浙江省寧波市）の鄮山阿育王寺《ぼうざんあいくおうじ》で講学していたため、法眼はここに行って律を学び、またそのかたわらに儒学の典籍なども学んだ。希覚はこれにより、法眼を仏門の「游夏《ゆうか》」と称えたという。「游夏」とは孔子の弟子である子遊と子夏を指す。彼らは孔子門弟のうちでも、とくに文学（古典の学問）に優れていたとされる。希覚はこのように法眼の才能を称賛したのである。

希覚は若い法眼に一定以上の影響を与えたと思われる。それは希覚自身が才能豊かな学僧だったことにもよるだろう。希覚の伝記は『宋高僧伝』巻一六に見られる。それによれば、俗姓は商氏、代々晋陵《しんりょう》（現江蘇省常州市）に住む学者の家系であったが、家は唐末の戦乱によって困窮していた。そのため若いころには、呉越国の著名な文人、羅隠のもとで写字生として働いたこともあった。文徳元年（八八八）、二十五歳のとき、希覚は温州開元寺で出家し、翌龍紀元年（八八九）に戒を受ける。つづいて、天台山国清寺にいた南山律宗の慧則律師に就いて律学の研鑽に励んだ。のちに慧則が南山律の解説である『集要記』十二巻を出すと、希覚は『増暉録』二十巻を著してこれを増広した。この書は浙江に広く行われたという。希覚にはこのほかにも『易経』の解説である『会釈記』二十巻や、羅隠の『讒書』を模したと思われる『擬江東讒書』五巻、さらにはその他の詩文の作品があった。

このように希覚は多分野に精通した文化人であった。若い法眼もこのような文化的雰囲気の中でひろく学問の素養を身につけたものと思われる。この希覚は、開平二年（九〇八、法眼二十四歳の時）に師の慧則が示寂すると、永嘉（現浙江省温州市）に移って講学したとある。とすれば、法眼が希覚に師事したのはこれよりも前のことであろう。

長慶慧稜門下での参禅

その後、法眼は参禅の旅へ出る。そのきっかけについては、『伝灯録』も『宋高僧伝』もただ「玄《げん》機《き》一発」、つまりは玄妙なる資質があらわれて、と述べるだけで、それ以上の詳細はわからない。ともあれ、法眼は律学や文学などを捨て、禅を学ぶため南方に向けて行脚の旅に出発したのである。

法眼が最初に向かったのは、雪峰の法嗣、長慶慧稜の法会であった。すでに第一章で紹介したとおり、この慧稜は雪峰門下の五大弟子に数えられる重要人物であった。法眼が参禅した場所について、『景徳伝灯録』はこれを福州としているが、慧稜が福州の長慶院に移るのは晩年のことで、法眼がここに行ったとは考えづらい。法眼が慧稜に見えたのは、おそらく泉州招慶院でのことだったと思われる（土屋太祐訳注「法眼録」四〇頁）。

慧稜のもとでの参禅は、法眼にとって大きな意味を持つことになった。というのもこの経験は、はじめて禅を知る機会となっただけでなく、後々まで付いてまわる因縁を法眼にあたえたからである。すでに述べたとおり、法眼は最終的に玄沙の法嗣である羅漢桂琛の法を嗣ぐことになる。しかしそのころ、雪峰系と玄沙系は二つの集団に分化していた。そのため、慧稜に参禅した法眼が桂琛に嗣法したことは、雪峰系から玄沙系への乗り換えを意味した。その結果として、法眼は後々、慧稜門下の禅者との議論を余儀なくされたのである。

法眼と慧稜の門弟による議論は、雪峰系と玄沙系の違いを浮き上がらせる極めて貴重な資料である。ただ、その内容を理解しようとすれば、その前提として慧稜の思想を知っておかねばならない。慧稜の禅についいては、第二章第五節でも少し触れたが、ここではあらためて彼の開悟に至る過程を振り返り、その思想の特徴を押さえておきたい。またもや回り道になってしまうが、今後の議論を理解するためにも避けて通ることができない事柄である。

慧稜の修業時代

後に慧稜は雪峰の五大弟子の一人に数えられることになる。しかしその開悟までの道程は必ずしも順調ではなかった。慧稜の修業時代のようすは、玄沙の語録『玄沙広録』にもうかがうことができる。その巻上には次のような出来事が載せられている。

慧稜はあるとき霊雲志勤《れいうんしごん》に参問したという。志勤は潙山霊祐の法嗣で、当時は故郷の福州にもどり、霊雲山に住していた。ここで慧稜は志勤に「仏法の大意」を尋ねた。これに対する志勤の答えは「驢事未だ去らざるに、馬事到来す」というものであった。「ロバの仕事が終わらぬうちに、もう馬の仕事がやってきた」、つまりは、「『仏法』を探し求めて歩き回るやからのなんと多いことか」、「次から次へと観念的な『仏法』とやらを求められるのは、もううんざりだ」というのである（入矢義高「驢事と馬事」二〇―二一頁）。ところが、慧稜は、志勤のこの答えの意味が分からなかった。

これを見かねた師の雪峰は、その意味を慧稜に教えようとして、「直下《じきげ》に是れ你《なんじ》」、すなわち「ただおまえでしかないのだ」と言った。この短い一言で雪峰が言わんとする意味は、「おまえが求めている真理は、追い求めているおまえ自身の側にしかない。自分の外側に『仏法』という概念を立てて、探し求めても無駄だ」ということであろう。しかし、もし本当にこのような長たらしい理屈を述べ立てたならば、それもまた禅の本質に背くことになる。なぜなら、このような理屈もまた自己の外側にある「知識」でしかなく、「自己そのもの」とはおよそかけ離れているからである。そのため雪峰も余計な説明を加えず、ただ一言、「おまえでしかない」とだけ言い、あとは慧稜が悟るのを待ったのである。

你は是れ稜道者

しかし勘のわるい慧稜はあいかわらず雪峰のこの言葉を理解できなかった。かくして慧稜はその意味を教わるため玄沙のもとを訪れ、そこで、つぎのような対話が行われるのである。以下、二段に分けて見てみよう。

（慧）稜、乃ち下り到る。師（玄沙）云く、「且喜《しゃき》すらくは下来することを。見説《きくなら》く、你《なんじ》は霊雲に仏法の大意を問えりと、是なりや。」稜云く、「是なり。」師云く、「他《かれ》は你に向かいて什麽《なに》をか道《い》う。」稜云く、「他道《かれいわ》く、『驢事未だ去らざるに、馬事到来す』と。」師云く、「你、還《は》た会すや。」稜云く、「某《それがし》、並びに会する処無ければ、特に与麽《かくのごと》く来る。乞う和尚、慈悲もて為《ため》に説かれんことを。」師云く、「你は是れ稜道者、什麽《なん》ぞ会せざる。」稜云く、「知らず、霊雲の与麽《かくのごと》く道《い》うは、意、作麽《いか》生《ん》。」師云く、「只だ是れ稜道者。外に覓《もと》むるを用いず。」稜云く、「和尚、作麽生《いかん》が与麽《かくのごと》く説く。某《それがし》の名は識《し》らざるべからず。乞う和尚、為に箇の道理を説かれんことを。」

稜乃下到。師云、「且喜下来。見説你問霊雲仏法大意、是否？」稜云、「是。」師云、「他向你道什麽？」稜云、「他道、『驢事未去、馬事到来』。」師云、「你還会麽？」稜云、「某並無会処、特与麽来。乞和尚慈悲為説。」師云、「你是稜道者、作麽不会？」稜云、「不知霊雲与麽道、意作麽生？」師云、「只是稜道者、不用外覓。」稜云、「和尚作麽生与麽説？某名不可不識、乞和尚為説箇道理。」

慧稜が雪峰山から玄沙のもとへとやってきた。玄沙、「ようこそいらっしゃった。聞くところでは霊雲和尚に仏法の大意を尋ねたとか。」慧稜、「そうです。」玄沙、「彼はなんとお答えかな。」慧稜、「ロバの仕事が終わらぬうちに、馬の仕事がやってきた、とおっしゃられていました。」玄沙、「それで、そなたはそれがわかったのかな。」慧稜、「まったくわかりませんでした。だからこのようにお教えを請いに来たわけです。」玄沙、「そなたは稜道者だ、それがなぜわからぬ。」慧稜、「霊雲和尚があのようにおっしゃったのは、どういう意味でしょうか。」玄沙、「つまりは稜道者でしかないということだ、それ以外のところに求める必要はない。」慧稜、「和尚様はどうしてそのようなことをおっしゃるのでしょう。自分の名前ぐらい知っております。どうか、そこの道理をお示しください。」

ここで玄沙が言っていることもまた、雪峰と変わらない。つまりはただただ「おまえの心が仏だ、それ以外のところに仏法を求めてはならぬ」ということを、理屈としてではなく、自らのこととして受け止めよ、というのである。このことは、言葉で理屈を伝えて済むことではなく、慧稜が自分のこととして気付かなければ意味はない。しかし、慧稜はどうしてもその勘所がわからない。それどころか、あいかわらず「道理」を求めようとするのであった。

そこで玄沙は、少し趣向を変えた説き方をしていく。その実、言わんとすることは何も変わっていない。

太鼓の音を聞いているものがおまえだ

師云く、「你は是れ両浙の人、我は是れ福州の人。作麽生《いかん》が会せざる。」稜云く、「某《それがし》、実に会せず。乞う和尚、説破されんことを。」師云く。「我、豈《あ》是に你に向かって説かざらんや。」稜云く、「某、特地に来りて和尚の為に説かれんことを乞う。与麽《かくのごと》く相い弄《もてあそ》ぶこと莫かれ。」師云く、「你、鼓の声《おと》を聞くや。」稜云く、「某、鼓の声を識らざるべからず。」師云く、「若《も》し鼓の声を聞かば、只だ是れ你。」稜云く、「会せず。」師云く、「你且《しばら》く粥を喫し去れ。」稜道者、粥を喫し了わり、便ち上《のぼ》りて云く、「乞う和尚、説破せられよ。」師云く、「粥を喫し了れるに不是《あら》ずや。」稜云く、「乞う和尚、説破せられよ。弄《もてあそ》ぶこと莫かれ。某《それがし》且く辞して帰り去らん。」師云く、「你来る時は、那《いずく》の路従《よ》りか来る。」稜云く、「大目路より来る。」師云く、「你去るも也《ま》た大目路従《よ》り去れ。作麽生《いかん》が相い弄《もてあそ》ぶと説《い》う。好去。」（以上、『卍続蔵経』第一二六冊、三五三頁下—三五四頁上。入矢義高監修『玄沙広録』上、二六—三三頁参照）

師云、「你是両浙人、我是福州人。作麽生不会？」稜云、「某実不会、乞和尚説破。」師云、「我豈是不向你説也。」稜云、「某特地来乞和尚為説、莫与麽相弄。」師云、「你聞鼓声也無？」稜云、「某不可不識鼓声。」師云、「若聞鼓声、只是你。」稜云、「不会。」師云、「你且喫粥去。」稜道者喫粥了、便上云、「乞和尚説破。」師云、「不是喫粥了也？」稜云、「乞和尚説破。莫弄。某且辞帰去。」師云、「你来時従那路来？」稜云、「大目路来。」師云、「你去也従大目路去。作麽生説相弄。好去。」

玄沙、「そなたは浙江の人、わしは福州の人。どうしてわからぬ。」慧稜、「私は本当にわかりません。和尚、どうかはっきりとお教えください。」玄沙、「教えていないなどということはないぞ。」慧稜、「わたしはお教えを請うためにわざわざやってまいったのです、そのようにからかうのはおやめください。」玄沙、「太鼓の音が聞こえるかな。」慧稜、「太鼓の音ぐらい、知らないはずがありません。」玄沙、「太鼓の音が聞こえるのであれば、それはそなただ。」慧稜、「わかりません。」玄沙、「まあしばらくお粥でも上がっていらっしゃい。」粥を食べ終わると、慧稜はすぐさま玄沙のもとへ戻り、言う。「和尚、どうかはっきりとお教えください。」玄沙、「お粥を食べ終わったのではないかな。」慧稜、「どうぞからかわずにはっきりお教えください。私は今日はひとまず、おいとましとうございます。」玄沙、「来るときはどの道から来たかな。」慧稜、「大目路からまいりました。」玄沙、「帰りも大目路から帰りなさい。からかわれたなどと思ってはいけない。気を付けて。」

「太鼓の音を聞いているものがそなただ」というのも、馬祖以来繰り返し述べられてきた考え方で、そのように知覚している心が仏に他ならないのだ、という趣旨である。このような考えは玄沙の思想体系である「三句綱宗」でも、基礎となる第一句として組み込まれていた。玄沙もここでそのような初歩の方便説法を行っているのである。そのほか、「粥を食べているもの」「大目路を歩いているもの」も同様の趣旨を述べたものにほかならず、そのように作用し知覚するもの、それが慧稜その人であり、仏法もまたそこにある、と伝えようとしているのである。しかし、慧稜は最後までそれに気付くことはなかった。なんともじれったい思いをさせられるが、当時の様子を活き活きと伝えて興味深い資料でもある（以上、慧稜の物語については入矢義高「驢事と馬事」、同「自知ということ」参照）。

死馬医法

とはいえ、慧稜もこのままあきらめたわけではなかった。彼は最終的に大悟を果たして雪峰の法を嗣ぐことになる。その経緯については、『祖堂集』巻一〇・長慶慧稜章に詳しい記述が残されている。以下、これも段落を分けながら見てみよう。

初め雪峰に参見するに、学業は辛苦にして、多くは霊利を得ず。雪峰、是《かく》の如き次第を見て、他《かれ》に断じて云く、「我、你に死馬医法《しばいほう》を与《あた》えん、你還《は》た甘んずるや。」師、対《こた》えて云く、「師の処分に依らん。」峰云く、「一日に三度五度と上来するを用いず、但だ山裏の燎火底の樹橦子の如くに相い似て、身心を息却せば、遠からば則ち十年、中ならば則ち七年、近からば則ち三年、必ず来由《らいゆう》有らん。」師、雪峰の処分に依りて、両年半を過得す。（「但如山裏」は底本で「但知山裏」とするが、中華書局標点本、四八九頁の校釈により改める。）

初参見雪峰、学業辛苦、不多得霊利。雪峰見如是次第、断他云、「我与你死馬医法、你還甘也無？」

師対云、「依師処分。」峰云、「不用一日三度五度上来、但如山裏燎火底樹橦子相似、息却身心、遠則十年、中則七年、近則三年、必有来由。」師依雪峰処分、過得両年半。

慧稜はかつて雪峰のもとで参学したが、才気にも恵まれず、学業ははかどらなかった。それを見た雪峰は、こう言い渡した。「ここまできたら駄目でもともと、最後の手段を教えてやろう、よいかな。」慧稜、「お教えの通りにいたします。」雪峰、「一日に三度、五度とワシのところ来ずともよい。ただ山中に焼け残った木の切り株（〝橦〟は、あるいは〝椿〟と発音が近いことによる誤りか）のように身心を滅却すれば、長くて十年、中くらいで七年、早ければ三年、かならずや悟入の手がかりがあろう。」慧稜はこの指示に従い、二年半を過ごした。

「死馬医法」とは、死んだ馬をとりあえず生きていることにして治療する方法ということで、望みは薄いと知りながらも最後にする努力を譬える。雪峰もなかばあきらめ気味に、とにかく禅定修行だけしてみろ、と勧めたわけである。

この当時、実態はともかく理念としては、坐禅によって悟りに到るという考え方は否定的に捉えられていた。意図的な修業によってなにごとかを変えるのではなく、自己が本来的に持つ本性にただ気づくことが理想とされたのである。かくいう雪峰自身も、第一章に紹介した鼇山成道の話で見たとおり、師兄巌頭から「只管に坐禅」することをとがめられている。ここで慧稜にただ禅定せよとすすめたのも、窮余の一策であったといえる。

慧稜の大悟

最終的にはそのような慧稜にも悟りの機会が訪れた。その描写はなかなかに劇的である。

一日有り、心造《さわ》がしくして坐り得ず。却って院外に茶園を遶《めぐ》ること三匝し了わり、樹下に坐するに、忽底《たちまち》に睡著せり。覚《さ》め了《おわ》りて院に却帰《かえ》り、東の廊下従《よ》り上る。纔《わず》かに僧堂に入り、灯籠の火を見るに、便ち来由有り、便ち和尚の処に去《ゆ》く。和尚未だ起きざれば、却って退歩して法堂《はっとう》の柱に依りて立つに、覚えず声を失う。大師、聴聞して問う、「是れ什摩人《なにびと》ぞ。」師自《みずか》ら名を称《とな》う。大師云く、「你、又《ま》た三更半夜に者裏《ここ》に来りて什摩《なに》をか作す。」対《こた》えて云く、「某甲《それがし》、別に見処有り。」大師自ら起き来りて門を開き、手を執りて衷情を問う。師、「衷情偈」を説きて曰く、

也《ま》た大《はなは》だ差《めずら》し、也た大だ差し。簾《す》を巻き上げ来れば天下に満つ。

人有りて何の宗を会すかと我に問わば、払子《ほっす》を拈起して驀《まっ》口に打たん。

有一日、心造坐不得、却院外遶茶園三匝了、樹下坐、忽底睡著。覚了、却帰院、従東廊下上。纔入僧堂、見灯籠火、便有来由、便去和尚処。和尚未起、却退歩、依法堂柱立、不覚失声。大師聴聞、問、「是什摩人？」師自称名。大師云、「你又三更半夜来者裏作什摩？」対云、「某甲別有見処。」大師自起来開門、執手問衷情。師説「衷情偈」曰、

也大差、也大差、巻上簾来満天下。

有人問我会何宗、拈起払子驀口打。

ある日のこと、心がざわつき、どうにも坐禅に集中できなかった。そこで寺のそとの茶園を三周ほど歩き、樹の下で坐禅したところ、そのまま眠り込んでしまった。目が覚めると寺に戻り、東側の渡り廊下から建物に入った。すぐに雪峰のもとへ行ったが、雪峰はまだ目覚めていなかった。しかたなくいったん退き、法堂の柱にもたれて立ったその瞬間、思わずアッという声が出た。雪峰はこれを聞いて尋ねる、「誰か。」慧稜が自らの名を答えると、雪峰が問う、「このような真夜中にやってきて、いったい何事か。」慧稜は答える、「これと思うところがありまして。」雪峰は起きだして戸を開け、慧稜の手をとってその心の内を尋ねた。そこで慧稜は「衷情偈」を述べたのである。

「衷情偈」

その偈は次のようなものであった。

すばらしや、すばらしや。すだれを上げれば世界が見えた。
何の教えを悟ったのかと、もしもだれかが聞くならば、払子でその口、一打ちにしよう。

この最後の偈は、つまり慧稜の開悟の体験を述べたものであるが、さて、かれはいったい何を悟ったのだろうか。まず第一句の「すばらしや、すばらしや」は開悟のすばらしさを賛嘆したものと理解してよいとして、第二句の「すだれを上げれば世界が見えた（簾を巻き上げ来れば天下に満つ）」は、何を意味しているだろうか。これは簾を上げたところ、世界が目に飛び込んできたこと、これによってこの知覚する主体が世界に充満していることに気づいたことを述べたものと理解してよさそうである。この句は『玄沙広録』や、『仏果撃節録』、大慧『正法眼蔵』といった文献で「簾を捲《ま》き上げ来れば天下を見る」とされており、こちらの方がより分かりやすい。つまりは、玄沙が「太鼓の音が聞くのがそなただ」と言った知覚する主体であり、あるいは雪峰が「尽十方世界は是れ沙門の一隻眼」と表現した世界と一致する自己の一心である。慧稜はそれをついに自らのものとして感得したのである。

そのうえで慧稜はさらに、「何の教えを悟ったのかと、もしもだれかが聞くならば、払子でその口、一打ちにしよう」と言う。これは、彼の悟ったものが、なにか固定的な観念として立てられるものではないと主張するものであろう。

「この心が仏である」という道理は、それを外在的な知識として受け入れては意味がない。この悟りは認識の対象として存在する知識ではなく、認識の主体である自己そのものだからである。この点こそが、これまでも慧稜が気付くことができずに、散々苦しんでいた勘所であった。慧稜は上のように自己が仏であると気づきながら、そのうえで、それを知識として理解することを打ち破ろうとしている。

大衆の前での証明

慧稜の悟りを認めた雪峰は、つづいてそのことを大衆のまえで証明しようとし、次のようなやり取りが行われる。

大師便ち安排し了わり、侍者に処分して、伊《かれ》をして粥を煮しむ。粥を喫して後、侍者をして堂裏に第二の粥の未だ行《ひ》かれざるを看て報ぜしむ。侍者去《ゆ》きて看、来りて和尚に報ずるに、和尚、師をして堂裏に来らしめ、打槌《たつい》して云く、「老漢、這裏《ここ》に在りて住し、千七百人を聚得す。今日の下、只だ半个の聖人を得たり。」明朝、上堂昇座《しんぞ》を索《もと》むるに、便ち師を喚《よ》ぶ。師便ち出で来る。和尚云く、「昨夜の事、大衆は却って你を疑い、両個の老漢、預《あらかじ》め闘合禅を造《な》すと道《い》う。你既に見処有らば、大衆の前に一句語を道得せよ。」師便ち偈有りて曰く、

万像の中独り身を露《あらわ》す、唯だ人の自ら肯《がえん》じて乃《すなわ》ち能《よ》く親しむ。

昔日は謬りて途中に向《お》いて学ぶも、今日看来れば火裏の氷。

（以上、中華書局標点本、四八九―四九〇頁）

大師便安排了、処分侍者、教伊煮粥。喫粥後、教侍者看堂裏第二粥未行報。侍者去看、来報和尚。和尚令師来堂裏、打槌云、「老漢在這裏住、聚得千七百人。今日之下、只得半个聖人。」明朝索上堂昇座、便喚師。師便出来。和尚云、「昨夜事、大衆却疑你、道両個老漢預造闘合禅。你既有見処、大衆前道得一句語。」師便有偈曰、

万像之中独露身、唯人自肯乃能親。

昔日謬向途中学、今日看来火裏氷。

慧稜の偈を聞いた雪峰は手配して、侍者に粥を煮るよう言いつけた。粥を食べ終わると、また侍者に言いつけ、僧堂で二巡目の粥がまだ配られていないことを確認させた。侍者が報告すると、雪峰は

僧堂にやってきて、槌をカンカンと打ってからこう言った。「ワシはここの住持を務め、千七百人の修行僧を接化しているが、今日やっとのことで分かった者があらわれたぞ。」明朝、上堂説法を行うと、そこで慧稜の名を呼んだ。慧稜が進み出ると、雪峰はこう言った。「昨晩のこと、みなはまだ疑って、ワシとそなた二人してかねて準備した寄せ集めの禅をやったのだと言っておる。もし、そなたに確かな見地があるならば、みなの前で悟境を示す一句が言えるはずだ。」そこで慧稜は次のような偈を述べたのであった。

一切の事物のなか、自己の一心が現れている。これは本人自ら体認してはじめてわかるものである。かつては誤解し、道のなかばで学んでいたが、今日見てみれば、それも火中の氷のように消えてなくなった。

慧稜の悟境

ここでも最後はやはり偈によって慧稜の悟境が述べられている。これも少し解釈してみよう。「一切の事物のなか、自己の一心が立ち現れている」というのは、前にも述べた「世界と一致する知覚の主体」を体認したことを述べたものであろう。森羅万象のただなかに、それを知覚しつつ存在する自己の一心である。そして「これは本人が自ら体認してはじめてわかる」とする。外在的な知識としてそれを知ったところで何の役にも立たない。自らのこととして身をもって受け止めてこそ、理解したといえるのである。ここまでは上の偈で「すだれを上げれば世界が見える」としたのと、ちょうど対応しているだろう。

さらに「かつては誤解し、道のなかばで学ぼうとした」という。これは、ゴールよりもはるか前の地点でもがき苦しんでいたことを言っている。慧稜と玄沙の問答を思い起こせば、ここで慧稜がこのように言う気持ちもよくわかる。何か学ぶべき道理が自らの外側にあると思い、それを追いかけていたことを言うのであろう。

このことは次の句、「今日見てみれば、それも火中の氷のように消えてなくなった」からも見て取ることができる。今まで追い求めていた「悟り」や「仏法」というものは、ゴールについてみれば、ただの幻だった。それはどこか遠いところではなく、まさに自分の側にあったのである。いまや、その「悟り」や「仏法」という知解そのものが、溶けて無くなってしまった。その無いということが、悟りの本質だったのである。ここで慧稜は、雪峰や玄沙が教えようとして、どうしてもわからなかった一点に、とうとう気づいたのである。これもまた「衷情偈」の「何の教えを悟ったかと聞くならば、払子でその口、一打ちにしよう」という言葉と対応するものと言える。

かくして慧稜はついに大悟の経験を得た。この経緯から見てみると、慧稜の開悟の要点はつぎの二つにまとめることができるように思う。一つは認識する主体の自覚である。この認識主体は、雪峰と同様、認識作用を通じて世界大に広がり、そして世界と一致する一心である。そしてもう一つは、それを知識として理解することへの否定である。認識する主体は、外在的な知識としてではなく、自己自身のものとして体認されなければならない。これはまた、「即心是仏」というスローガンを批判しながら、強く言語を否定した石頭・徳山以来の伝統を継ぐものとも言えよう。

このような特徴は、第二章第五節で見た慧稜と保福の問答とも一致しているように思われる。そこで慧稜は雪峰禅の「枢要の処」を、「挙首顧視」、すなわち「視る」という動作による仏性の提示と、「良久」、すなわち「沈黙」によって真理が言語化できないことを示す、という二点にまとめていた。慧稜の思想には一貫した傾向があったと認めてよい。

そのうえで、このような慧稜の思想を玄沙三句綱宗の枠組みに当てはめてみると、どうなるだろうか。実はこれも、すでに第二章第五節で議論した問題で、ここでもその繰り返しになるのだが、上に述べた二つの特徴は、やはり玄沙の「第一句」と「第二句」に相当するもののように思われる。つまり、ここまで見た慧稜の物語から、玄沙が「第三句」やあるいはその他の問答において示したような問題意識を感じ取ることはできない。

「三句綱宗」において、知覚する主体は「見聞覚知」と捉えられ、その深層にはより本質的な心としての「元常」があるとされた。そして「第三句」の段階では、この「元常」が法界に充満し、そのなかで諸法が重重無尽の縁起によって円融すると宣言された。しかし慧稜のことばには、この「第三句」に当たる思想を見つけることができない。実にこの点こそが、雪峰系と玄沙系を分かつ重要な要素だったと言える。この問題は、のちに法眼が行う議論にも再び立ち現われ、より明確な形で雪峰・玄沙両系の違いを際立たせることになる。

法眼の議論については、その際にもう一度くわしく議論することにして、ここではひとまず長慶の開悟の経緯を確認するにとどめておこう。いずれにせよ、法眼は、この師のもとで初めて禅に触れ、禅僧としての生活を始めることになったのである。

第二節　羅漢桂琛からの嗣法

前節に述べた通り、慧稜門下での参禅は法眼にとって重要な経験となった。『景徳伝灯録』ではそのときの法眼の様子を、「縁心未だ息《や》まずと雖も、海衆《かいしゅ》之を推す」と表現している。妄心が完全に治まったわけではなかったが、衆僧は法眼を高く評価した、というのである。この一文は法眼が慧稜のもとで大悟に至らなかったということをいくぶん強調しているが、これはおそらく、のちに羅漢桂琛に嗣法したことを意識しての措辞だろう。一方で『宋高僧伝』ではこの部分を「已《すで》に疑滞を決す」、つまり「疑念を解決した」とするだけで、より素直な書きぶりとなっている。のちの経緯から見ても、法眼は慧稜の門下で頭角を現し、それなりの評価を得ていたと見てよい。しかし、そのような法眼に、偶然のきっかけから転機が訪れることになったのである。

羅漢桂琛との出会い

慧稜のもとにいた法眼とその仲間は、さらなる修業のため、湖南へ行脚の旅に出ることを決心した。ところが出発してまもなく、折からの大雨によって川が増水し、福州で足止めを食らってしまった。彼らはやむなく福州城の西にある地蔵院に立ち寄り、雨が収まるのを待つことにした。しかし、この予定外の旅程が法眼たちに新たな機縁を与えることになった。彼らはここで、彼らの師となる羅漢桂琛に出会ったのである。

羅漢桂琛については第一章ですでに簡単な紹介をした。玄沙師備の二大弟子の一人で、玄沙の法を法眼へと伝えた人物である。地蔵院にも住したため、地蔵桂琛とも呼ばれる。『景徳伝灯録』巻二一・桂琛章には、彼について次のように言う。

玄沙、学者を誘迪するに因りて、諸の三昧を流出す毎《ごと》に、皆な、師（桂琛）に命じて助発を為さしむ。師、衆に処《お》りて韜晦すと雖《いえど》も、然《しか》るに声誉甚だ遠し。（禅文研本、四一七頁上―下）

玄沙毎因誘迪学者、流出諸三昧、皆命師為助発。師雖処衆韜晦、然声誉甚遠。

玄沙は修行者を指導するため諸々の教えを垂れるときには、つねに桂琛に命じて補佐をさせた。桂琛は修行僧の中にあってみずからの才能を隠していたが、声望は遠くまで知れ渡った。

このように、玄沙門下における桂琛の評価は非常に高いものがあった。しかし、彼は師の玄沙に似たのか、名利を追い求めるような人物ではなかったようである。やがて漳州刺史の王氏の請により福州城西の地蔵院に住したが、ここもかならずしも大寺院というわけではない。地蔵院での状況を、『宋高僧伝』巻一三・桂琛伝は次のように言う。

錫を駐《とど》むること一紀有半、来往は二百衆たり。琛、妙法を秘重するを以て、軽《かるがる》しくは徒に示さず。密に学び懇《ねんご》ろに求むる者有らば、時に為《ため》に開演す。（中華書局標点本、三〇九頁）

駐錫一紀有半、来往二百衆。琛以秘重妙法、罔軽示徒。有密学懇求者、時為開演。

桂琛はここに〝一紀半〟の間とどまり、二百人の僧が修行のために集まったという。「一紀」は一般的には十二年を指す。『景徳伝灯録』桂琛章では「僅かに一紀を逾《こ》ゆ」というので、普通に考えれば十二年から十八年くらいの間、地蔵院に住したと見てよい。慧洪『禅林僧宝伝』桂琛章にも、地蔵院に住して「十餘年」して漳州に移ったとする（『禅学典籍叢刊』第五巻、一五頁下）。ただ、「一紀」の解釈には諸説あり、初期の伝記資料にも、地蔵院への入住や、つぎの羅漢院への移住の時期を明確に記したものがなく、あまり確定的なことは言えない。

ここには二百人の僧衆が集まったという。この二百人という数も決して少ないわけではないが、雪峰山や長慶院に千五百衆、鼓山神晏のもとに一千余衆が集まったというのと比べると、かならずしも大寺院といえるものではない。また桂琛は仏法を重んじ、みだりに教えを示すことはなく、丹念に学び誠意をもって教えを乞うものがいたときだけ教えを垂れたという。いずれにせよこの記述を読む限り、世間の耳目を集める大禅師というわけではなかったようである。

法眼の開悟

このようにいくぶん隠者気質の桂琛に、法眼は偶然の因縁によって師事することになったのであった。この桂琛による法眼への接化について、『宋高僧伝』法眼伝にはつぎのように記す。

羅漢（桂琛）、素《もと》より（文）益の長慶に在りて頴脱《えいだつ》するを知り、鋭意之を接し、之を唱導す。玄沙と雪峰と血脈、殊異《しゅい》なるに由り、益、疑山頓《とみ》に摧《くだ》け、正路斯《ここ》に得たり。欣欣然として嚢を挂け栖止し、塗《みち》を変え軌を廻《めぐ》らし、確乎として抜かず。（中華書局標点本、三一四頁）

羅漢素知益在長慶頴脱、鋭意接之、唱導之。由玄沙与雪峰血脈殊異、益疑山頓摧、正路斯得。欣欣然挂囊栖止、変塗廻軌、確乎不抜。

桂琛は、法眼が慧稜の法会で頭角を現しているのを知っていた。そこで熱心に接化し、教え導いた。玄沙と雪峰の禅風が異なっていたことから、法眼はここに至って日ごろの疑念を晴らし、正しい道を得たのである。そして、すすんで桂琛のもとにとどまり、これまでの考えを改め、それ以後、揺らぐことはなかった。

前にも述べたとおり、『宋高僧伝』は玄沙―桂琛―法眼の法系に肩入れするところがあり、この記述にもそのような立場が表れている。ただ、法眼がここで悟り、桂琛の法を嗣いだことは確かである。この桂琛との機縁について、『景徳伝灯録』法眼章はより具体的にその対話の内容を伝えている。

琛問うて曰く、「上坐、何《いず》くにか往く。」師曰く、「邐迤《りい》として行脚《あんぎゃ》し去《ゆ》く。」曰く、「行脚の事、作《い》麽生《かん》。」師曰く、「知らず。」曰く、「知らざる、最も親切なり。」師、豁然《かつねん》として開悟す。（禅文研本、四七九頁下）

琛問曰、「上坐何往？」師曰、「邐迤行脚去。」曰、「行脚事作麽生？」師曰、「不知。」曰、「不知最親切。」師豁然開悟。

桂琛が法眼に問う、「上座、どちらに行かれるのかな。」法眼、「あちらこちらと行脚をしてまいります。」桂琛、「行脚のこととは、どんなものだろう。」法眼、「よくわかりません。」桂琛、「確かに、わからぬ、というのが最も当たっている。」法眼はここではっと悟った。

　法眼にとって、地蔵院は偶然に訪れた場所でしかなかった。そのためか、法眼の答えもどことなく素気ないように見える。この会話について、小川隆はつぎのような解釈を述べている。「最初にどこに行くかと問われたときの『邐迤《りい》として行脚《あんぎゃ》し去《ゆ》く』という答えかたには、まあ、縁にまかせてあちらこちらとやっていきますと、斜に構えて受け流すような気分がうかがわれる。」そして、行脚のことを聞かれて「よくわかりません」と答えたことについても、「むろん『わかりません』と、謙虚に無知を告白したものとも解しうる」が、しかし「『不知』という答えも、真正面からまじめに答えたものではなかったのではあるまいか」とする（小川隆「不知最も親切なり」三頁）。

　ところが桂琛は、この何気ない「わからない」という回答を肯定して、「わからない、ということが行脚の本質をもっともよく言い当てている」というのである。ここに出る「親切」という語は、現代日本語と異なって、密接・切実といったような意味合いを持つ。また、桂琛言うところの「不知」も、単に理解不能というような意味ではない。これまでも見てきたとおり、何かを「知る」とは、それを対象として捉えることであり、「自らがそのように存在する」ことそのものとは全く異なる。「行脚を知る」ことと「行脚する」ことは別物と言ってよい。いわば、そのような対他的な知識を捨て、自らのこととしてただ行脚することを、桂琛は「わからない」ということばに託して、法眼に教えようとしたのではないだろうか。ここに至って法眼は、初めて知見解会《ちけんげえ》を捨て去り、行脚している当の自己に気付いた。あるいはより端的に、〝行脚することそのもの〟になりえたのではないだろうか（土屋太祐訳注「法眼録」四一頁）。

玄沙と雪峰と血脈、殊異《しゅい》なるに由り

さて、先に引いた『宋高僧伝』の記事によれば、雪峰と玄沙の禅風が異なっていたため、法眼は桂琛の接化によってそれまでの考えを改め悟りに至った、ということになる。法眼はそれまで慧稜の法会で参禅し、一定の評価を得ていた。そこで学んだものは雪峰の系譜に連なる禅だったろう。ならば、『景徳伝灯録』に述べられる桂琛の「知らざる、最も親切」の一句は、そのような雪峰—慧稜系の禅とは異なる玄沙系の特徴を示していると理解してよいだろうか。

すでに見たように、慧稜自身も自己そのものをつかみかね、長い修行の末に、外在的な知識ではない直接的な自己の把握に至ったようである。彼が悟った後に呈した二種の偈にも、感覚する主体としての自己と、それを知識としてとらえる知見解会への否定が詠みこまれていた。このように見れば、「知らざる、最も親切」の一句と慧稜の偈の言わんとすることは、さして相違していないようにも思われる。法眼が桂琛のもとで悟ったのも、たまたま機縁が契ったというだけのことだったのかもしれない。

しかし、もし『宋高僧伝』と『景徳伝灯録』の記述を結びつけて捉えるならば、桂琛のことばには、やはりなにがしか雪峰系とは異なる内容があったと考えざるをえない。そして、そのような目線で桂琛と慧稜の言葉を見ると、やはりある種の隔たりがあるように感じられる。すなわち、慧稜の偈が「知覚する主体としての自己の把握」と「それを知識としてとらえることの放棄」という二つの異なる側面を必要とする、いわば二段階の悟りであったとすると、桂琛の「知らざる、最も親切なり」は、「知見解会《ちけんげえ》無きままに、現実の世界でただ行脚する自己」を一つかみに、混然一体のものとして把握しようとする感じがある。

慧稜の偈が、「作用即性」から「現実性と本来性の不即不離の関係」という、馬祖系から石頭系への思想的転回を踏まえた、ある意味で精緻な理論を示しているとすると、それは「三句綱宗」の枠組みにおける第一句と第二句の二つの段階に当たる。かたや桂琛の言葉は、その二つを総合し、玄沙が第三句で示した華厳的な世界観を一息に提示しているのではないだろうか。

もちろん上の物語の解釈の余地は大きく、ここで示したのも可能な解釈の一つでしかない。ひとまずは、性急に結論を出すことをひかえ、この後の展開を追いかけてみよう。

崇寿院での出世

『景徳伝灯録』によれば、こののち法眼は同行の進山主らとともに桂琛のもとで真摯に参問し、その結果、みなが開悟するに至ったという。同行の修行者とは、法眼のほかに清谿山洪進《せいけいざんこうしん》、清涼院《しょうりょういん》休復《きゅうふく》、龍済山紹修《りゅうせいざんしょうしゅう》の三人だろう。それぞれはその悟りを認められ、一方の指導者となった。かたや法眼は、独り甘蔗《かんしょ》洲に庵を建て住したという。甘蔗洲は福州近郊の地名で、現在の閩侯県の中心地、甘蔗鎮一帯にあたる。

さらに彼らは、行脚をやめてここに留まろうかという相談もしたが、法進たちは、ぜひとも江南の禅院をひととおり見ておきたいと主張し、法眼にも同行を求めた。そして、彼らが臨川（現江西省撫州市）に至ると、法眼は当地の刺史の要請を受け、ついに崇寿院に出世することになったのである。

この出世がいつのことか、早い時代の資料には言及がないが、元の『釈氏稽古略』によれば、彼らが行脚に出たのは「時に唐潞王（後唐末帝）の清泰二年（九三五）」（『大正蔵』第四九巻、八五四頁上）のことという。これは法眼五十一歳の年であり、また師の桂琛の舎利が墓塔に納められ「真応禅師」と諡《おくりな》された年でもある。この記述が正しければ、法眼の出世はそれ以降のこととなる（張雲江『法眼文益禅師』七七頁、八八頁参照）。

　のち、宋代になって定着した形式によれば、禅僧ははじめて一寺の住職として着任するとき、その「出世《しゅっせ》開堂《かいどう》」の場で自らの嗣法の師を宣言する。そもそも、禅僧にとってこの「出世」は非常に大きな意義を持っていた。日本の禅僧、道忠の『禅林象器箋』「出世」の条には次のように言う。

禅士得法の後、隠退長養す。一旦、龍天推轂《すいこく》して、大小寺院に住す。此を出世と謂う。蓋し仏世尊の世に瑞《ずい》するに比す。其の仏に代わりて化《け》を揚《あ》ぐるが為なり。（『禅学叢書』之九、三三四頁上）

禅士得法之後、隠退長養。一旦龍天推轂而住大小寺院、此謂出世焉。蓋比仏世尊之瑞于世、其為代仏揚化也。

禅者は法を得た後、世に出ずしてひそかにその法を守り養う。ひとたび推されて大小の寺院の住持となれば、これを「出世」という。これより仏に代わって法を宣揚するので、仏が世に現れたことになぞらえてそういうのである。

　つまり、「出世」とは、仏に代わって法を説く指導者の地位に就くことであり、それは同時に、仏が悟ったのと同じ法を得たと広く認められることを意味した。このため新たな住持は、開堂説法の場で嗣法の師に香を焚き、自らの法が誰から伝えられたのかを明らかにした。これによって、仏以来綿々と伝えられてきた法系図の末端に自らが連なったことを示すのである。翻って言えば、この儀式を経なければ、どこかで開悟の経験を得たとしても、それだけで正式の法嗣として公認されることはなかった。

当時、法系の継承と発展は禅僧がもっとも関心を注ぐ事柄であった。したがって、新任の住持がいったい誰の法を嗣ぐかは、しばしば大きな注目を集めた。そして、その嗣法が正当な根拠を持ち、正しく師の恩に報いたものか、それとも功利的な意図によって恣意的に選択されたものかといった問題がやかましく議論されたのである。

はたして、法眼の時代に宋代のような手順がすでに確立されていたかどうか詳しいことはわからない。ただ、桂琛の嗣法に対して雪峰門下の鼓山神晏が干渉したことなどを見ると、嗣法がすでに禅僧の大きな関心事となっていたことはわかる。法眼も崇寿院の住持となることで指導者としての資格を認められ、桂琛に嗣法したことも広く世に知られることになった。そして、そのことによって新たな事件が引き起こされたのである。

子昭の問難

『宗門統要集』巻一〇・法眼章には、崇寿院で出世したあとの出来事として、かつての慧稜門下の同門である子昭首座が法眼のもとを訪れ、二人の間に問答が行われたことを記している。この問答には、これまで述べてきた雪峰・玄沙以来のもろもろの因縁と思想的な課題が集中的に現れていると見られる。両法系の衝突としても、また法眼の事績としても、クライマックスの一つと言える事件である。
この『宗門統要集』はやや後出の文献で、より古い『景徳伝灯録』には同じ出来事が少し異なる形で収録されている。そのため、この資料の取り扱いは慎重を要するが、ここに雪峰系と玄沙系の思想的な対立が反映されていると見ることに問題はないだろう。資料に関する細かな検討については土屋太祐訳注「法眼録」の当該箇所（【七】段、【一三四】段）を参照していただくことにして、ここでは『宗門統要集』に見える問答の全体をひととおり読んでみたいと思う。難解ながらも興味深い内容で、我々はこれを手掛かりとして、もう一度、玄沙―法眼系の思想について考えることができるだろう。
以下、三段に分けて見ていこう。物語は次のように始まる。

師、久しく長慶に参ずるも、後、却って地蔵に継《つ》嗣《げ》り。長慶の会下に子昭首座なる有り、平昔、師と古今の言句を商確す。昭、纔《わず》かに聞くや、中心憤憤たり。一日、特に衆《しゅ》を領《ひき》て撫州に詣《いた》り、師を責問せんとす。師、知るを得て、遂に衆を挙げて出て迎え、特に礼待を加え、賓主の位上に、各《おの》おの払子《ほっす》一枝を掛《か》く。茶する次《つい》で、昭、忽ち色を変じ声を抗《あら》らげて問うて云く、「長老の開堂するは、的《まさ》に何人にか嗣ぐ。」師云く、「地蔵。」昭云く、「何ぞ太《はなは》だ長慶先師に辜《そむ》く。某甲《それがし》同《とも》に会下に在ること十余載を数《かぞ》う。古今を商量して、曾て間隔《へだて》無し。何に因りてか却って地蔵に嗣ぐ。」

師久参長慶、後却継嗣地蔵。長慶会下有子昭首座、平昔与師商確古今言句。昭纔聞、中心憤憤、一日特領衆詣撫州責問於師。師得知、遂挙衆出迎、特加礼待、賓主位上各掛払子一枝。茶次、昭忽変色抗声問曰、「長老開堂、的嗣何人？」師云、「地蔵。」昭云、「何太辜長慶先師！某甲同在会下数

「十餘載、商量古今、曽無間隔、因何却嗣地蔵？」

法眼はながく長慶慧稜に参じていたが、後に地蔵桂琛の法を嗣いだ。長慶の会下には子昭首座というものがあって、かつて法眼と古今の禅僧の言行を討論していた。子昭は法眼が桂琛に嗣法したことを聞くや、心中憤り、ある日わざわざ衆徒をひきつれ、法眼を問責するため撫州を訪れたのである。法眼はこれを知るや、一門を挙げて出迎え、とくに礼節をもって応対し、主人である法眼と賓客である子昭の席それぞれに「払子」をかけておいた。

ここに見える「払子」は説法の主が手にするもので、通常は住持だけが持つ。その払子を客である子昭の席にも掛けたのは、子昭と法眼が対等の立場にあることを示そうとしたもので、法眼が子昭の来意を察知し、礼を欠くことのないよう注意を払っていることがわかる。

そして、子昭が到着し、茶をだしたところで、子昭は突然、色をなし声を荒らげてこう問うた。「あなたは開堂されましたが、いったい誰の法を嗣いだのでしょうか。」法眼いわく、「地蔵桂琛禅師の法です。」子昭いわく、「なんと長慶先師に背くことでしょう。わたくしはあなたと共に長慶の会下にあること十有余年、その間、古今の話頭を討議いたしましたが、意見の相違はまるでありませんでした。なのになぜ、地蔵の法を嗣がれたのですか。」

長慶の一転の因縁を会せず

桂琛に嗣法した理由を問われた法眼は、つぎのように子昭に問い返す。

師云く、「某甲《それがし》、長慶の一転の因縁を会《え》せず。」昭云く、「何ぞ問い来らざる。」師云く、「長慶道く、『万象の中独り身を露《あらわ》す』と。意は作麽生《いかん》。」昭、払子を竪起す。師便ち叱りて云く、「首座、此は是れ当年学得する底なり。別しては作麽生《いかん》。」昭、語無し。

師云、「某甲不会長慶一転因縁。」昭云、「何不問来。」師云、「長慶道、『万象之中独露身』、意作麽生？」昭竪起払子。師便叱云、「首座、此是当年学得底。別作麽生？」昭無語。

法眼いわく、「わたしは長慶和尚の因縁がひとつわからないのです。」子昭いわく、「なぜお尋ねにならない。」法眼いわく、「長慶和尚は『万象の中、独り身を露《あらわ》す』とおっしゃられましたが、これはいかなる意味でしょうか。」子昭は払子を立てた。そこで今度は法眼が叱責して言った。「首座、これはわれわれが当時学んだものです。その他はいかがか。」子昭は言葉がなかった。

法眼が「わからない」と言うのは、本当に理解できなかったのではなく、慧稜の偈に問題があることを婉曲に批判しているのである。また、ここで批判された偈は、すでに見た通り、慧稜が開悟した際に雪峰の前で披露したものであった。つまり慧稜の悟りの核心に触れる一句だったわけだが、法眼はそれに疑義を呈したのである。

長慶の偈において、「万象の中、独り身を露す」という一句は、すでに紹介した通り、一切の現象のただなかでそれらを知覚しながら存在する主体を示している。かたや法眼からその意味を問われた子昭は、「払子を竪起す」という動作で答えた。さて、ここで問題になるのはこの動作の意味である。これはいったい何を意味しているのだろうか。

払子を竪起す

禅籍を見ると、「仏法の大意」や「祖師西来意」といった禅の核心に触れる問いに対し、多くの禅師がこの「払子を立てる」という動作で回答している。その中でも参考になるのは、本書でも何度か名前が挙がった潙山霊祐であろう。潙山もしばしばこの動作を行ったが、その門下の禅僧はこれを「色に即して心を明し、物に附きて理を顕す」、あるいは「事に借りて心を明し、物に附きて理を顕す」ものと理解していたという。『景徳伝灯録』巻一一・香厳章につぎのようにいう。

……師（香厳智閑）曰く、「和尚近日何の言句か有る。」僧曰く、「人、『如何なるか是れ西来意』と問うに、和尚、払子を竪起す。」師、挙するを聞きて、乃ち曰く、「彼中《かしこ》の兄弟《ひんでい》、作麽《いか》にか和尚の意旨を会する。」僧曰く、「彼中に商量して道《いわ》く、『色に即して心を明し、物に附きて理を顕す』と。」……（禅文研本、一八〇―一八一頁。入矢義高監修『景徳伝灯録』四、二一四―二一五頁参照）

師曰、「和尚近日有何言句？」僧曰、「人問如何是西来意、和尚竪起払子。」師聞挙、乃曰、「彼中兄弟作麽会和尚意旨？」僧曰、「彼中商量道、『即色明心、附物顕理』。」

香厳《きょうげん》智閑《ちかん》は、仰山《きょうざん》慧《え》寂《じゃく》、福州大安と並んで、潙山の三大弟子とされる人物である。香厳は、潙山からやってきた修行僧に、潙山の最近の教えを尋ねた。修行僧は言う、「ある人が『達磨がはるばるやってきて教えようとされたものは、いったい何だったのですか』と問いました。潙山和尚はこれに払子を立てることでお答えになられました。」香厳、「それで、あちらの学僧たちは、それをどう理解しているのかな。」僧、「あちらではみな『色に即して心を明し、物に附きて理を顕す』と論じ合っております。」

問答はまだ続くが、さしあたり法眼と子昭の対話には関係ないので省略しよう。ここで「色に即して心を明し、物に附きて理を顕す」とは、知覚の対象に即して、知覚の主体としての心を表すということである。これは、馬祖の思想として紹介した「見色便見心」と同様の考え方である。馬祖は、知覚の主体である心も、知覚の対象である物も、単独で存在することはできないと考えた。心が単独で把握できない以上、「何者かを見る作用」あるいは「見る対象」に即して心を見ようとするのが、「見色便見心」であり、馬祖禅の重要な側面のひとつであった。

ここで、もういちど子昭との問答に戻れば、子昭も払子という「対象」に即して、それを見る「作用」としての「心」を示そうとしていることがわかる。これが「万象の中、独り身を露す」に対する彼の理解だった。慧稜の言う「身」は「万象」を認識する主体であった。このような主体は、それだけを単独で示すことはできず、何かの対象に対する作用として把握されなければならない。このような考えを、子昭は「払子を竪起」することで示したのである。ある意味で、慧稜の思想に対する素直な理解と言えるだろう。

しかし法眼はこれを叱りつけ、そして問い返した。それは修業時代に学んだ、借り物の模範解答でしかない。あなた自身の見解はどうなのだ、と。子昭はこの問いに答えられなかった。

万象を撥するか

そして法眼は、さらに問いを投げかけていく。

師云く、「『万象の中、独り身を露す』の只如《ごと》きは、是れ万象を撥するか、万象を撥せざるか。」昭云く、「撥せず。」師云く、「両箇となれり。」時に于《お》いて参随の一衆、声を連ねて道《いわ》く、「万象を撥す。」師云く、「『万象の中、独り身を露す』聻《は》？」昭と一衆と懡㦬《もら》として退く。師指住《しじゅう》して云く、「首座、父を殺し母を殺すは、猶お懺悔《さんげ》を通ずるも、大般若を謗《そし》るは、誠に懺悔し難し。」昭、竟《つい》に対《こた》うる無し。此より却って師に参じ、己見を発明して、更に開堂せず。（以上、『禅学典籍叢刊』第一巻、二二二頁下）

師云、「只如万象之中独露身、是撥万象？不撥万象？」昭云、「不撥。」師云、「両箇也。」于時参随一衆連声道、「撥万象！」師云、「万象之中独露身聻？」昭与一衆懡㦬而退。師指住云、「首座、殺父殺母、猶通懺悔。謗大般若、誠難懺悔。」昭竟無対、自此却参師、発明己見、更不開堂。

法眼は言う。「『万象の中、独り身を露わす』というのは、さて、現象の存在を否定するのか、しないのか。」子昭いわく、「否定しません。」法眼いわく、「二つになってしまう。」そこで、子昭のおつきの衆がはやしたてた。「否定する！」法眼いわく、「『万象の中、独り身を露わす』は？」ここで子昭とおつきの衆は恥じ入って退いた。法眼は彼らを責めて言った。「首座、親殺しはまだ懺悔もできましょうが、般若を謗れば懺悔はできませんぞ。」子昭はついに答えることができず、かえって法眼に参じ、悟りを得た。しかしその後、彼が開堂することはなかった。

「撥する」とは、「撥無」と同じで、無視する、否定するの意。慧稜の偈は、現象に即してそれを知覚する主体を示すものであり、子昭もそのように理解していた。ならば、主体が実在するのはよいとして、対象としての諸現象は、実在するのか、それとも虚妄なるものとして存在を否定されるのか、と法眼は問うたのである。これに対する子昭の回答は「撥無しない」、すなわち対象の存在は否定されないというものであった。これもまた当時にあっては模範的な解答だったと言える。馬祖「見色便見心」の思想において、現象は「作用」の一側面であり、仏性の現れにほかならなかった。このような思想が広く知られてから後、諸現象がなにがしかの真実性を反映していることはほとんど否定されない。そして雪峰もまた、内なる真理性を現象世界へと拡張することを模索し、慧稜はその問題意識を継承していた。慧稜の思想の解釈として、子昭の回答はひとまず穏当なものだったはずである。

両箇となれり

ところが、子昭の答えを聞いた法眼の反応は、「両箇となれり」、すなわち「二つになってしまう」というものだった。さて、彼はいったい何が二つになってしまうというのだろうか。結論から言えば、二つとは認識の主体と認識の対象を指していると考えられる。

つまり、もし対象の存在が否定されないのであれば、対象はそれ自体で存在していることになるだろう。そうであれば、認識の主体と認識の対象は、それぞれ無関係に、個別に存在することになる。法眼はこれを「両箇となれり」、二つになってしまう、と言ったのである。これはちょうど玄沙が

「断常の見」として批判した考え方に外ならない。認識の主体と認識の対象は、相互に縁起的な関係を持っているはずである。しかし、それぞれが個別に存在するのであれば、両者は縁起的な存在ではなく、ともに実体的に存在することになり、結果としてそれぞれが永続するという「常見」か、ひとたび断滅すれば二度と現われないという「断見」に陥るだろう。これは縁起説に反するもので、誤謬だと言うのである。

すると、子昭の従者たちは声をそろえて、「否定する！」と言う。つまり、対象物は主体から縁起的に派生してきたものであるから、虚妄な存在だというのである。彼らはこれで法眼の指摘した問題を回避しようとした。しかし、法眼はそれに対し、「それでは『万象の中、独り身を露わす』の一句は、どう理解するのか」、と問い返す。慧稜の言う「自己」は、認識対象に即して把握されるものであった。もし対象が実在しないのであれば、「自己」は対象無しでも独自に存在するのだから、そもそも「万象の中」などと言う必要がないではないか。このように自己の心性のみを真実と認め、その他のものを虚妄な存在とするのは、ちょうど玄沙が「儱侗の見」として批判した考え方である。

法眼はこのような論法によって、慧稜の偈を突き詰めていくとジレンマに陥ることを明らかにしたのである。子昭とそのお付きの者たちはこれに反論することができず、恥じ入るしかなかった。

自己の縁起

ここには、すでに述べた雪峰・玄沙以来の思想的な課題が再び現れてきている。慧稜の言う「万象の中、独り身を露す」は、見る側の主体と見られる側の客体という二つの要素によって心の在りかたを説明しようとするものであった。その場合、主体である「自己」と客体である「万象」がともに実在すると考えるか、あるいは「万象」は「自己」が生み出した二次的で虚妄な存在であると考えるか、いずれかの見解に行きつくことになる。

もし前者の見解を取れば、それらが縁起的に生起することを説明できなくなる。これは玄沙がいう「断常」に相当する。しかし、もし後者であれば、「自己」のみが真実なものとなり、対象物はすべて虚妄とされる。主体の持つ真理性も対象物にまで拡大されることはなくなる。これは玄沙がいう「儱侗」に相当する。

雪峰は、「尽十方世界は是れ沙門の一隻眼」と言い、自己の一心こそが世界の本質であると考え、さらにこれを現象世界へと拡大し、両者を一致させることを目指した。しかし、これまで見てきたように、ここで想定される一心とは認識の主体であり、その心と世界をつなぐ経路は、「見聞覚知」という個人に属する認識作用しかなかった。このような思想は、一心と現象世界という二つの要素の対応関係で世界を捉えようとするものであり、そのような構図を突き詰めれば、必然的に上に述べたようなジレンマに陥らざるをえないのである。

さらに一歩踏み込んで考えるならば、このような主体／客体モデルで考える限り、主体の実体視という過ちから逃れることはできない。この場合、どちらに転んでも認識の主体は実在しなければならないからである。これは玄沙が批判した「昭昭霊霊」と同じものであり、「我」は縁起的に生起したのだという仏教の最も基本的な立場に背くことになる。禅においては馬祖以来、あるいはそれよりも前から、自己の内部にある仏性を存在の根源と考える傾向が強かった。しかし、その方向性は早晩どこかで行き詰まらざるを得なかったのである。

玄沙は実にこのような問題を克服しようとしたのであった。玄沙は主体よりも一段深い根源的な真性としての「妙明真心」や「秘密金剛体」を想定し、これにより「自己の身心」と「対象」の両方がこの真性の上で縁起的に生起し、重重無尽に関連しながら存在するものと考えた。これによって認識の主体も客体も、真性を反映しながら同時に縁起しつつ存在することが説明できるようになる。雪峰と玄沙の思想の違いはごくわずかであったが、玄沙は心の在りかたを一段深く掘り下げることで、致命的な問題を克服した。法眼と子昭の問答が明らかにしたのは、この決定的な違いだったのである。

皆な漸くにして服膺す

法眼と子昭の問答は、雪峰系と玄沙系による思想上の対決であった。この問答により子昭首座は自らの非を悟り、法眼のもとでもう一度、参禅することを決意した。そして、悟りを得た後は、二度と開堂説法することはなかった。さらに、『景徳伝灯録』では、この問答につづけて次のように言う。

是《これ》自《よ》り諸方《しょほう》の会下《えか》、知解《ちげ》を存する者有《あ》り、翕然《きゅうぜん》として至る。始めは則ち行行如《こうこうじょ》たるも、師、微《び》以て激発するに、皆な漸《ようや》くにして服膺《ふくよう》す。海参の衆、常に千計より減ぜず。（禅文研本、四八〇頁上）

自是諸方会下有存知解者、翕然而至。始則行行如也、師微以激発、皆漸而服膺。海参之衆常不減千計。

これよりのち、諸方の門下でなお知解をとどめている者たちが、にわかに集まってきた。みな初めは強硬な態度であったが、法眼の玄妙で精緻な啓発を受け、しだいに心服していった。門下に集う修行僧の数は常に千単位を下らなかった。

かくして法眼は独立した禅師として活躍することになったのである。

第三節　法眼のことばと思想

金陵へ

法眼は撫州崇寿院で自らの法系を宣明し、禅師として世に出ることとなった。その後、彼は南唐の李氏によって金陵（現南京市）に迎えられる。『宋高僧伝』法眼伝には次のようにある。

江南国主李氏の始祖知重し、迎えて報恩禅院に任せしめ、署して浄慧と号す。（中華書局標点本、三一四頁）

江南国主李氏始祖知重、迎住報恩禅院、署号浄慧。

江南国主李氏の始祖とは、南唐の烈祖李昇《りべん》（八八八—九四三）を指す。李昇は九三七年、呉の睿帝楊《よう》溥《ふ》の禅譲を受け、同年十月に皇帝の位に就いて唐を開国した。この李昇が都の金陵の報恩禅院に法眼を迎え、浄慧禅師の号を与えたのである。法眼入住の時期については、これを明確に記した資料がないため確定できないが、前後の経緯から考えるに九三七年かそれ以前のことだろう。前述の通り、撫州に至ったのが九三五年以降だとすれば、崇寿院に住したのは一～二年ほどのこととなる。

南唐の李氏の帰依を受けたのは法眼ばかりではなかった。法眼と同じく羅漢桂琛の法嗣となった悟空禅師清涼《しょうりょう》休復《きゅうふく》（?—九四三）も、同じ時期に金陵の清涼院へと迎えられている。この清涼院は、李昇の義父で呉の重臣であった徐温が呉の順義年間（九二一—九二七）に興教寺として建立したもので、のちに李昇が帝位についた昇元元年（九三七）に清涼大道場と改められた（『景定建康志』一九一〇頁。また『景徳伝灯録』が休復の入住を甲辰年（九四四）とするのは誤りだろう。休復はその前年に示寂している）。

ところで休復は、清涼院に入るより前、短期間ではあるが法眼が金陵に移った後の撫州崇寿院を引き継いで住持となっている。そうであれば、法眼が崇寿院を辞して報恩院に入ったのは、休復の清涼院入住以前のこととなる。いずれにせよ、九三七年の南唐開国に前後して、法眼、休復の両名はともに金陵に招かれたわけである。

その後、休復はおよそ六年ほど清涼院の住持を務め、その間、南唐皇室から篤い帰依を受けた。彼も南唐の仏教界で中心的な役割を果たした僧の一人であった。その休復が世を去ったのは南唐の保大元年（九四三）である。その時の様子は次のようなものであった。

まずその年の十月一日、自らの死をさとった休復は報恩院に僧を遣わし、法眼を呼んで後事を託した。さらに、その年即位したばかりの第二代皇帝元宗李璟《りけい》に書信を送って別れの挨拶をすませた。この時、元宗はたびたび使いを遣わして休復を見舞い、また休復が入滅した時には鐘を突いて知らせるよう寺のものに言いつけた。そして、十月三日の子《ね》の刻にいたって、休復はついに入滅した。その最期に臨んでは端座し、集まった大衆《だいしゅ》に「無駄に時を過ごしてはならぬ」との戒めを与え、息を引き取った。元宗は示寂を知らせる鐘の音が聞こえると、はるかに清涼院を礼し、深く哀慕を加えたという。元宗はそののち、保大九年（九五一）に休復を祭って、自ら作成した「祭悟空禅師文」の碑、そして韓熙載が撰した「悟空禅師碑」を立てている。この示寂前後の経緯から見ても、休復が南唐仏教界に占めた地位の高さがうかがわれる（陳葆真『南唐三主与仏教信仰』二五一頁。張雲江『法眼文益禅師』一一六―一一七頁）。

休復が示寂すると、法眼はそのあとを継いで清涼寺の住持となった。法眼は休復の同門としてその地位を引き継いだのであり、休復と同様の役割を果たすことを期待されていただろう。法眼はそれを裏切ることなく、生涯ここで教化につとめた。この時、法眼は五十九歳であった。彼は七十四歳の示寂まで金陵で活躍し、それによって法眼とその門下は南唐に確かな地歩を築いていくことになる。

法眼の言葉

さて、ここまで法眼の伝記に沿いながら彼の事績を見てきたが、ここからは時間的な順序にはこだわらず、問答や詩偈など法眼の言葉を読んでみたい。問答は当時の禅宗において最も重要な思想伝達の手段であった。また詩偈も、広く流通して思想を伝える重要な作品であった。これらはもっとも直接に法眼の思想を伝える資料であり、これらによってさらに踏み込んで彼の思想を考えることができるだろう。

ただ、これまでも同様の資料を見てきてわかるように、これらの言葉は必ずしも理解しやすいものではない。簡潔で象徴的な言葉によって深い思想が示される問答や詩偈には、多様な解釈の余地があるからである。また問答は具体的な状況に合わせて臨機応変に行われるもので、体系的な思想の表出を目指したものではない。この思想表明の一回性は、禅の大きな魅力であり、また生命でもあるが、一方ではその意味の一義的な解釈をたいへん困難にしている。したがって、以下に行うのもそれら可能な解釈のうちの一つでしかないことをあらかじめ断っておかなければならない。しかしそれでも、それぞれの言葉を読み進めていくにしたがって、その根底になにか一貫した思考と態度が有ることを感じ取れるのではないかと思う。それぞれの資料の個別的な文脈を追いつつ、最終的にそれが一つの像を結ぶことを目指して、読解を進めていくことにしよう。

また読解に先立って問題となるのはやはり資料の状況である。法眼の思想を考える前に、これついても少しだけ説明しておきたい。このあと法眼の伝記の最後でも示すように、法眼は生前多くの著作を残した。法眼は若いころから文学の才能を高く評価されており、彼が多くの文章を残したことに不思議はない。しかし残念なことに、それらの多くは失われてしまった。

今、法眼の言葉を伝える資料は必ずしも多くない。法眼のことばをまとめて伝える語録として、まず挙げられるのは『五家語録』に収められる『法眼録』である。この『法眼録』については、土屋太祐訳注「法眼録」で全編の訓読と注釈をおこなったので、そちらを参照していただきたい。ただ、その解題でも触れたとおり、この語録は明末に再編されたものであり、その際にもとづいた資料も、当時利用しやすかった文献が主で、必ずしも古いものではない。したがって法眼の思想を考える材料として、『法眼録』は必ずしも適切とは言えない。

結局のところ、法眼の言葉を伝えるまとまった資料としては、『景徳伝灯録』が最も古いということになる。そのほかには、『続刊古尊宿語要』に残される三段のごく短い言葉と、あとは、やや遅れて成立したものになるが、『宗門統要集』、『禅林僧宝伝』などを参照することができる。本節でも、これらを主要な資料として法眼の思想を考えることにする。

またこの他に、『宗門十規論』という短い著作も伝えられている。これも重要な資料であるが、語録等とはやや性質を異にする文献なので、第四章でまとめて紹介することにする。

以下には三つのテーマに分けて、法眼の思想を考えてみたいと思う。三つのテーマとは、（一）思想の中心となる「法眼宗と華厳の思想」、（二）教化の方法の特徴を示す「啐啄同時・箭鋒相拄」、そして（三）実践の特徴を示す「仍旧・無事」である。

一　法眼宗と華厳の思想

「華厳六相義」頌

これまでも述べたとおり、伝統的に法眼宗と華厳教学は深い関係にあると考えられてきた。そのような関係を想起させる作品の一つが、次の「華厳六相義」頌である。法眼は生前、多くの偈頌を作ったとされる。『景徳伝灯録』にも、同門の休復が「毎《つね》に同参の法眼の多く偈頌を為すを哂《わら》」っていたとあり、法眼の偈頌がよく知られていたことがわかる。以下に見る頌も、そのような多くの作品の一つとして人口に膾炙し、法眼宗のイメージを形作っていたと思われる。

華厳の六相義、同中《どう》に還って異有《い》り。異若《も》し同に異《こと》ならば、全く諸仏の意に非ず。諸仏、総別を意《おも》わば、何ぞ曾て同異有らん。男子《なんし》の身中に定《じょう》に入る時、女子《にょし》の身中に意を留めず。意を留めざれば、名字《みょうじ》を絶す。万象明明として理事《りじ》無し。（『景徳伝灯録』巻二九、禅文研本、六一〇頁下。土屋太祐訳注「『法眼録』【七四】段参照）

華厳六相義、同中還有異。異若異於同、全非諸仏意。諸仏意総別、何曾有同異。男子身中入定時、女子身中不留意。不留意、絶名字、万象明明無理事。

華厳六相義とは、「総、別、同、異、成、壊」という六つの様相によって諸法の縁起的関係を説明する教説である。この六相の説はもともと『十地経』（『華厳経』十地品）に出るが、のち中国で縁起のありかたを説明する概念として洗練され、華厳宗三祖とされる法蔵にいたって重重無尽の法界縁起を説く理論として確立された（伊藤瑞叡「華厳教学における六相説の伝播と融和」）。

法蔵『華厳五教章』では、これを「舎《いえ》」の比喩によって説明している。ここでも、ごく簡単にではあるが、これを使って六相義の内容を紹介しておこう。すなわち、「総相」とは全体でひとつの「舎」であることをいい、「別相」とは、「舎」を構成する「椽《たるき》」や「瓦《かわら》」などの諸縁が、「舎」とは別にあることをいう。また「同相」は、「椽」等の諸縁がみな「舎」をつくるという共通性を有すること、「異相」は、その一方で「椽」や「瓦」などが互いに異なること。さらに「成相」は、「椽」等の諸縁が「舎」をつくっていること、「壊相」は、一方で「椽」等の諸縁が、それぞれ自らの位相にとどまることをいう。法蔵はこれによって諸法が相互に関係しあう縁起のあり方を示すのである。

頌の内容

法眼の頌はこの教説を前提として作られている。その内容は、およそ次のように理解できる。華厳の六相義においては、同相というありかたの中に異相がある。異相と同相が別のものだと考えれば、それは諸仏の本意にそむく。そして諸仏が総相・別相を意《おも》うとき、同相・異相は現れない。なぜなら、それぞれのありかたは同時に存在しつつ、ひとつのありかたを見るときには、ほかのありかたが隠れるからである。したがって、善男子の身として三昧にあるとき、もはや善女人の身に意《おも》いはのこさない。意《おも》いがなければ、それにあたるコトバもない。このようにして一切の事象がありありと現成し、もはやそこに理や事の区別はないのである。

ここで男子身中云々の部分もやはり『華厳経』の言葉を下敷きにしている。六十巻本『華厳経』巻七・賢首菩薩品に、「善女人にして正受に入り、善男子に於いて三昧より起つを現ず」（『大正蔵』第九巻、四三八頁下）とあるのがそれである。法蔵は『華厳五教章』で、この句を十玄門中の秘密隠顕倶成門に引いて、次のように言う。「一微塵に於いて正受に入り、一切の微塵に三昧より起つ。一切の微塵に正受に入り、一毛端頭に三昧より起つ。是の如く自在にして此《ここ》に隠れ、彼《かしこ》に顕る」（『大正蔵』第四五巻、五〇六頁中。鎌田茂雄『華厳五教章』二九〇―二九三頁）。法眼はこのイメージを援用し、総別、同異といった関係が同時に成立しつつ、しかしそのうちの一方が表に出れば、もう一方は隠れて見えなくなる、というのである。

ただ、法眼はその最後にさらに創意を加え、「意を留めず」と改める。これはそれまで二度現れた「意」を受けつつ、下の句につなげる役割を果たしているようである。実のところ、この頌の中でもっとも意味が取りにくいのは、この「意」の字だろう。筆者の考えによれば、この「意」は、言葉遊びのように意味を変えながら、頌に一つの流れを作りだしている。どういうことかというと、はじめは仏の「本意」を表すが、次は「意想する」という一般的な動詞となり、そして最後の二つは「思い量り」、「妄念」といった否定的な意味を表している。少々複雑ではあるが、そのように考えないと、この頌を一貫したものとして読むことは難しいように思う。

「万象」と「理・事」

この考えにもとづけば、最後の二句は次のように理解できる。つまり、なにか意《おも》いがあれば縁起の世界の一面しか見えないが、意《おも》いがなければ「名字（言葉、概念）」は絶たれる。「名字」が絶たれれば、そこには現実の事象である「万象」だけが明らかに存在し、理や事といった概念の区別はもはや現れないのである。最後に表現されているのは、まさに理と事が円融したさきにある「事事無礙」的な世界である。これまでも述べてきたように、玄沙―法眼系の人々は、現象界の個物が相互に縁起しながら円成していることを説明しようとしていた。ここにもそのような問題意識がよく表れている。

ここで注意しなければいけないのは、法眼がそのような縁起的世界の背後に抽象的な概念を想定することを拒否しているということである。法眼は個別的な現象である「万象」だけが明らかに存在していると言う。そしてそこに「理事は無い」と言うのは、理事の区別が無いことと同時に、「理・事」といった抽象概念はないのだ、という意味も持つだろう。ここには長慶慧稜との明らかな対比を見て取ることができる。

すでに紹介したとおり、慧稜の悟境を示す偈には「万象の中独り身を露《あらわ》す」の一句があり、法眼と子昭の議論ではこれが中心的な問題となっていた。一方で法眼の「華厳六相義」頌は「万象明明として理事《りじ》無し」とする。このふたつの句には、ともに「万象」の語が使われ、全体としてもきわめて対照的な形を見せている。法眼は慧稜を意識しながらこの句を作ったと考えてよい。法眼の頌はちょうど、慧稜の偈から「身」という認識の主体を抜き去り、「万象」にのみ焦点を合わせたものであると言える。

ここで思い出されるのは雲門文偃の思想である。前の第三章第四節では、雲門の思想の特徴を次のようにまとめた。すなわち、雪峰の「尽十方世界は是れ沙門の一隻眼」（全世界はわたしの心だ）ということばから、「沙門の一隻眼」を抜き去り、「尽十方世界」は「尽十方世界」のままで円成していると主張するのが雲門の立場であった、と。法眼の頌にもこれと同様の視点を見ることができる。雲門と法眼はともに、華厳の思想を借りながら、世界の本質として超越的な実体を想定することを克服しようとしていた。そのような時代的課題が「華厳六相義」頌にも表れている。

貴は円融に在り

ただここで一言付け加えれば、法眼は決して「理事」という枠組みそのものを否定しているわけではない。このことは、この頌の理解だけでなく、華厳思想に対する法眼の受容態度にも関係してくるので、すこし回り道になるが説明しておきたい。法眼の著作である『宗門十規論』「理事相違不分触浄第五」には次のような記述がある。

大凡《おおよそ》祖仏の宗は理を具し事を具す。事は理に依りて立ち、理は事を仮りて明かす。理事相資《たす》くるは、還お目《な》足に同ず。若し事有りて理無くんば、則ち滞泥して通ぜず。若し理有りて事無くんば、則ち汗漫にして帰すること無し。其の二ならざらんことを欲せば、貴は円融に在り。

大凡祖仏之宗、具理具事。事依理立、理仮事明、理事相資、還同目足。若有事而無理、則滞泥不通。若有理而無事、則汗漫無帰。欲其不二、貴在円融。

およそ祖仏の教えには理があり事がある。事は理を根拠として成立し、理は事によって明らかにされる。理と事が支えあって成り立つのは、ちょうど目と足が助けあってはじめて正しく歩けるようなものである。もし事だけが有って理が無ければ、事の性質を説明することはできず、もし理だけが有って事が無ければ、漠然として手の付けどころがなくなる。理と事をバラバラにしたくないのであれば、大切なのは両者を円融させることである。

また上の引用文の後には次のようにもある。

又た『法界観』の如きは、具《つぶさ》に理事を談じ、自の色空を断ず。海性は無辺なるも、摂して一毫の上に在り。須弥は至大なるも、蔵して一芥の中に帰す。（以上、『卍続蔵経』第一一〇冊、八七九頁下）

又如『法界観』具談理事、断自色空。海性無辺、摂在一毫之上。須弥至大、蔵帰一芥之中。

『法界観』は、理と事をくわしく説明し、色と空を分析している。広大な海の性は一本の毛の上に収めとられ、巨大な須弥山はけし粒の中にしまい込まれる。

『法界観』は杜順撰とされる『法界観門』を指す。すでに第二章で述べた通り、杜順撰述説はこれを疑う見方が優勢だが、この頃は澄観・宗密より後の時代であり、『法界観門』はすでに杜順の作品として受け入れられていた。法眼がこの書を通して華厳思想と、その基礎としての「理事」観念を受容していたことがうかがえる。以上のことから、法眼も「理事」を重要な概念として認識していたことがわかるだろう。「万象明明無理事」とは「理事」を無視するものではなく、あくまで「理事」の「円融」したさきのあり方、まさに澄観の言う「事事無礙法界」を示すものだったと考えてよいだろう。

「三界唯心」頌

「三界唯心」の思想もまた、法眼、さらには法眼宗の特徴としてしばしば言及されるものである。次に見る「三界唯心」頌は、そのような思想を示す作品としてよく知られる。

「三界唯心」の言葉は、法眼よりも以前、すでに中国の仏教界に広く流通しており、必ずしも華厳教学に特有な考え方であるとは言えないが、もとはやはり『十地経』に由来するものであるため、この作品もまた法眼宗と華厳思想の関係を印象づけることに一役買っただろう。この頌もやはり難解で、解釈を確定することはなかなか難しいが、以下に一通り読解を試みたい。


三界唯心《さんがいゆいしん》、万法唯識《まんぼうゆいしき》。唯識唯心《ゆいしきゆいしん》、眼声耳色《げんしょうにしき》。色は耳に到らず、声、何ぞ眼に触れん。眼色耳声《げんしきにしょう》、万法成辦《じょうべん》す。万法、縁に匪《あら》ざれば、豈に如幻《にょげん》を観ん。山河大地《せんがだいち》、誰《たれ》か堅く誰《たれ》か変わる。（『景徳伝灯録』巻二九、禅文研本、六一〇頁下。土屋太祐訳注「法眼録」【七三】段参照）

三界唯心、万法唯識。唯識唯心、眼声耳色。色不到耳、声何触眼。眼色耳声、万法成辦。万法匪縁、豈観如幻。大地山河、誰堅誰変。

この世界は心が生み出したものであり、あらゆる存在はすべて識のはたらきである。そこでは、一方にただ識《しき》だけ、心《しん》だけがあるといい、もう一方に眼《げん》や声《しょう》、耳《に》や色《しき》といった諸現象があるとする。しかし、色が耳に到るということはなく、声が眼に触れることもない。眼と色、耳と声という関係を結ぶことによって、はじめて万法が成立する。そのように万法が縁として結びつかなければ、幻のごとき現象世界は現われない。さて現にあるこの山河大地という世界のなかで、何が不動で、何が変わりゆくものだろうか。

縁起的に結びつく諸法と本質

一見するとごく当たり前のことを述べているようで、真意をはかりづらくもあるが、ここでもやはり諸法の縁起的性格に対する強調や、あるいは超越的主体の克服などに主眼があるように思う。右の翻訳もそのように考え、おもいきって意訳したものである。

つまり、法眼は「三界唯心」に対する常識的な理解として、まずは本質としての「心」「識」と、現象としての「眼」「声」等を分けて示す。それでは、この場合、「眼」や「声」等の諸法は一つ一つが独立して存在しているのだろうか。もしかりにそれらが実体として存在し、個別に振舞えるのならば、「眼」に「声」がぶつかるという非常識な結びつきもおこりうるだろう。しかし実際はそうではない。諸法は互いに「眼と色」「耳と声」という縁起的な関係を結ぶことではじめて存在できる。このことは、「眼」や「声」が他の諸法と相互依存的に存在していることを示している。

そうであるとすれば、「心」や「識」が本質として、「眼」や「声」をそれぞれ個別に生み出しているという考え方はできない。世界を存在させているのはまさに諸法の間の縁起的な結びつきなのであり、それが無ければ世界も無い。そうだとすると、この縁起的な世界の背後に、それとは別の実体として「心」を見出すことはできないだろう。「心」や「識」もこの幻の如き世界とともに、相互依存的に存在しているというべきではないだろうか。

だからこそ、頌の最後では「何が不動のものか」と問うのだろう。これは、虚妄なる現象の背後に不動の本質を見て取れということではない。そのような考え方は、法眼が繰りかえし批判してきたものである。そうではなく、この一句はむしろ、この現象世界をはなれて不変なるものを探してはならない、と戒めるものだろう。我々は現にこの生滅変化する世界を見ており、そしてそのような在りかたの中にこそ不変の真実が存在している、というのではないだろうか。

滴滴、眼裏に落つ

法眼にとって、華厳の思想を援用する目的は、総じて形而上的な観念や超越的な実体への執着を克服することにあるように見える。そして、その先に目指されるのは「個物が個物として円成する」世界、あるいは「事事無礙」的な境地であったと言ってよい。このような華厳教学の影響は、法眼と学僧のあいだに交わされた実際の問答にも見ることができる。以下に二例ほどそのような問答を見てみよう。『景徳伝灯録』巻二五・霊隠清聳《りんにんせいしょう》章には、法眼とその法嗣である清聳による次のような問答が見られる。

一日、浄慧、雨を指さして師（清聳）に謂いて曰く、「滴滴、上座の眼裏に落つ。」師、初め旨を喩《さと》らず。後に『華厳経』を閲《けみ》するに因りて感悟し、浄慧の印可《いんか》を承《う》く。（禅文研本、五一四頁上。土屋太祐訳注「法眼録」【七九】段参照）

一日浄慧指雨謂師曰、「滴滴落上座眼裏。」師初不喩旨。後因閲『華厳経』感悟、承浄慧印可。

浄慧というのは、すでに見た通り南唐の李昇から法眼に与えられた号である。ある日、法眼は、雨を指さして清聳に言った。「この雨の一滴一滴が、みなそなたの眼のうちに落ちている。」清聳ははじめ、その意味が解らなかったが、後に『華厳経』を読んだことで悟るところがあり、それによって法眼の印可を受けた。

ここで法眼が示唆するのは、まさに雨の一滴一滴と、それを見る清聳の「眼」が、縁起的に関係しつつ存在しているということだろう。清聳が『華厳経』を読んだ後に悟ったのは、まさに「雨滴」と「眼」によって示される重重無尽の法界の姿であったと思われる。決して「雨を見る認識の作用が仏である」という「作用即性」的な内容ではない。

ここで重要なのは、両者ともこれに概念的な解説を施したり、あるいは雨を見ている清聳の主体に特別な意味を与えたりしていないことではないだろうか。一滴一滴の雨と清聳の「眼」が結びつき、清聳はその中にいる、そのような在りかたしか示されていない。ここに「三界唯心」頌でもみた、現象世界の縁起的な関係と、それ以外の意味付けを排する態度を見て取ることができる。これと同様の態度は次の問答にも表れている。

空に六相はあるか

華厳六相義に関連して、『景徳伝灯録』巻二五・永明寺道潜章には次のような問答がある。

一日、浄慧問うて曰く、「子、参請の外に於いて、什麽《なん》の経をか看る。」師（道潜）曰く、「『華厳経』を看る。」浄慧曰く、「総別同異成壊の六相は、是れ何の門か摂属する。」師、対《こた》えて曰く、「文は『十地品《じゅうじぼん》』中に在り。理に拠らば、則ち世出世間の一切の法は皆な六相を具す。」曰く、「空は還《は》た六相を具すや。」師、懵然として対《こた》うる無し。浄慧曰く、「子、却って吾に問え。」師乃ち問うて曰く、「空は還た六相を具すや。」浄慧曰く、「空。」師、是《ここ》に於いて開悟し、踊躍して礼謝《らいしゃ》す。浄慧曰く、「子、作麽生《いかに》か会する。」師曰く、「空。」浄慧、之を然《しか》りとす。（禅文研本、五一二頁下。土屋太祐訳注「法眼録」【八一】段参照）

一日、浄慧問曰、「子於参請外看什麽経。」師曰、「看『華厳経』。」浄慧曰、「総別同異成壊六相是何門摂属。」師対曰、「文在十地品中。拠理則世出世間一切法皆具六相。」曰、「空還具六相也無。」師懡然無対。浄慧曰、「子却問吾。」師乃問曰、「空還具六相也無。」浄慧曰、「空。」師於是開悟、踊躍礼謝。浄慧曰、「子作麼生会。」師曰、「空。」浄慧然之。

法眼がある日、弟子の道潜に質問した。「そなたは、ここでの参禅のほか、どのような経典を読んでいるか。」道潜がいう、『華厳経』を読んでおります。」法眼、「総別同異成壊の六相は、どの法門に含まれるだろうか。」道潜が答える、「もとの文は十地品にあります。理屈からいえば、世間・出世間のすべての法は、みな六相をそなえておりましす。」法眼、「それでは『空』は六相をそなえているだろうか。」道潜は茫然として答えることができなかった。そこで法眼がいう、「それでは、あなたのほうから私に尋ねてみなさい。私が答えてみよう。」そこで道潜が問う、『空』は六相をそなえているでしょうか。」法眼がいう、「空。」道潜はここで開悟し、躍り上がって感謝の礼拝をした。これに法眼はまた尋ねる、「あなたは、どのように理解したのか。」道潜が答える、「空。」法眼はこれを是とした。

「空」とは諸法が自性を欠くことをいったもので、諸法は「空」であるからこそ縁起するのであるし、そのように縁起していることがまさに「空」であることにほかならない。六相とはその縁起のありさまを説明したものであるのだから、「空」が六相をそなえるかという問いは、ほとんどナンセンスである。

とはいえ、法眼もそのようなことは承知の上でこの問いを発したはずである。彼が「空」と「六相」をめぐる教理学問答をしようとしたとは思えない。法眼の目的はむしろ、「六相」という知解を取り払うことにあったのだろう。それはちょうど、上に見た「華厳六相義」頌が、意を留めず、名字を絶したそのさきに、「万象明明として理事無し」という境界を求めたのと同じことである。

知見解会の克服

振り返ってみれば、以上の問答と同様の態度は、法眼の開悟の機縁とされる「不知最も親切」の因縁にも表れているように思う。この因縁についてはすでに本章第二節で紹介したが、それはおおよそ次のようなやり取りであった。すなわち、諸方を行脚している法眼に、その師である桂琛が、「行脚のこととは何か」と問う。法眼はこれに「よくわかりません」と気のない回答をする。すると桂琛はこれに「わからぬ、というのが最も当たっている」と返す。この言葉を聞いて法眼は豁然開悟《かつねんかいご》したのであった。ここで桂琛は「わからぬ」という言葉を高次の意味で捉え返し、法眼の回答を肯定したのだが、それは、「知見解会《ちけんげえ》無きままに、現実の世界でただ行脚する自己」を一つかみに把握しようとするものだったと思われる。「行脚すること」に観念的な意味付けをすることをやめ、ただただ「行脚する」というありかたに徹することを、桂琛は「わからない」ということばで法眼に教えたのであろう。法眼は知見解会を捨て去ることによって、行脚する自己がそのままで円成していることに気付いたのではないだろうか。

もちろん、知見解会の克服は禅の思想を貫く基調といっていいものである。しかし、雪峰系の思想との対抗を背景としながら、華厳の思想を援用しつつそれを目指したところに、玄沙―法眼系の特徴があった。これもすでに述べたように、上記のような態度は、雪峰系の慧稜の思想が「知覚する主体としての自己の把握」と「それを知識としてとらえることの放棄」という二つの段階を持っていたことは対照的である。

法眼と道潜の問答でも、「空」に対してなにかを知ることが重要なのではない。「空」はあくまで「空」のままであり、それをあらゆる意味付けと知見解会を断ち切って把握したことで、道潜は自らのありかたに気付き「開悟」したのだろう。法眼が道潜に再び「どのように理解したのか」と問い、道潜がただ「空」と答えたことに、その事が端的に示されている。「空」は「空」である。道潜はそれをそのままに受け入れたのである。

このように、法眼は華厳の「事事無礙」的な観点を援用することで、「空」という観念であろうが「行脚する自己」であろうが、そのような個物が個物として円成しているのだと肯定し、その背後の余計な知見解会を排除しようとしているようである。

二　啐啄同時・箭鋒相拄

汝は是れ慧超

少し違った角度からも法眼の思想を考えてみたい。以下に見る一連の問答は法眼による接化の特徴をよく示すものと考えられる。これは、現代の我々にそう感じられるだけでなく、法眼と近い時代の禅林でもそのように見られていたようである。

これらの問答には、これまで見たような教理学的な言葉は現れていない。だからといって、これらに思想内容が無いとは言えない。むしろ法眼の立場を別の角度からよく示すものと言ってよいだろう。もちろん、それらはこれまで考えてきたこととも無関係ではない。これらの問答に光を当てることで、我々はより多面的に法眼の思想を理解できるはずである。

法眼の問答のうちでも有名なものの一つに「慧超問仏」がある。後の時代にはより簡略化された形で知られることになるが、その原型となったのは『景徳伝灯録』巻二五・帰宗策真章に見られる次の一段である。

盧山帰宗寺法施《ほうせ》禅師策真《さくしん》は、曹州の人なり。姓は魏氏、本《も》と慧超と名づく。浄慧の堂に升《のぼ》りて、問う、「如何なるか是れ仏。」浄慧曰く、「汝は是れ慧超。」師、此《これ》より信入す。其の語、諸方に播《ひろ》まる。（禅文研本、五二三頁上。土屋太祐訳注「法眼録」【八六】段参照）

盧山帰宗寺法施禅師策真、曹州人也。姓魏氏、本名慧超。升浄慧之堂、問、「如何是仏？」浄慧曰、「汝是慧超。」師従此信入。其語播于諸方。

盧山帰宗寺の法施《ほうせ》禅師は、法諱を策真《さくしん》といい、またもとの名を慧超《えちょう》といった。法眼に参じ、このように問うた。「仏とはいかなるものでしょうか。」法眼はこれにこう答えた。「おまえは慧超だ。」慧超はこれによって悟りの契機をつかんだ。その後、この言葉は諸方に広まった。

一見したところ、特に難しい問答のようにも思われない。「汝は是れ慧超」とは、まさに「おまえの心が仏だ」、「即心是仏」という、馬祖以来、何度も現れたテーマの変奏のように見える。

この問答は後に、『碧巌録』第七則の本則に取られる。『碧巌録』は北宋時代に成立した著名な公案集で、『碧巌録』への採録はこの問答が広く知られる一因となった。その評唱の部分で、北宋の圜悟《えんご》克勤《こくごん》（一〇六三―一一三五）は、この問答について当時よく行われた解釈として、以下のようなものを紹介している。すなわち、「慧超がすなわち仏だ」、「牛に乗って牛を探すようなものだ」、「質問しているところがそれだ」といったものである。いずれも、質問している当の慧超が仏に外ならない、という意であり、「即心是仏」に類する理解だと言える。当時にあってもこれが常識的な解釈であったことがわかる。ただ、『碧巌録』の常で、圜悟はその後、これらの理解をすべて間違いとして斥けているのだが、それについてここで議論することはやめておこう。

さて、この問答はほんとうに「即心是仏」の道理を示していると理解してよいだろうか。もしそうであるとすると、法眼が慧超に気付かせようとしている「心」とは、いったい何ものであろうか。もしこれが「認識する主体」としての心を指すとすると、これまでも見てきたとおり、法眼の思想とは相容れないものとなるだろう。法眼は、現象の背後に、それらの本質として認識主体を想定することを繰り返し批判していた。もちろん、法眼がここで、そのような初歩の方便説法を行ったという可能性もある。しかし、そのような方便説法が、あらためて「諸方に広まる」ものだろうか。それとも法眼はこの言葉によって、一気に「第三句」で示される「妙明真心」を指そうとしているのだろうか。しかし、この簡潔なことばに、そのような込み入った道理を読み取ることは難しいようにも感じる。さて、そう考えると、この一見簡単そうな問答も、それほど簡単ではないように思われてくる。ひとまずそのような問いを抱えながら、考察を進めていこう。

丙丁童子来求火

『碧巌録』評唱では、この「慧超問仏」について「法眼禅師、啐啄同時底の機有り、啐啄同時底の用を具して、方《はじ》めて能く此の如く答話す」とする。「啐啄同時」とは、岩波文庫本『碧巌録』の注で、「孵化の時、中の雛と外の母鶏とが相応じて殻を破る。師弟の心機投合の喩え」（上、一二三頁注一）とされる。つまり、法眼には弟子の機根を見抜く目があり、それに契合した絶妙な接化を行ったのだ、と圜悟は評価するのである。

『碧巌録』評唱ではさらにこの後に二つの問答を引用して参照の対象としている。『碧巌録』がこれらの問答の関係をどのように理解したかは、必ずしも明確に示されてはいないが、この二つの問答には、やはり「慧超問仏」と似た点があるように思われる。いずれも有名なものなので、まずはこれらを見てみよう。

まず引用されるのは、「丙丁童子来求火」としてよく知られる問答である。その原型は『景徳伝灯録』巻二五・報恩玄則章にあり、次のようなものである。

金陵報恩院玄則《げんそく》禅師は、滑州衛南の人なり。初め青峰に問う、「如何なるか是れ仏。」青峰曰く、「丙丁童子来りて火を求む。」師、此の語を得て、之を心に蔵《おさ》む。浄慧に謁《まみ》ゆるに及び、浄慧、其の悟旨を詰《と》う。師対《こた》えて曰く、「丙丁は是れ火なるに、而して更に火を求むるは、亦《ま》た玄則の仏を将て仏を問うに似たり。」浄慧曰く、「幾《ほと》んど放過せんとす、元来、錯《あやま》り会《え》せり。」師、開発を蒙《こうむ》ると雖《いえど》も、頗る猶豫を懐く。復た退きて思い、既に殆《つか》るれど、玄理を暁《さと》ること莫《な》く、乃ち誠を投じて請益《しんえき》す。浄慧曰く、「汝、我に問え、汝が与《ため》に道わん。」師乃《すなわ》ち問う、「如何なるか是れ仏。」浄慧曰く、「丙丁童子来りて火を求む。」師豁然として帰を知る。（禅文研本、五一四下―五一五上。土屋太祐訳注「法眼録」【八四】段参照）

金陵報恩院玄則禅師、滑州衛南人也。初問青峰、「如何是仏?」青峰曰、「丙丁童子来求火。」師得此語、蔵之於心。及謁浄慧、浄慧詰其悟旨。師対曰、「丙丁是火而更求火、亦似玄則将仏問仏。」浄慧曰、「幾放過、元来錯会。」師雖蒙開発、頗懐猶豫。復退思既殆、莫暁玄理。乃投誠請益。浄慧曰、「汝問我、与汝道。」師乃問、「如何是仏?」浄慧曰、「丙丁童子来求火。」師豁然知帰。

金陵報恩院の玄則《げんそく》禅師は、滑州衛南（現河南省滑県付近）の人。彼はかつて青峰禅師に次のように問うた。「仏とはいかなるものでしょうか。」青峰はいう、「丙丁童子が来て火を求めるようなものだ。」玄則はこの言葉を得ると、それをしっかりと心にとどめた。のちに法眼に参謁すると、法眼は彼にその悟ったところを尋ねた。玄則はこう答える。「丙《ひのえ》、丁《ひのと》は、五行ではともに火に属しています。その丙丁童子がやってきて火を求めるというのは、ちょうど私が、もともと仏であるのに仏について問うのと同じようなものだ、ということです。」法眼はいう、「ああ、あやうく見すごすところであった。なんと、勘違いしていたとは。」玄則はこのように教えを受けはしたが、心中にはまだ戸惑いがあった。そこでいったん引き下がると、疲れはてるほど考えてみた。しかし、その奥深い道理はやはりわからなかった。結局、玄則は虚心に教えを乞うことにした。すると法眼はいう、「あなたの方から問うてみなさい、わたしが答えてあげよう。」そこで玄則は問う、「仏とはいかなるものでしょうか。」法眼が答える、「丙丁童子が来て火を求めるようなものだ。」玄則はここで豁然とすべてがわかったのである。

ここで挙げられる「丙丁童子来求火」という一句を、玄則はもともと「自らが仏であるのに、それを外側に求めている」という、「自心是仏」の観点から理解していた。その理解は、法眼によっていったん否定される。ところが、玄則が再び法眼に「如何なるか是れ仏」と問うと、法眼はやはり「丙丁童子来求火」の語によって答えた。それは青峰が玄則に語った言葉とまったく変わらぬものであった。しかし、玄則はこれによってついに真の悟りへと至ることができたのである。

箭鋒相拄

『碧巌録』評唱では、このような接化の手段が法眼下で「箭鋒相拄」と呼ばれていたとする。法眼宗の人々も、このような接化の方法を特色あるものと認識していたようである。小川隆はこの「箭鋒相拄」の語を、「双方から射られた箭の先端が空中でぴたりと合わさって止まること、そこから、ふたつの可変的事物がそれ以外にはありえない絶妙の一点で契合する喩え」（小川隆『続・語録のことば』一二七頁）と説明する。「啐啄同時」と同様、師と弟子の機縁がぴたりと合うことを表す語であると言える。

では実際のところ、玄則は何を悟ったのだろうか。玄則はもともとこの「丙丁童子来求火」を「自心是仏の道理を示すもの」として理解していた。それは当時にあっては常識的と言っていいものだったろう。しかし突き詰めて考えてみれば、これもまた言葉の意味を外在的な知識として理解し、自己の外側に「仏」という価値を想定することでしかなく、自己の身に徹して仏の存在を認めようとする「自心是仏」の本来の意味とは似て非なるものである。法眼の開悟の因縁を引き合いに出せば、それは「行脚」に何がしかの外在的な意味を与え、それを知的に「知る」ような行為であり、「行脚そのもの」に徹した境地とは大きく隔たる。法眼が問題としたのは、実にそのような意味付けと知的理解であったと思われる。だからこそ、玄則が二度目に尋ねた時も、法眼はやはりはじめと同じく「丙丁童子来求火」と答えたのである。これによって玄則は、自分が相変わらず自己の外側に正解を求めていることに気づき、その束縛から逃れることができたのであろう。

「丙丁童子来求火」の意味を知識として理解する限りは、「自心是仏」に到達することはできない。法眼は青峰の言葉を繰り返すという当意即妙の回答で、巧みにそのような知解を取り除いた。これが、法眼の接化が「箭鋒相拄」と評価されるゆえんであろう。同時にこの問答は、何か正解を与えるのではなく、知解を取り除くことで学僧を導いたという点でも、これまで見てきた問答と重なるところがあるように思われる。

たとえば、すでに見た道潜の「空」と「六相」に関する問答で、法眼は『空』は六相をそなえているだろうか」という問いに、ただ一言「空」とだけ答え、道潜はこれによって悟った。つづいて法眼が道潜にどう理解したかたずねると、道潜もただ一言、「空」と答えた。この問答について我々は、道潜は「空」について何かを知ったのではなく、その問答によって知見解会を断ち切り「空」を「空」として受け入れたことが重要だった、と解釈した。このように、同じ言葉を説明もなく繰り返す問答のスタイルや、そしてそれによって知的理解を断ち切ろうとする点は、「丙丁童子来求火」と一脈通じるものがある。

是れ曹源の一滴水

『碧巌録』が続いて引用するのは、法眼の法嗣、天台徳韶《てんだいとくしょう》（八九一―九七二）の開悟の因縁、「曹源一滴水」の問答である。その原典は『景徳伝灯録』巻二五・徳韶章に見られる。

師（徳韶）、是《かく》の如く五十四の善知識に歴参するも、皆な法縁未だ契《かな》わず。最後に臨川に至り、浄慧禅師に謁す。浄慧一見して深く之を器とす。師、遍く叢林を渉り、亦た参問に倦むを以て、但だ衆に随うのみ。一日、浄慧、上堂するに、僧有りて問う、「如何なるか是れ曹源の一滴水。」浄慧曰く、「是れ曹源の一滴水。」僧、惘然として退く。師、坐の側に於いて、豁然として開悟し、平生の凝滞、渙若として氷釈す。遂に悟る所を以て浄慧に聞《ぶん》す。浄慧曰く、「汝、向後《こののち》、当《まさ》に国王の師とする所と為り、祖道の光大を致すべし。吾、如かざるなり。」（禅文研本、五〇一頁上。土屋太祐訳注「法眼録」【七八】段参照）

師如是歴参五十四善知識、皆法縁未契。最後至臨川、謁浄慧禅師。浄慧一見深器之。師以遍渉叢林、亦倦於参問、但随衆而已。一日浄慧上堂、有僧問、「如何是曹源一滴水？」浄慧曰、「是曹源一滴水。」僧惘然而退。師於坐側、豁然開悟、平生凝滞、渙若氷釈、遂以所悟聞于浄慧。浄慧曰、「汝向後当為国王所師、致祖道光大。吾不如也。」

徳韶は、法眼に参ずる以前、投子大同、龍牙居遁、疎山光仁等、五十四名の禅師に参じたが、いずれも機縁かなわず、悟りを得ることはできなかった。最後に撫州臨川の崇寿院で法眼に参じたところ、法眼は彼を一目見て優れた人物であると知った。しかし、禅林を遍歴し参問に倦み疲れていた徳韶は、ただ修行僧たちとともに淡々と日々を過ごすだけであった。ある日、法眼が上堂したおり、ある僧が尋ねた。「曹源の一滴水とはいかなるものでしょうか。」ここで言う「曹源の一滴水」とは、禅宗の六祖、曹渓慧能の法脈が流れてきた、その根源の一滴といった意味である。簡単に言えば、南宗禅の要諦そのものをたずねたと考えてよい。

これに対する法眼の答えは、「それは曹源の一滴水である」というものであった。質問をした当の僧はその答えの意味が解らず、ぼんやりしたまま引き下がった。しかし、そばでこの話を聞いていた徳韶は、この一言で日ごろの疑念が氷解した。そして、その悟ったところを法眼に述べると、法眼はこれを肯定し、こう言ったのである。「そなたはこののち、国王の師となり、祖師がたの教えを光り輝かすであろう。私はそなたに及ばない。」

さて、この「是れ曹源の一滴水」という法眼の回答は、主語がはっきり述べられていないが、いったい何を意味しているだろうか。これも、「その質問をする心のはたらきこそが『曹源の一滴水』である」という「作用即性」的な回答として理解できるだろうか。いや、これまでの経緯を見れば、そのように考えるのはやはり難しい。むしろ「『曹源の一滴水』は『曹源の一滴水』でしかない」という、同義反復的な一句と解釈するのが、言葉の前後のつながりの点から見てももっとも素直である。

南宗禅の要諦を問われた法眼は、同義反復的な言葉によって答えている。ここにもまた、上に見た

「空」や「丙丁童子来求火」と似た接化の形式を見ることができる。では、その含意はどこにあるか。さらに参考として、次の問答を見てみたい。

一糸頭

以下の問答は『碧巌録』に引かれるものではなく、『景徳伝灯録』からやや遅れる『宗門統要集』巻一〇・法眼章にはじめて見えるものであるが、上の問答を理解するための一助となる。

師に云うこと有り、「尽什方世界は皎皎地として、一糸頭も無し。若し一糸頭有らば、即ち是れ一糸頭。」

法灯云く、「若し一糸頭有らば、是れ一糸頭ならず。」（『禅学典籍叢刊』第一巻、二二二頁上。土屋太祐訳注「法眼録」【五八】段参照）

師有云、「尽什方世界皎皎地、無一糸頭。若有一糸頭、即是一糸頭。」

法灯云、「若有一糸頭、不是一糸頭。」

法眼はこのように言うことがあった。「尽十方世界ははっきりとして、一すじの糸も無い。もし一すじの糸があれば、それはつまり一すじの糸だ。」

「尽十方世界には一すじの糸も無い」とは、すなわち完全なる空無の世界を表現するものである。その本来的な真理の世界には、いかなる法も存在しない。しかし法眼はさらにこれに付け加えて言う、「もし一すじの糸があれば、それは一すじの糸でしかない」と。法眼は空一辺倒で糸の存在を無《な》み《》するこ とはない。また一すじの糸は表面に現れた現象であり、その奥には、真如や法身、あるいは「心」が本質として存在する、とも言わない。糸はあくまで糸でしかない。それをありのままに認めようとするのである。

ここには法眼の法嗣である法灯泰欽（?―九七四）の著語もついている。これはまた法の仮有の側面から、法眼の立場を反転した発言であろう。やや技巧的に過ぎるようにも思われる。ここではひとまず法眼の発言の傾向がわかればよいので、法灯の発言に深入りするのはやめておこう。また次のような言葉もある。

門上に但だ門字を書す

以下は『宗門統要集』巻二・亡名老宿章に記録される法眼の著語である。

昔、老宿有りて庵に住し、門上に於いて心字を書し、窓上に於いて心字を書し、壁上に心字を書す。後に法眼云く、「門上、但だ門字を書し、窓上、但だ窓字を書し、壁上、但だ壁字を書す。」玄覚云く、「門上、門字を書すを要せず、窓上、窓字を書すを要せず、壁上、壁字を書すを要せず。何が故に。字義炳然《あきらか》なればなり。」（『禅学典籍叢刊』第一巻、四〇頁上。土屋太祐訳注「法眼録」【八九】段参照）

昔有老宿住庵、於門上書心字、於窓上書心字、壁上書心字。

後法眼云、「門上但書門字、窓上但書窓字、壁上但書壁字。」
玄覚云、「門上不要書門字、窓上不要書窓字、壁上不要書壁字。何故？字義炳然。」

昔、ある庵住の老宿があって、門にも、窓にも、壁にも「心」の字を書いていたという。のちに法眼はこの話頭に著語して、「門にはただ門の字を、窓にはただ窓の字を、壁にはただ壁の字を書けばよい」と言った。その後にはさらに法眼の法嗣である玄覚行言（生没年未詳）の著語が続く。「門には門の字を書く必要はなく、窓も壁もまた同様である。なぜならその意味は明らかなのだから。」

初めの老宿の言葉は、目にするもののすべてが心の現れであるという、ごく単純な唯心思想を表明している。これに対する法眼は、やはりこれまでと同じく現象の背後に実体としての「心」を想定することを拒否する。「門は門でしかない、それをことさらに心の現れなどと言ってはいけない」というのである。つづく行言の著語は、法眼の立場をより徹底して、門や窓という言葉すら必要ない、ただありのままにそれを看よ、ということだろうが、これもやはり技巧的なように思われる。

お前は慧超でしかない

ここからもう一度振り返って、前の問答の意味を考えてみたい。まずは「是れ曹源の一滴水」であるが、これもちょうど「一糸頭は一糸頭でしかない」というのと同じで、その背後に真理の世界なり、曹渓慧能の法を想定することを戒めるものと理解できるだろう。つまり、すでに述べたように、「曹源の一滴水はただ曹源の一滴水であり、それ以外の何物でもない」という、同義反復的な一文として理解するのがよさそうである。

またここから振り返って、はじめの「汝は是れ慧超」の一句についてもう一度考えてみたい。これもやはり同様に理解できるのではないかと思う。すでに述べたとおり、この一句は一見したところ「慧超が仏だ」という「即心是仏」の道理を示しているように思われる。しかし、これまで見てきた問答が一貫した思想傾向を示しているとすると、この一句もまた同様の視点から述べられたものと考えるべきである。つまり、むしろ「仏」という想定を否定するものと考えたほうがよい。この一句によって示されているのは、「慧超＝仏」という図式ではなく、あくまで「汝＝慧超」という関係であり、そこにそれ以外の要素が入る余地はないというのである。「お前は慧超でしかない、どこにも仏などというものはないのだ」、慧超はこの一句によって「仏」に対する執念を断ち切った。そして、それによってはじめて、いまこのように存在する自己そのものに気付くことができたのではないだろうか。

以上見てきた法眼の問答は、総じて事物の背後に想定される超越的な実体への執着を断ち切ろうとするものであったと言える。それはあらかじめ想定された一定の回答へ修行者を導くものではなく、それぞれの修行者の状況に合わせつつ、巧みに執着を解消しようとするものである。このような接化の手並みを、当時の法眼宗の僧や圜悟克勤は「啐啄同時」「箭鋒相拄」と呼んだのである。

『碧巌録』の評価はどちらかというとこの接化の巧みさを強調することに傾いているが、しかし法眼の接化の特徴はなにも技術的側面だけにあるわけではない。その奥底にはその裏付けとなる思想的な観点が確かに存在している。それは、上に見た「華厳六相義」頌、「三界唯心」頌の内容と合致するものであり、また雪峰系との比較を通して見た玄沙―法眼系の思想傾向とも通じるものである。法眼は、個別的な現象の背後に実体としての認識主体や抽象概念を置く考え方を批判した。そしてその一方で、個物が重重無尽の縁起的な関係を結ぶ事事無礙的な世界を肯定した。それは「個物が個物として円成する」世界であり、そこでは、諸法が縁起的・相互依存的に生滅するあり方の中に真実が見いだされた。現実の自己は、いかなる実体の下支えも想定せず、現実の自己のまま真性を反映するものとなりえたのである。

そのような禅風が最終的に向かうのは、そのように存在する自己の是認、あるがままのありようへの肯定となる。それは、結果として馬祖禅が標榜した「平常無事」と変わらないものである。しかしそれはまた、長い思想的な葛藤を経て、より一段上の高みに至ったものでもあった。最後にそのような無事の思想を示す説法を見てみよう。

三　仍旧・無事

慧洪の評価

北宋代の臨済僧で、多くの著作を残した慧洪《えこう》（一〇七一―一一二八）は、その禅宗史書『禅林僧宝伝』の巻四に、玄沙師備、羅漢桂琛、法眼文益の伝を並べて収めている。そして、その最後に「賛」として三人に対する論評を記し、そのうち法眼については次のように述べる。

賛に曰く、……益は〝旧に仍《よ》る〟を以て自ら処り、絶滲漏の句を以て物の為にす。（『禅学典籍叢刊』

第五巻、一七頁上。柳田聖山編『禅の文化』三六七―三六八頁参照）

賛曰、……益以仍旧自処、以絶滲漏句為物。

法眼は「旧に仍《よ》る」、すなわち、ありのままであることを信条とし、また、煩悩を絶した言葉によって人々を教化した。

後半の「煩悩を絶した言葉による教化」とは、これまで見てきたような巧みな接化を言ったものだろう。そして、前半に言う「旧に仍《よ》る」とは、本来「もとの通りである」、「今まで通りである」といった意味を表す一般的な言葉であるが、ここでは、ありのまま、天然自然の境地を肯定的に表現する禅的な用語として使われている。慧洪はこれを法眼の思想の要点と見るのである。

慧洪のこのような論評は、おそらく以下に見る『禅林僧宝伝』巻四・法眼章に載せる説法を念頭に置いてなされている。この説法は『禅林僧宝伝』以前に見られないもので、慧洪が何にもとづいて採録したのかはっきりしないが、しかし、ここに示される内容は、これまで見てきた法眼の言葉と矛盾するものではない。むしろここには、法眼の思想の一端がよく示されているように思う。

仍旧

以下、文章が長いため、四段に分けて法眼の説法を見ていくことにしよう。『禅林僧宝伝』巻四・法眼章に次のように言う。

益、門弟子に謂いて曰く、「趙州曰く、『力を費やすこと莫かれ』と。也た大いに好き言語なり。何ぞ旧に仍《よ》り去らざらん。世間法にすら尚《な》お門有り、仏法、豈に門無からんや。自是《もと》より旧に仍らざるが故なり。諸仏諸祖は秖《た》だ旧に仍る中に於いて得たり。

益謂門弟子曰、「趙州曰、『莫費力』、也大好言語。何不仍旧去？世間法尚有門、仏法豈無門？自是不仍旧故。諸仏諸祖秖於仍旧中得。

法眼は弟子たちにこう言った。「趙州和尚は『むだな力を使うな』と言ったが、これはなんとも素晴らしい言葉だ。君たちも『ありのまま』でいるのがよい。世間の法にさえ入門のすべがあるのだから、仏法にそれが無いはずがない。仏法に入ることができないのは、『ありのまま』でいることができないからだ。諸仏諸祖はただ、『ありのまま』の中で仏法を得たのである。」

ここに見える趙州の言葉の出典ははっきりしないが、趙州にはほかにも似たような問答があり、これも彼の発言として不自然ではない。これは馬祖以降、繰り返し述べられた「平常無事」と同様の発想である。

続けて法眼は次のように言う。

初夜の鐘の、絲毫も異なること有るを見ざるが如し。与麽《かくのごと》くに恰好なるを得ば、聞く時、一声子の閙《さわ》がしきこと無し。何を以ての故に。時節に及ぶが為に。無心を死と曰うも、且《か》つ是れ死ならず。止《た》だ一切に於いて、秖《た》だ旧に仍《よ》らざるが為なり。忽然として非次に聞く時は、諸人尽《ことごと》く驚愕して道《いわ》く、『鐘子怪鳴せり』と。

如初夜鐘、不見有絲毫異。得与麽恰好、聞時無一声子閙。何以故？為及時節。無心曰死、且不是死。止於一切、秖為不仍旧。忽然非次聞時、諸人尽驚愕道、『鐘子怪鳴也。』

それはちょうど、初更を告げる鐘の音に、まったく狂いがないようなものである。適切な時に鐘が鳴れば、聞くほうもまるで騒がしいとは思わない。なぜか。それは時間とぴったり合っているからである。これは無心と同じようなものである。心がないのは死に等しいと言うものもあるが、これは死とは異なる。普段からすべてにおいて「ありのまま」でないから、この「ありのまま」の状態を死んだも同然と思うのだ。間違った時間に急に鐘が鳴るほうが、ひとびとを驚かせ、「おかしな鳴りかたをしている」と言われるだろう。

「無心を死と曰うも、且《か》つ是れ死ならず」の一文はやや唐突に挿入された感じがあり、前後の文脈が取りづらい。ここではだいぶ文脈を補って意訳した。この一段で分かるとおり、法眼がいう「仍旧」とは、単なる無作為ではなく、しかるべき時にしかるべき事をすることを言う。それこそがむだな力を使わない、仏法に入るための門なのである。

無事の人

法眼の説法は続く。以下の一段の内容からは、この説法が五月に入ってなされたものであるとわかる。

且《しばら》く今日、『孟夏漸《ようや》く熱し』と道《い》うが如きは、則ち不可なり。方《まさ》に一日を隔つるは、能《よ》く多少をか校《たが》えん。五月一日に向《お》いて道わば、便ち賺《たん》と成る。須《すべか》らく知るべし、絲髪も校え得ざることを。

且如今日道、『孟夏漸熱』、則不可。方隔一日、能校多少？向五月一日道、便成賺。須知校絲髪不得。

もし今日、「初夏の候、だんだん暑くなってきましたが」などとあいさつしたならば、これはいけない。たった一日がどれほどの違いになるというのか。とはいえ、五月一日にこうあいさつしたら、それはもういかさまである。このように時節というものは、ほんの少しもたがえることができないのだ。

「孟夏」とは旧暦の四月、夏の初めの月をいう。したがって、五月になってから「孟夏」うんぬんと言えば、時節をはずしたあいさつになってしまう。それはいかさまであり、「仍旧」なるありかたとは言えない、というのである。

さらに、最後の一段は次のようなものである。

方便中に於いて上座に向いて不是と道う時は、蓋し賺《たん》の為に所以《ゆえ》に旧に仍《よ》らざるなり。宝公曰く、『暫時自ら肯《うべな》いて追尋せず』、『歴劫何ぞ曾て今日に異ならん』と。還《はた》会すや。今日は只だ是れ塵劫なり。但だ著《じゃく》衣《え》喫飯《きつぱん》、行住《ぎょうじゅう》坐《ざ》臥《が》、晨参《しんさん》暮《ぼ》請《しん》、一切旧に仍らば、便ち無事の人為《た》るなり。」（以上、『禅学典籍叢刊』第五巻、一六頁上―下。土屋太祐訳注「法眼録」【七〇】段参照）

於方便中向上座道不是時、蓋為賺、所以不仍旧。宝公曰、『暫時自肯不追尋』、『歴劫何曾異今日』。還会麼？今日只是塵劫。但著衣喫飯、行住坐臥、晨参暮請、一切仍旧、便為無事人也。」

方便説法の中で、私が君たちに「間違っている」と言うときは、つまり君たちがいかさまをして、ありのままでなくなっているということだ。宝誌和尚も言っている、「しばらく自己を肯定して、他を追いかけてはならぬ」、「永遠の過去はいまと変わらない」と。着衣喫飯、行住坐臥、明け暮れの参問、すべてありのままであれば、これこそ無事の人である。

最後の部分では、「仍旧」であることを「無事の人」と言い換えている。ここから、法眼が唐代の禅僧の例にもれず、やはり「無事」を一つの理想と見ていたことがわかる。

古脈に合せず

ここで少し気になるのは、法眼による「仍旧」や「無事」という言葉の使用例が必ずしも多くないということである。「仍旧」について言えば、この説法以外での例を見つけることができず、また「無事」の使用例も非常に少ない。とはいえ、以下の資料を見れば、法眼がたしかに一貫して「無事」を肯定的に使用していたことがわかるだろう。まず法眼の法嗣である報慈文遂は「所以《ゆえ》に清涼先師道《い》わく、『仏は即ち是れ無事の人』」と」(『景徳伝灯録』巻二五・報慈文遂章、禅文研本、五一一頁上)と言っている。また『続刊古尊宿語要』巻二・法眼章に載せる法眼の上堂説法には次のようにある。

僧家は実に是れ無事《ぶじ》なり。林中を経行《きんひん》し、樹下に宴坐《えんざ》するも、但だ三界に於いて身意を現さざれば、便ち是れ無事の人なり。若乃《も》し模様を布置し、許《おお》くの作用を起こさば、即ち古脈に合せず。

(『卍続蔵経』第一一八冊、八七七頁下)

僧家実是無事。経行林中、宴坐樹下、但不於三界現身意、便是無事人。若乃布置模様、起許作用、即不合於古脈。(「合於」はもと欠字。『卍続蔵経』の校記により補う。)

出家者は実に無事である。林の中を歩き、木の下に坐禅したとしても、この三界に身と心を現わさなければ、これこそ無事の人である。しかし、もしあれこれと格好をつけ、多くの振る舞いをなせば、古の道に合致することはない。

「三界に於いて身意を現さず」とは、『維摩経』弟子品で、維摩詰が声聞である舎利弗の瞑想を非難しつつ、正しい瞑想のありかたとして述べた言葉である(『大正蔵』第一四巻、五三九頁下)。法眼によれば、経行や宴坐といった修業をしながらも、無念であれば無事となる。しかし、思い量りやさかしらを起こし、作為的にあれやこれやの振る舞いをなせば、「古脈」に外れることになるのである。この視点は、前の説法と相通ずるものである。恣意的な妄情をさしはさみ、わざわざ何か特別のことをすれば、それは「賺《いかさま》」であり、「無駄な力を使う」ことになる。そのようにしないことが、時節にかない、ありのままとなる道だと言うのである。これらの資料を合わせて考えれば、「仍旧」「無事」の語の用例自体は少ないながらも、法眼がこれらに高い価値を置いていたことがわかる。法眼に対する慧洪の評価は決して的外れではない。

十二時中の行履

法眼のいう「仍旧」や「無事」は、ただなにもせず、無為に安住することではない。それは、妄情や作為を排しつつ、「ありのまま」に実践していく態度である。この点は以下の二つの問答によく表れている。この二つの問答は、どちらもほぼ同じ問いをきっかけとするものであるが、しかし、それに対する回答はかえって対照的である。このことが、結果として法眼の思想の二つの側面を際立たせることになっている。いずれも『景徳伝灯録』巻二四・法眼章に見える。

問う、「十二時中、如何が行履せば、即ち道と相応するを得る。」師曰く、「取捨の心は巧偽と成る。」（禅文研本、四八〇頁下。土屋太祐訳注「法眼録」【一四】段参照）

問、「十二時中如何行履即得与道相応？」師曰、「取捨之心成巧偽。」

問う、「日々の生活の中で、どのように歩めば道と合致することができるでしょうか。」法眼が答える、「選り好みの心はいつわりとなる。」法眼の回答は「永嘉証道歌」の一節をそのまま引用したものであるが、これまで見た説法とも同様の視点である。さらに次の問答ではこう言う。

問う、「十二時中、如何が行履する。」師曰く。「歩歩蹋著す。」（禅文研本、四八一頁上―下。土屋太祐訳注「法眼録」【三三】段参照）

問、「十二時中如何行履？」師曰、「歩歩蹋著。」

問う、「日々の生活のなかで、どのように歩めばよいでしょうか。」法眼が答える、「一歩一歩、踏みしめてゆく。」

法眼はそう言うだけで、いったい何を踏みしめるのかは言わない。これまでの問答の言葉を使えば、それは「道」や「古脈」と言ってよいものかもしれない。しかし、法眼の言葉の重点は、何を踏みしめるかではなく、あくまで、「いかさまの心」を排し、「ありのまま」に歩んでいくことにある。「取捨の心を捨てること」と「一歩一歩踏みしめていくこと」は、法眼の実践の両側面であり、それは一つのことである。

時に随い節に及ぶ

また、「無事」の語は使わないながら、比較的古い資料である『景徳伝灯録』法眼章にもこれまでのものと同主旨の説法が見られる。これもやや長いので二段に分けて見てみよう。

師、後に清涼《しょうりょう》に遷住す。上堂して衆に示して曰く、「出家人《しゅっけにん》は但だ時に随い節に及ばば便ち得《よ》し。寒ければ即ち寒く、熱ければ即ち熱し。仏性の義を知らんと欲せば、当《まさ》に時節因縁《じせついんねん》を観るべし。古今の方便少なからず。見ずや、石頭《せきとう》和尚、『肇論《じょうろん》』に『万物を会《え》して己《おのれ》と為す者は、其れ唯だ聖人か』と云うを看るに因りて、他家《かれ》便ち道《いわ》く、『聖人には己無く、己とせざる所靡《な》し』と。一片の言語有り、喚びて『参同契《さんどうかい》』と作す。末上《はじめ》に云く、『竺土大僊《じくどだいせん》の心』と。此の語に過ぐる無きなり。中間は也《ま》た只《た》だ時に随いて説話《せった》するのみ。

師後遷住清涼。上堂示衆曰、「出家人但随時及節便得。寒即寒、熱即熱。欲知仏性義、当観時節因縁。古今方便不少。不見石頭和尚因看『肇論』云、『会万物為己者、其唯聖人乎。』他家便道、『聖人無己、靡所不己。』有一片言語、喚作『参同契』。末上云、『竺土大僊心』、無過此語也。中間也只随時説話。

これは法眼が金陵の清涼院に移ってからの上堂説法である。法眼はこう言う。出家者はただその時節にかなったありかたをすればよい。寒ければ寒く、暑ければ暑く、という具合である。もし仏性が何ものか知りたければ、それぞれの時節に合わせて現われ出たすがたを見て取らねばならない。そのための方便の言葉は少なくない。例えば石頭和尚は、『肇論』に次のようにあるのを読んだ。「万物を己と一体とするのは、ただ聖人だけであろうか。」そしてこう考えたのである。「聖人には己というものがない、だから己でないものはないのだ」と。彼はさらに『参同契』とよばれる一段の詩文を作った。そのはじめには「竺《インド》土の大僊《ブッダ》の心」という一句があるが、これがすべてである。そのあとは流れにしたがって言葉をつづったにすぎない。

ここで「時に随い節に及ぶ」というのは、まえの説法で、初夜の鐘が適切な時間に鳴ることを「時節に及ぶ」と言ったのと同様で、妄情をはさまず、ありのままにすることを言う。また、「仏性の義を知らんと欲せば……」の句は、『涅槃経』獅子吼菩薩品（『大正蔵』第一二巻、七七七頁上）を典拠とし、禅門で広く流行したものである。これは、「仏性」という抽象的な原理を知りたければ、その時々の具体的な「時節」における現れを見なければならない、という意である。『肇論』に関する引用もこれと同様の趣旨を述べたものと見てよい。法眼はさらにそれらの結論として、『参同契』の初めの一句である『竺土大僊心』を持ち出す。これは、直接的には「仏陀の心」という意味であるが、それはまた我々が本来的に有する仏性をも指している。この一段は、総じて唯心的な思想を基礎としながら、心と現象の一致を主張するものとなっている。ただそれは、心と現象の単純な一致を言うだけではなく、心それ自体は直接把握されるものではなく、むしろ外界に現れた現象の中にこそ見て取られるべきだ、ということを述べている。「時節因縁を観るべし」の語も、また石頭の「聖人に己無く」という一句も、ともにこのような主題を強調するものと言える。

光陰、虚《むな》しく度《わた》ること莫かれ

続けて法眼の説法の後半を見ていこう。

上座、今、万物を会して己と為し去らんと欲せば、蓋《けだ》し大地に一法の見るべき無しと為《おも》わん。他又《かれまた》た人に嘱して云く、『光陰、虚《むな》しく度《わた》ること莫かれ』と。適来《さきほど》、上座に向いて道《いわ》く、但だ時に随い節に及ばば便ち得《よ》しと。若《も》也し時を移し候を失わば、即ち是れ虚しく光陰を度り、非色中に於いて色の解を作さん。上座、非色中に於いて色の解を作さば、即ち是れ時を移し候を失うなり。且《しばら》く道《い》え、色に非色の解を作《な》すは、還《は》た当たるか当たらざるか。上座、若《も》し恁麽《かくのごと》く会せば、便ち是れ没交渉《もっきょうしょう》。正に是れ癡狂にして両頭に走る。什麽《なん》の用処《ゆうじょ》か有らん。上座、但だ分を守り時に随いて過ごさば好し。珍重。」（以上、禅文研本、四八一頁下—四八二頁上。土屋太祐訳注「法眼録」【三九】段参

照）

上座、今欲会万物為己去、蓋為大地無一法可見。他又嘱人云、『光陰莫虚度。』適来向上座道、但随時及節便得。若也移時失候、即是虚度光陰、於非色中作色解。上座、於非色中作色解、即是移時失候、且道色作非色解、還当不当？上座、若恁麽会、便是没交渉。正是癡狂両頭走、有什麽用処！上座、但守分随時過好。珍重。」

君たち、もしいま、万物と自己を一体にしようとするならば、君たちはおそらく万物をすべて空無に帰し、大地には一つの法も見られないと考えるだろう。ところで石頭はまたこうも言っている。「むなしく時を過ごしてはならぬ」と。さきほど君たちには、時節にかなったありかたをしろと言った。もし時節を見失えば、むなしく時を過ごすことになり、「非色」（存在しないもの）を「色」（存在するもの）と思いなすだろう。さて、「非色」を「色」と思いなすのがむなしく時を過ごすことだとすると、それでは、「色」を「非色」と考えるのは、はたして妥当といえるだろうか。いや、このように考えるのもやはり全くの的外れだ。これは「有」と「無」の両極端に走る狂気の沙汰というものだ。そんなものが何の役に立つというのか。君たち、ただ自らの本分を守り、時節にかなったありかたをしなければならない。お大事に。

初めの一文はすこし読みづらい。原文の二つ目の「為」は「謂」に通じ、「（事実に反して）思いなす」の意を示すものだろう。つまり、上に述べたような唯心思想を理解しようとするとき、多くの人は、「万物はみな虚妄であり、一つの法も実在しない」と思いなすだろう、というのである。これはまさに玄沙以来、この法系の人々が一貫して批判してきた考え方である。もちろん法眼もこれを否定する。そこで法眼はまず『参同契』の最後の一句を引き、「むなしく時を過ごしてはならない」という。「むなしく時を過ごす」とはなにか。それはすなわち時節を失うことである。時節を失うとはいかなることか。一つには空なる諸法を実体視することである。これは仏教徒であればすぐに理解できる道理である。それでは、いま見えている諸現象を、虚妄なるものとして斥けるのはどうだろうか。そう、これもやはり時節を失うことだ、と法眼は言うのである。

事事無礙の禅

この「諸法を虚妄なものと見てはならない」という観点は、これまで見てきた法眼の言葉と通じ合っており、その思想が一貫したものであるとわかる。ここで、これまでの言葉を参考にしつつ、法眼の「仍旧」の思想をあらためて説明してみたい。「時節を失う」とは、思い量りや妄情など余計な力を使い、「ありのまま」のありかたから外れることであった。そのような態度には、空なる諸法を実体視することのほかに、現に存在する諸法を虚妄なるものとして斥けることも含まれる。それは、諸法を認識している「心」の側を実体視し、諸法はその「心」が生みだす虚妄なものであると見なすことである。

しかし諸法は、実体でもなく、また単に虚妄なる存在でもない。諸法は相互に縁起的な関係を持ちつつ生起している。それこそが重重無尽に縁起する法界の姿である。ならば、いかなる思い量りもはさまず、その縁起するさまをありのままの真実として受け入れることこそ、「仍旧」なる態度であり、「無事の人」の姿であるということになるだろう。

馬祖以降、唐代を通して「無事」は禅門の理想であった。その点から言えば法眼も例外ではなく、彼の「仍旧」も、根底では馬祖の「平常無事」と通じあうものである。しかし、法眼の思想は、馬祖以降の禅宗で行われた議論を経て、より一段と練り上げられたものとなった。雪峰系の思想の克服、華厳思想の援用、そして巧妙な接化から、この「仍旧」まで、それぞれの観点は密接に関係しながら、法眼の禅の全体像を構成している。「仍旧」は、そのような思想の体系から導かれた一つの実践的態度である。

ここで一つ付け加えると、すでに前にも触れたことではあるが、ここには玄沙と法眼の微妙な違いを見ることができる。玄沙の思想が、個々人の意識の基底で現象を成立させている共通の本質としての「妙明真心」を強調する傾向が強いとすると、これまで見た法眼の言葉は、現象の背後に形而上的な実体を想定することを否定しつつ、諸現象の縁起的関係そのものの中に真実のあり方を見ようとする。あえて華厳思想の言葉でこの違いを表現すれば、玄沙はより「理事無礙的」であり、法眼はより「事事無礙的」だと言ってよいかもしれない。さらに言えば、雪峰のもう一人の法嗣である雲門も、法眼に近い傾向を持っている。この雲門と法眼の思想は、そのまま宋初の禅宗に影響を与えることになる。

この「仍旧」、あるいは「無事」の思想は、唐代禅の帰結の一つとして雲門宗と法眼宗によって宋初の禅宗に伝えられ、のちに「無事禅」と言われる一つの思想類型を生み出すことになる。北宋の「無事禅」の担い手が主要には雲門宗の僧だったこともあり、「無事禅」の思想的な淵源として言及されることが多いのは雲門文偃の思想であるが、思想の傾向としては法眼もこれに近い。そして、そのような思想の理論的な下支えとなったのは、両者ともに華厳の事事無礙的な観点だったと言ってよい。

その後、「無事禅」は北宋の中期に至ってその負の側面が反省されるようになり、批判の対象となる。「無事禅」をどう扱うかは宋代禅宗の重要な課題となり、ここからふたたび新たな禅の思想が生み出されていく。とはいえ、これはだいぶ後の時代の話で、本書の範囲を大幅に超え出ている。この問題についてもこれ以上の深入りは控えておこう。いずれにせよ法眼は、思想面においても唐代禅の帰結を示す禅師のひとりとなったのである。

四　示寂

金陵での接化

後周の顕徳五年（九五八）三月、南方最大の割拠勢力であった南唐は後周の侵攻を受けて長江以北の領地を奪われ、これによって国勢を大きく損なうことになった。そのおよそ五か月後、閏七月に至って法眼は、ついにその一生を終えた。報恩禅院、ついで清涼院と、金陵の二つの寺院で二十年あまりにわたって後進を指導したのちのことであった。そして、それよりさらに二年後、顕徳七年一月には趙匡胤が後周の禅定を受けて宋を建国する。長く続いた戦乱も、ようやく終息の兆しが見えてきたころであった。

『景徳伝灯録』法眼章の末尾には法眼の生涯がまとめられているので、これによって法眼に対する当時の評価と、そしてその示寂の様子を見ておこう。これもまた二段に分けて見てみたい。

師、縁をば金陵に被《こうむ》り、三たび大道場に坐し、朝夕に旨を演《の》ぶ。時に諸方の叢林、咸《み》な風化に遵《したが》い、異域に其の法を慕う者有らば、遠きを渉《わた》りて至る。玄沙の正宗、江表に中興す。師は機に調《かな》い物に順い、滞を斥《しりぞ》け昏を磨《みが》く。凡そ諸方の三昧を挙し、或いは入室《にっしつ》して解を呈し、或いは叩激して請益《しんえき》するに、皆な病に応じて薬を与う。根に随いて悟入する者、紀《しる》すに勝《た》うべからず。

師縁被於金陵、三坐大道場、朝夕演旨。時諸方叢林咸遵風化、異域有慕其法者、渉遠而至。玄沙正宗、中興於江表。師調機順物、斥滞磨昏。凡挙諸方三昧、或入室呈解、或叩激請益、皆応病与薬。随根悟入者、不可勝紀。

法眼禅師の法縁は金陵に及び、撫州の崇寿院と、金陵の報恩禅院・清涼院という三つの寺院の住持を務め、朝晩に法を説いた。当時、諸方の禅院はみなその教えにしたがい、異国からはその法を慕ってはるばる訪れるものもあった。玄沙の正宗はここに中興したのである。禅師はそれぞれの機根に合わせ、その迷いを取り除いた。修行者が諸方の禅法をとりあげ、あるいは入室して自らの見解を述べ、あるいは教えを乞えば、みなそれぞれの問題に応じた導きを与えた。各自の機根にしたがって悟りを開いた修行者は、数えきれないほどである。

ここでも特筆して法眼の接化が臨機応変であることを強調するのは、前にも見た通り、「箭鋒相拄」と評される巧みな接化が法眼の特徴としてよく知られていたからだろう。また、本書の冒頭にも述べたとおり、法眼の法系を「玄沙の正宗」としていることにも注意しなければならない。現在、この法系は「法眼宗」の名によって広く知られているが、これまで見た資料からもわかるとおり、当時は玄沙から法眼までの法系は一続きのものとして認識されていた。そして、それが「雪峰の法系」と呼ばれることは決してなかった。玄沙師備、羅漢桂琛から法眼、さらにその法嗣にいたる法系には、共通の思想傾向と一派としての自覚があったのである。

示寂

さらに、法眼の示寂とその前後の経緯は次のように述べられる。

周の顕徳五年戊午《つちのえうま》七月十七日を以て疾《やまい》を示す。国主、親しく礼問を加う。閏《うるう》月五日、剃髪沐身《ていはつもくしん》し、衆《しゅ》に告げ訖《おわ》るや、跏趺《かふ》して逝く。顔貌、生けるが如し。寿《よわい》七十有四、臘《ろう》五十四。城下の諸寺院、威儀を具えて迎引す。公卿の李建勲《りけんくん》已下、素服《そふく》し、全身を江寧《こうねい》県丹陽《たんよう》郷に奉じて塔を起《た》つ。大法眼禅師と諡《おくりな》し、塔を無相と曰う。嗣子の天台《てんだい》山徳韶《とくしょう》呉越国師、文遂《ぶんすい》江南国導師、慧炬《えこ》高麗国師等一十四人、先に出世し、並びに王侯に礼重せらる。次《つ》いで、龍光泰欽《りゅうこうたいきん》等四十九人、後れて開法し、各おの一方を化す。本章に之を敘ぶるが如し。後、門人行言《ぎょうげん》、玄覚《げんかく》導師と署するの請に因り、重ねて大智蔵《たいちぞう》大導師と諡す。三処の法集、及び著・偈・頌・真讃・銘・記・詮・注等、凡そ数万言、学者繕写し天下に伝布す。（以上、禅文研本、四八三頁上—下。土屋太祐訳注「法眼録」【一三五】段参照）

以周顕徳五年戊午七月十七日示疾。国主親加礼問。閏月五日、剃髪沐身、告衆訖、跏趺而逝。顔貌如生。寿七十有四、臘五十四。城下諸寺院具威儀迎引。公卿李建勲已下、素服奉全身於江寧県丹陽郷起塔。諡大法眼禅師、塔曰無相。嗣子天台山徳韶呉越国師、文遂江南国導師、慧炬高麗国師等一十四人、先出世、並為王侯礼重。次、龍光泰欽等四十九人、後開法、各化一方、如本章叙之。後、因門人行言署玄覚導師請、重諡大智蔵大導師。三処法集、及著・偈・頌・真讃・銘・記・詮・注等凡数万言、学者繕写伝布天下。

後周の顕徳五年（九五八）戊午の年、七月十七日、法眼は病を得た。南唐の国主は自らお見舞いされた。翌閏《うるう》七月五日、法眼は剃髪沐浴し、修行者たちに別れを告げると、坐禅をしたまま入寂した。その様子は生きている時とまるで変わらなかった。世寿は七十四歳、僧臘は五十四。金陵の諸寺院は威儀を正して法眼のなきがらを迎え、李建勲以下の官員は喪服を着用して、それを江寧県丹陽郷（現南京市江寧区丹陽鎮）に埋葬し塔を立てた。諡《おくりな》は大法眼禅師、塔は無相と名づけられた。嗣法の弟子のうち、呉越国の国師である天台徳韶、南唐の導師である報慈文遂、高麗の国師である道峰山慧炬《えこ》は、他の弟子に先んじて住持として出世し、王侯に重んぜられた。そしてそれらに次いで、龍光泰《りゅうこうたい》欽《きん》等の四十九人が出世し、各地の指導者となった。これらは『景徳伝灯録』のそれぞれの禅師の章に述べられるとおりである。その後、やはり法眼の弟子である玄覚《げんかく》導師行言《ぎょうげん》の要請により、再び大智《たいち》蔵《ぞう》大導師の諡を送った。崇寿院、報恩禅院、清涼院という三か所での説法をまとめた語録、およびその他の作品は、あわせて数万字もの分量になる。これらは学僧たちが書き写し、いまや天下に流布している。

法眼は南唐仏教界の中心人物として広く尊敬を集め、僧、官人の手によって手厚く葬られた。ただし、ここに名前の見える李建勲は、南唐の重臣として実在する人物であるが、法眼よりも早く南唐の保大十年（九五二）に逝去しており、『景徳伝灯録』の記述は誤りとわかる。あるいは法眼の名声を潤色するための誇張かもしれない。

法眼の活躍により法眼宗は隆盛を迎え、法眼の嗣法の弟子たちは、南唐、呉越など中国南方地域を中心に勢力を広げていった。一方で、玄沙と雲門の系統以外の雪峰の法系は、雪峰の孫弟子の代をピークとして禅門から姿を消していった。かつて羅漢桂琛が鼓山神晏によって迫害されたことを思えば、彼らの立場はほとんど逆転してしまったと言える。この後、法眼宗は宋初にいたるまで禅の主流的地位を占め、唐代の禅を宋代へ伝えるという重要な役割を果たすことになる。

またここには法眼の著作が多く残されたことも記されている。これもまた法眼の功績を物語るものである。ただこれもすでに述べた通り、現在はほとんどが失われている。

第四章　法眼宗から宋代の禅へ

第一節　『宗門十規論』と法眼の時代

ここまで、法眼の思想とそれが現れるまでの経緯を見てきた。法眼の思想は、唐代禅の発展・変化の最終段階に現れたもので、それまでに行われた議論の帰結を示すものであった。しかし当然ながら、禅の歴史がここで終わったわけではない。法眼のもとからは多くの後継者が育ち、南唐、呉越という中国南方の崇仏国を中心に大きな勢力を形成していった。彼らはその後も活動をつづけ、宋初に至るまでその勢力を維持した。そしてこの法眼宗の活動は、やがて宋代禅の出発点の一つになっていったのである。

このように、法眼宗は唐宋両代の禅を繋ぐという重要な役割を果たした。そこで、この第四章では、法眼や法眼宗を取り巻く当時の状況を見ながら、それが後の時代にどう接続していったのかを展望してみたい。

まずこの第一節では、法眼とその時代を知るための資料として『宗門十規論』（以下『十規論』）を読んでみたいと思う。『十規論』は短篇ながら、法眼の代表的な著作としてしばしば言及されるもので、法眼を知るうえで避けて通れない資料の一つである。

法眼はこの作品のなかで、当時の禅門の悪風を十箇条にまとめ、その一つ一つに批判を加えている。前章まで我々が見てきた問答や説法が、どちらかといえば抽象的な禅の要諦を示そうとするものであったのに対し、この『十規論』は当時の禅門の現実を相手どって、具体的な社会状況の中で法眼の信念を述べた作品である。必ずしも社会状況の記録を主目的とした作品ではないため、読み取れる情報には限界もあるが、ここには法眼を取り巻く環境とそれに対する彼の反応が表れている。問答や説法とは異なる、法眼のもう一つの側面を示す資料と言えよう。もちろん、法眼の思想を知るためにも重要な作品である。

一　『宗門十規論』の伝承

『十規論』と法眼

さて、この『十規論』を読む前に、我々はやはりこの資料の現状について少し触れておかねばならない。というのも、この『十規論』の来歴には少々不確かな部分があるからである。どういうことかというと、この書は同時代の資料や法眼自身の言葉のなかで言及されておらず、また、各種目録類にもその名を見ることができないのである。以下に述べるとおり、これに最も早く触れた資料は、十三世紀前半の万松《ばんしょう》行秀《ぎょうしゅう》『従容録』である。それ以前にこの本がどのような形態で存在していたのかは不明である。

同時代資料のなかに『十規論』への言及がないことは、この文献の素性について疑念を抱かせるものではある。とはいえ、これが法眼の作ではないと判断することもできない。なぜなら、そう考えるだけの積極的な証拠もまた存在しないからである。『十規論』には法眼自身の序が附され、あくまで法眼の著作として伝えられている。また内容の面から見ても、法眼の作品と考えて不都合になるような部分は見つからない。『十規論』はあくまで法眼の作品として扱われるべきである（Benjamin Brose,

“Disorienting Medicine,” 159–160)。

では、なぜ来歴がはっきりしないのか。これもまた想像するしかないのだが、伝記部分で紹介した通り法眼に多くの著作があったことを考えれば、『十規論』はもともとそのような多くの作品のなかのひとつ、あるいはいずれかの文集に収められた文章の一篇だったのではないだろうか。そのように、かならずしも特別な作品ではなかったため、この書に対する個別の言及が残らなかったのかもしれない。

いずれにせよ、『十規論』の内容に入る前に、まずはその伝承の過程を確認しておくことにしよう。伝承の状況については、Benjamin Brose, “Disorienting Medicine” にも考察があり、以下もそれを参照した。

中国での伝承

さて、上に述べた通り、目下のところ『十規論』に対して最も早く言及する資料は、『従容録』における万松行秀の評唱である。

昭首座、門風を党護し、議論に通ぜず、横《ほしいまま》に識剝を生ず。法眼、当時、此輩の方に通ぜざる者を深く愍《あわ》れみて『十規論』を作りて之を誡《いまし》む。学者、覧ざるべからず。（『大正蔵』第四八巻、二六七頁上）

昭首座党護門風、不通議論、横生識剝。法眼当時深愍此輩不通方者、作『十規論』誡之。学者不可不覧。

ここで昭首座というのは、第三章ですでに紹介した子昭首座のことである。彼は長慶慧稜の法会における法眼の同門で、法眼が羅漢桂琛に嗣法したと知ると、それを問責するため法眼のもとを訪れたのであった。行秀によれば、子昭首座のこのようなやりかたは、自らの党派を擁護するための言いがかりにすぎず、法眼はそのような輩を憐れんで『十規論』を作った、というのである。

『従容録』は、耶律楚材の求めによって、万松行秀が宏智正覚《わんししょうがく》の『宏智頌古』に評唱を附したものである。行秀はこれを南宋嘉定十六年（一二二三）に耶律楚材のもとに送っている。したがってこの言及は、法眼の示寂から数えて二六〇年ほど後のものであり、その間『十規論』がどのように伝えられていたかは知ることができない。ただ、ここで行秀が子昭首座について言った「党護門風不通議論」という言葉は、現行本『十規論』第二章の題名と一致している。正確にはわからないが、行秀が見たテクストは現行本と同系統か、あるいは近い系統のものだったと思われる。

つづいて、この書の刊行に関する最も早い記録は、元の恕中無慍《じょちゅうむおん》（一三〇九―一三八六）が附した「題重刊十規論後」に見える。この文章は無慍の語録にも収録されている。ここには次のように言う。

元の丙戌の歳、南屏の悦蔵主《えつぞうす》、此の文を出だし、嘗て余に命じて之を書かしめ、版を径山寂照塔院に鏤《きざ》む。径山の兵火に逮《およ》びて、版も亦《ま》た随って燼《や》く。今、台の委羽の旻《びん》上人、己の資を捐《す》て、旧の所搨本を用《も》って重ねて刊行を為し、而して余に其の後に題するを属《たの》む。（『恕中無慍禅師語録』巻六、『卍続蔵経』第一二三冊、八八二頁上）

元丙戌歳、南屏悦蔵主出此文、甞命余書之、鏤版于径山寂照塔院。逮径山遭兵火、版亦随燼。今台之委羽旻上人捐己資、用旧所搨本重為刊行、而属余題其後。

元の丙戌年は至正六年（一三四六）、無慍三八歳のときにあたる。このとき南屏山の蔵主（経蔵を司る役職）の任にあった悦なる僧が、この『十規論』を無慍に示して版下を書くよう依頼し、径山寂照塔院で刊刻したという。南屏山とは浄慈《じんず》寺、すなわち永明延寿が住持を務めた永明院のことである。ここは法眼宗と縁のある杭州の名刹であり、ここに『十規論』が蔵されていたとしても不思議はない。無慍によると、その後、径山が兵火を被り、版木は失われたという。これは元末の戦乱による影響と思われる。そこで、台州委羽山の旻上人なる人が出資して、初刊本を写しとった搨本にもとづいて重刊されたのである。

この「題重刊十規論後」は、『卍続蔵経』本をはじめとする日本刊行の諸版本にも附されている。しかし、それらにはすべて「右、元の慍恕中の跋、朝鮮蔵に得て、之を附す」という一句が付け加えられており、日本で刊行された版本にもとから存在したものではなかったようである。さらに、以下に述べる駒大蔵宝暦六年本にはそもそもこの文章自体がない。したがって、無慍の重刊本が日本に将来された形跡は、いまのところ確認できない。

日本における刊行：康安本と宝暦六年本

この『十規論』が日本ではじめて刊行されたのは、康安元年（一三六一）のことである。この康安元年本はすでに残っていないが、駒大蔵宝暦六年本、およびそれを受ける能仁義道冠註本（後述）に刊記が残されており、刊行の状況が知られる。刊記は以下のとおりである。

此の書、未だ本朝に刊行すること有らず。比丘尼明心山主、仏祖の洪恩に報ぜんが為に、長財を施し鋟梓し流通す。伏して願わくは、此の善利を以って、上は四恩に報じ、下は三有を資《たす》け、法界の有情は同《とも》に種智を円《まどか》にせんことを。仍《よ》って洛城仁和寺北長尾妙光寺三光庵に捨施す。時、康安改元五月十三日。

此書未有刊行於本朝。比丘尼明心山主為報仏祖之洪恩、施長財鋟梓流通。伏願以此善利、上報四恩、下資三有、法界有情同円種智。仍捨施於洛城仁和寺北長尾妙光寺三光庵。時康安改元五月十三日。

この時より前、『十規論』が日本で刊行されたことはなかった。そこで、明心山主なる比丘尼が財を喜捨してこれを刊行し、版木は妙光寺三光庵に施された。康安本がどのような版本に依拠して刊行されたかは不明である。ただ、康安元年は無慍の言う初刊本が刊行されてから十五年後であるので、これも確かなことは言えないが、ひょっとすると無慍の初刊本に拠ったのかもしれない。

この康安本にもとづいて刊行されたのが、宝暦六年本である。宝暦六年本は現在日本で見られるもっとも古い版本で、宝暦六年（一七五六）の日付を持つ乙堂喚丑《いつどうかんちゅう》（?―一七六〇。乙堂については菅原研洲「乙堂喚丑の研究」参照）の序と、群馬県舘林市にある茂林寺の住持大円宝鑑（?―一七七〇）の跋を持つ。この序跋は行草書で書かれ、一部判読の難しいところや文意の取りづらいところがあるが、おおよそ刊行の経緯を知ることができる。

ただこの宝暦六年本には不可解な部分もある。それは大円宝鑑によるもう一つ別の序が存在することである。この宝暦六年本を底本とした冠註本に、明治十四年（一八八二）、京都で刊行された能仁義道『増標傍註法眼禅師十規論』（以下、能仁義道冠註本）があり、ここには宝鑑の序が収められている。しかし、この宝鑑序は宝暦六年本の喚丑序・宝鑑跋と重複する部分がありながら、いずれとも一致しない。宝鑑の刊行したものに二種類の版本があったのか、それとも能仁義道によって何らかの改編が加えられたのか、いまのところ不明である。

このように不可解な点はあるが、しかし上記三種の序跋を比較すると、それぞれの情報に齟齬は無いようである。異なる序跋が生まれた経緯は、今後の研究を俟つとして、それらをまとめると、宝暦六年本は康安本に拠ったものであることがわかる。宝鑑の跋と序によると、当時、康安時代からすでに四〇〇年近い時間が過ぎ、康安本を見ることは難しくなっていたが、幸いに茂林寺にはそれが一冊秘蔵されていた。そこで宝鑑が乙堂喚丑と相談してこれを刊行したのだという。

その他の日本刊行の版本

さらに、宝暦六年本にやや遅れて刊行されたのが、『卍続蔵経』本の底本となった宝暦十一年本である。この版本は指月慧印《しげつえいん》による宝暦十一年（一七六一）の序を持つ（指月慧印については佐々木章格「指月慧印禅師考」参照）。これと宝暦六年本の関係は、厳密に言えば不明であるが、本文の内容はほぼ変わらないので、あるいは宝暦十一年本にもとづいて刊刻されたのかもしれない。

そのほか、明治十二年（一八七九）、古田梵仙による『標註法眼禅師十規論』が宝暦十一年本を底本として京都で刊行されている。さらにその後、明治四十四年には『禅学大系』巻一・祖録部が刊行され、翻刻と解説が発表されている。これは宝暦六年本に拠ったとするが、実際は上記の能仁義道冠註本に拠ったもののようである。さらに大正九年（一九二〇）刊行の『国訳禅宗叢書』第八巻、およびそれをほぼそのまま引き継いだ昭和四年（一九二九）刊行の『国訳禅学大成』第十巻には、翻刻のほか、書き下し、語注、解題が収められている。これもやはり能仁義道冠註本に拠ったもののようである。今のところ、目につく利用可能な資料は以上のとおりである。読解に当たっては、これらを参照することが可能である。

これでおおよそ『十規論』を読むための準備ができたかと思う。以下には、全文を引用する余裕はないが、できるかぎりこの作品の全体像が分かるように内容を紹介していくことにしよう。以下の引用は、ひとまず参照しやすい『卍続蔵経』本を底本とする。これは宝暦十一年本を底本としたもので、『卍続蔵経』第一一〇冊に収録される。ただし、この版本には翻刻の際の間違いがいくつか見られる。これらの問題があるときには、そのつど注記することとする。

二　『宗門十規論』の構成と内容

十の戒め

上に述べたように、『十規論』は当時の禅門に見られた弊風を十箇条にまとめ、そのひとつひとつに批判を加えていったものである。それぞれの問題は一章ごとにまとめられ、全体として十章立ての構成となっている。まずはこの十章の標題を見ながら、この書の全体像を概覧しておこう。章立ては以下のとおりである。

自己の心地、未だ明らかならざるに妄りに人師と為る第一
門風を党護し議論に通ぜず第二
挙令提綱し血脈を知らず第三
対答するに時節を観ず、兼ねて宗眼無し第四
理事相違して触浄を分かたず第五
淘汰を経ずして古今の言句を臆断す第六
露布を記持して時に臨みて妙用を解せず第七
教典に通ぜずして乱りに引証有り第八
声律に関せず理道に達せず歌頌を作るを好む第九
己の短を護り勝負を争うを好む第十

自己心地未明妄為人師第一
党護門風不通議論第二
挙令提綱不知血脈第三
対答不観時節兼無宗眼第四

理事相違不分触浄第五
不経淘汰臆断古今言句第六
記持露布臨時不解妙用第七
不通教典乱有引証第八
不関声律不達理道好作歌頌第九
護己之短好争勝負第十

各章ごとの概要を述べれば以下のとおりである。

「自己の心地、未だ明らかならざるに妄りに人師と為る第一」は、全体の総論となる章である。その冒頭に「心地法門は、参学の根本なり。心地とは何ぞや。如来の大覚性なり」というのは、内容としてはよく見られる如来蔵思想であるが、この書のはじめに置かれていることから法眼の基本的立場を示しているとわかる。この章では、当時の禅僧たちが修行を怠り、名声ばかりを求めることを批判する。

「門風を党護し議論に通ぜず第二」では、禅門が分派してきた歴史を述べ、当時の人々がそれぞれの宗派に固執し、それらを貫く大道を見失い、互いに争っていることを戒める。

「挙令提綱し血脈を知らず第三」、「対答するに時節を観ず、兼ねて宗眼無し第四」は、いずれも禅門の接化の方法について述べたものである。ただ、それぞれの内容は難解で、また両者の違いもわかりにくい。第三章では、禅師は放・収や生・殺といった両極の立場を自在に入れ替えながら接化を行わなければならず、そのためにはそれを一貫する「血脈」を忘れてはならないとする。第四章では、具体的な接化としての「時節」を理解しなければならず、またその背後には原理としての「宗眼」がなければならないとする。いずれも適切な接化と、その裏付けとしての原理を強調するものである。

「理事相違して触浄を分かたず第五」は、すでに本書第三章で法眼の言葉を紹介する際にその一部に触れたが、理と事の円融を説く部分である。ここには『法界観』の書名も見られ、法眼が華厳思想から影響を受けたことがわかる。

「淘汰を経ずして古今の言句を臆断す第六」、「露布を記持して時に臨みて妙用を解せず第七」は、禅門に蓄えられた古人の言行や教説に対する正しい態度を説くものである。「古今の言句」は古人の言行をいい、これを適切に扱うため正しい理解が必要であるとする。「露布」とは、もともと封をしていない公開の公文書や布告などのことを言い、禅籍においては師門に継承された教説・スローガンの類を意味する。法眼は、師説の継承を認めながら、それに固執して自己の見解を失うことを戒める。

「教典に通ぜずして乱りに引証有り第八」は教学を十分に理解しないまま、むやみに経典を引用することを戒める。

「声律に関せず理道に達せず歌頌を作るを好む第九」は、詩作に通じないまま、卑俗な偈頌を作ることを戒める。

「己の短を護り勝負を争うを好む第十」は、天下に叢林が栄えながら、理想的な禅僧が少なく、名声を求め人と争う者のいることを指摘する。最後の総括としてひろく禅林の弊風を批判し、あるべき姿を論じる。

『十規論』の視点

以上が『十規論』の概要である。総じて言うと、このころの禅宗が集団としての規模の拡大と多様化の時代を迎えていたことがうかがわれる。当時、社会における禅門の地位は高まり、教団の規模も大きくなっていた。その結果として、そこに属する成員が増加し、それにつれて堕落した禅僧も目に付くようになったとみられる。また住持の職も大きな栄誉をもたらすものとなり、名声ばかりを追い求める者が現れたようである。そのような禅門の綱紀の弛緩に対する批判が『十規論』の第一の眼目である。

また目を引くのは多様化の側面である。『十規論』の記述から、当時、禅宗各派の分化がかなり進んでいたことがわかる。そしてそれらの宗派は、単に法系が異なるというだけではなく、いわゆる「家風」や「宗風」という、異なる思想や実践方法を持つものとして捉えられている。このような多様化をもたらした原因は、禅宗全体の規模の拡大のほかに、先人の言行や各宗派の教説といった文化的資源の蓄積に求められるだろう。『十規論』には「古今の言句」や「露布」、あるいは「偈頌」や「経典」に対して持つべき態度が説かれる。このような記述は、禅的か教理学的かを問わず、さまざまな文化資源が蓄積され、それを利用する環境が整ってきたことを感じさせる。

そして法眼自身はというと、このような発展と多様化のなかで、常にそれを貫く唯一の原理に目を向け、それによって多様な立場を融合することを志向している。

あるいはこのような態度は、これまで見てきた法眼の思想と矛盾しているように思われるかもしれない。我々はこれまで、法眼の思想が、形而上的な観念や超越的な実体の乗り越えを目指していることを見てきたからである。しかし、そのような思想と『十規論』の内容は決して矛盾するものではないだろう。『十規論』で法眼が憂慮するのは、当時の禅僧が禅の根本を忘れて党派間の争いに汲々としていることや、あるいは一面的な知識の獲得に満足していることである。法眼はそのような弊害を克服するために禅を貫く原理があることを強調しているのであって、決してそのような原理を何か実体的なものとして想定しようとしているわけではない。

このように、『十規論』は当時の社会情勢に対する法眼の態度を示している。ここには、唐代の禅が到達した繁栄と同時に、このあと宋代の禅が向き合うことになる課題が先取りされる形で現れている。禅宗は確実に次の時代へと歩を進めていたのである。

それでは以下に、筆者が重要だと思ったポイントを取り上げながら、もう少し踏み込んで『十規論』の具体的な内容を見てみよう。

禅門の分派

『十規論』の顕著な特徴のひとつに、禅門の分派をよく記録していることがある。この『十規論』はしばしば「禅宗五家」の考え方を最も早く提出したものとされる。「五家」とは、唐代の禅門から発展した潙仰宗、臨済宗、曹洞宗、雲門宗、法眼宗の五つの宗派を指し、これらはそれぞれ異なる「宗風」を持つものと考えられた。のちの南宋時代には、この「五家」の枠組みに沿って、それぞれの「宗風」を記した書物も作られた。

ただし、『十規論』ではみずからを法眼宗と称さないことはもちろん、後の「五家」の枠組みに含まれない宗派も挙げられている。そのため、この段階で一般に知られる「五家」の観念が成立していたとは言えない。「五家」という枠組みが確立するのはおそらく北宋になってからのことであろう。とはいえ、法眼宗をのぞく四家の名は確かに挙げられており、この書が「五家」観念の原型となる集団分化の実態を捉えていたことは確実である。そのような当時の禅門の状況に対する法眼の見方をよく表しているのは、「門風を党護し議論に通ぜず第二」の次の一段だろう。

> 祖師の西来《せいらい》するは、法の伝うべき有るが為に、以って此に至るには非ず。但だ直指人心《じきしにんしん》して、見《けん》性成仏《しょうじょうぶつ》せしむるのみ、豈《あ》に門風の尚《たつと》ぶべき者有らん哉《や》。然るに後代の宗師、建化《ごんけ》に殊《こと》なる有りて、遂に相い沿革す。且《しばら》く能・秀二師の如きは、元《も》と一祖を同じくするも、見解は差別す。故に世に之を南宗・北宗と謂う。能既に往《ゆ》きぬ、故に思・譲の二師有りて化を紹《つ》ぐ。思、遷師を出だし、譲、馬祖を出だして、復た江西・石頭の号有り。二枝の下従《よ》り、各おの分かれて派を列《つら》ね、皆な一方を鎮《しず》む。源流濫觴するは、殫《ことごと》く紀すべからず。其の徳山・林際・潙仰・曹洞・雪峰・雲門等に逮《およ》びて、各おの門庭の施設、高下の品提有り。相継せる子孫に至りては、宗を護り祖に党し、真際を原《たず》ねず、竟に多岐を出だし、矛盾相攻めて、緇白を辨ぜず。嗚呼、殊に知らず大道は無方にして、法流は同味なるを。……（『卍続蔵経』第一一〇冊、八七八頁上―下。「殫」は諸本に「弾」に作るが、宝暦十一年本等の校訂に従って改める。）

祖師西来、非為有法可伝、以至于此。但直指人心、見性成仏、豈有門風可尚者哉。然後代宗師建化有殊、遂相沿革。且如能秀二師、元同一祖、見解差別、故世謂之南宗北宗。能既往矣、故有思譲二師紹化。思出遷師、譲出馬祖、復有江西石頭之号。従二枝下、各分派列、皆鎮一方。源流濫觴、不可弾紀。逮其徳山、林際、潙仰、曹洞、雪峰、雲門等、各有門庭施設、高下品提。至於相継子孫、護宗党祖、不原真際、竟出多岐、矛盾相攻、緇白不辨。嗚呼、殊不知大道無方、法流同味。……

達磨は、なにか伝えるべき法が有ったから、はるばるインドからやって来たわけではない。ただ人の心をズバリと指し示し、見性成仏させただけで、特別な門風などなかったのだ。しかし、後の宗師たちの教えの立て方はそれぞれ異なり、そのためしだいに流派が変化、発展していったのである。慧能禅師と神秀禅師は、もともと同じ師のもとに出たが、見解を異にしたため、これが南宗、北宗と呼ばれるようになった。慧能禅師が示寂されてからは、青原行思、南岳懐譲の二禅師があって禅門を継承され、行思禅師のもとに石頭希遷禅師、懐譲禅師のもとに馬祖道一禅師が出て、ここに石頭と江西という二つの法系が現れた。この二法系からは、それぞれ宗派が分かれ、各地で教化をおこなっていった。そのように現れた流派は書ききれないほど多い。そして、徳山、臨済、潙仰、曹洞、雪峰、雲門等の宗にいたっては、それぞれに特徴的な教化の方法や、優劣が現れたのである。しかし、さらにそれを継承する者たちの時代になると、互いに自らの門派を守って、それらを貫く真理は探究しようとせず、多くの道に別れ、互いに非難しあって、是非を分別することもなくなっている。ああ、こういった者たちは知らないのだ、大いなる道に決まった形などなく、受け継がれてきた仏法の意義はみな同じだということを。

法眼の禅宗観

この一段には、禅宗の歴史に対する法眼の認識が表れている。ここで述べられる禅宗史観は、それ以前のもの、たとえば宗密の著作などに見られるものとはすでに大きく異なっている。南宗の正統性を主張した神会の活動などには全く触れられておらず、慧能の法系は直接に馬祖と石頭という二大法系に接続していく。これと同様の見かたは、すでに玄沙の「三句綱宗」にも表れていた。「三句綱宗」は、馬祖系から石頭系、石頭系から玄沙系という順で禅の思想の発展を捉えている。彼らが直接の影響を受け、また自らその流れの中にいると考えた禅宗の歴史とは、そのようなものであった。

またここでは、馬祖以降に発展した禅宗から、最終的に「徳山、臨済、潙仰、曹洞、雪峰、雲門等」の宗派が成立したとする。禅の分派に関する法眼のこのような捉え方が、当時の具体的な状況を反映していることは、石井修道がすでに指摘している（石井修道『中国禅宗史話』三九一―三九八頁、同「曹山本寂の五位説の創唱をめぐって」、同「潙仰宗と曹洞宗」）。

たとえば、このなかには「潙仰」や「曹洞」という呼称が見られる。現在の我々にとっては珍しくないものであるが、しかし、これははたして自明のものだろうか。「潙仰」とは潙山霊祐と仰山慧寂を、「曹洞」とは洞山良价と曹山本寂を指した呼称であるが、かならずしも潙山の法系は仰山だけが、洞山の法系は曹山だけが継承したわけではない。当時、「潙仰」「曹洞」の呼称は決して絶対のものではなかったはずである。

石井によるとこれは、法眼の周囲に存在した勢力を念頭に、法眼の視点から捉えられたものだという。すなわちこの頃、法眼の周囲では、曹洞宗に属する洞山恵敏（?―九四八）、潙仰宗に属する仰山光涌（八五〇―九三八）、臨済宗に属する雲蓋懐溢（八四七―九三四）、そして雲門宗の祖とされる雲門文偃（八六四―九四九）が活躍していた。このうち洞山恵敏は曹山の法嗣、仰山光涌は仰山の法嗣で、法眼はこれを「曹洞」宗、「潙仰」宗と捉えたと見られる（石井修道「潙仰宗と曹洞宗」一七四頁）。

そうであるとすれば、「潙仰」や「曹洞」という呼び名には、すでに法眼の主観が反映されている。したがって、それらの呼称を含む「五家」の概念は、やはり『十規論』に起源を持つものだと言ってよいだろう。法眼の当時、「五家」の概念自体はまだ確立していなかったが、すくなくともその原型はすでに現れていたのである。

ここでもうひとつ注意しなければならないのは、法眼がそのような分派を必ずしも好ましいものと捉えていなかったということである。先の引用に見える通り、法眼は宗派を継承した人々が相互に非難しあっていることを憂いている。そして宗派がいくら分裂しても、それを貫く仏法は変わらないのだと主張する。そのような唯一の原理に対する強調とそれによる禅門融合への志向こそが『十規論』を貫く基調である。

宗風

『十規論』において、これら禅宗諸派は単に法系上の継承関係だけでなく、接化の方法、すなわちいわゆる「宗風」が異なるものとして区別されている。たとえば「対答するに時節を観ず、兼ねて宗眼無し第四」には次のような記述が見える。

曹洞は則ち敲唱、用を為し、臨済は則ち互換、機を為し、韶陽は則ち函蓋截流し、潙仰は則ち方円黙契す。谷の韻に応ずるが如く、関の符を合するに似たり。規儀に差別すと雖も、且く融会に礙《さまた》ぐる無し。（『卍続蔵経』第一一〇冊、八七九頁上）

曹洞則敲唱為用、臨済則互換為機、韶陽則函蓋截流、潙仰則方円黙契。如谷応韻、似関合符、雖差別於規儀、且無礙於融会。

前に述べたように、この第四章は、その前の「挙令提綱し血脈を知らず第三」とあわせて解釈が難しい。それは、この二節がともに禅の接化の問題に触れるからだろう。これまでも見てきたように、禅の接化や問答といったものは論理的な説明や定式化を嫌う。ここで法眼が論じるのも各宗の接化の方法であり、そのために比喩や象徴的な説明が多くなっているものと思われる。したがって、ここで述べられる「宗風」の特徴を完全に明らかにすることは難しいのだが、いずれも法眼当時の禅宗諸派のありかたを示すものなので、できる限りそれぞれの内容を検討しておこう。

曹洞宗の「敲唱」は、洞山が曹山に伝えたとされる「宝鏡三昧歌」に「敲唱双挙」の語が見えるのと関係すると思われる。後に日本の無著道忠の『葛藤語箋』などに、敲は弟子の問い、唱は師の答えという解釈が見られ（『葛藤語箋』、禅文研本、七九頁）、同様の理解が比較的広く行われていたことがわかる。また、臨済宗の「互換」とは、宋代の禅籍ではしばしば「賓主互換」として臨済宗の宗風とされるもので、師弟がその立場を不断に転換しながら問答することをいう。この二つはいずれも師弟間の対話に関する考え方だろう。

韶陽は雲門文偃を指し、「函蓋截流」は、いわゆる「雲門三句」の「函蓋乾坤」、「截断衆流」、「随波逐浪」のうちの前二者を指す。「雲門三句」は雲門宗の思想の要点を三句形式でまとめた教説である。その早い時期の記載は『景徳伝灯録』巻二二・徳山縁密章に見え、これによればこの教説は雲門自身が作成したものではなく、その法嗣である縁密が述べたもののようである。さらに縁密の法嗣である普安道の偈によれば、「函蓋乾坤」は諸法が真性を反映しながら存在するという「有」の局面、「截断衆流」は逆に諸法の「空」あるいは「無」の局面、「随波逐浪」はその両者を融合する方便説法の局面を示すようである（『天聖広灯録』巻二一、『禅学叢書』之五、五三九頁上）。

潙仰の「方円黙契」は、潙仰宗の法門として有名な円相と関連するものと思われるが、この語自体は他に例を見ることができず、具体的な意味を明らかにできない。ただ「方・円」の語はおそらく、雲門宗の「函蓋・截流」と同様に相反する二つの立場を示すものだろう。

この点は、それに続く法眼の言葉、「谷の韻に応ずるが如く、関の符を合するに似たり」からも推測される。これは「谷でこだまが響きあうように、関所で割符がぴたりと符合するように」とのことであるが、右に見たようなそれぞれの接化の方法の中で、「主・客」や「有・無」といった相対、あるいは相反する二つの要素がぴたりと契合することを言ったもののようである。法眼はそのような接化を優れたものと見なしている。

以上の「宗風」は難解であるが、いずれもそれぞれの祖師の教説や宗派内の伝承と関係していることは確かである。このころ、宗派意識の形成とともにこのような実践法も継承され、しだいに「宗風」としてまとめられてきたことがわかる。ただ、ここでもこれらの「宗風」に対する法眼の見方には留意する必要があるだろう。この引用の最後で法眼は、「それぞれの接化の方式には違いがあるが、それぞれが融合するという点では妨げがない」と言う。法眼はここでも「宗風」の違いを表面的なものと捉え、それぞれが本来一致するものと見ているようである。

古今の言句、露布

法眼はこのほかにも、いくつかの部分で各宗の「宗風」を挙げている。右の引用につづき第四章では、最近の不心得な禅師が「徳山・臨済に参じたといっては妄りに棒喝を振るい、潙山・仰山の法門に深く達したといってはあれこれと円相を出す」として批判している。また「理事相違して触浄を分かたず第五」では、「理事」に相当する概念として、曹洞宗で「偏正」「明暗」を、臨済宗で「主賓」「体用」を用いるとしている。

このような「宗風」の違いが現れてきた原因のひとつは、それぞれの法系で祖師の言行や教説が伝えられ、それがしだいに蓄積されてきたことにあるだろう。『十規論』からは、このような教説の蓄積や、その学習、利用の様子をうかがうことができる。「淘汰を経ずして古今の言句を臆断す第六」は、「古今の言句」、すなわち祖師が残した言葉の扱いを主題とする章であるが、そこには次のようにある。

看《み》よ他《か》の先徳、山海を梯航し、死生を避けず、一両転の因縁の為《た》め、織瑕の疑事有らば、須らく決択を憑《たの》み、分明ならんと貴要《ほっ》す。親偽の箴規と作《な》り、人天の眼目と為りて、然る後に高く宗印を提《あ》げ、大いに真風を播《し》き、先代の是非を徴引し、未了の公案を鞭撻す。(『卍続蔵経』第一一〇冊、八八〇頁上)

看他先徳、梯航山海、不避死生、為一両転之因縁、有織瑕之疑事、須憑決択、貴要分明。作親偽之箴規、為人天之眼目、然後高提宗印、大播真風、徴引先代是非、鞭撻未了公案。

あの先達たちを見よ。命を惜しまず各地を行脚し、一つ二つの機縁のため、あるいはわずかの疑問があれば、それを解決し、はっきり知ろうとする。真実のための戒めとなり、人びとのため真実を見極める目となって、しかるのちに禅門の教えを広く伝え、先人の行いの是非を引用し、未解決の問題を考究するのである。

この章で法眼は、禅僧はよき師を選んで指導を受け、友と切磋琢磨する必要があるとも説く。古人の言葉に参じるのもそのような自己研鑽の一環であり、研鑽なくして妄りに古人の言葉を判断してはならないと戒めるのである。ここから、この当時すでに古人の言葉を研究し引用する風潮があったことがわかる。法眼と同じ時代、すでに『祖堂集』が編纂されていたことを考えれば、これも不思議なことではない。

また「露布を記持して時に臨みて妙用を解せず第七」は師から弟子へと受け継がれる教説に関する一章である。そこには次のように言う。

般若を学ぶ人は、師法無きにあらざるも、既に師法を得れば、要は大用現前に在りて、方《はじ》めて少分の親切有り。若《も》し但だ師門を専守し、露布を記持するのみならば、皆な穎悟に非ず、尽《ことごと》く見知に属す。(『卍続蔵経』第一一〇冊、八八〇頁上)

学般若人、不無師法。既得師法、要在大用現前、方有少分親切。若但専守師門、記持露布、皆非穎悟、尽属見知。

仏法を学ぼうとする人にとっては、模範とすべき師の法がないわけではない。しかし、この師法を得たあとで肝心なのは、それに縛られず自由自在なはたらきを示すことである。そのようであってはじめて、いくぶんか悟りの境地に近づけるというものだ。もしただ師の教えを墨守して、その標語をおぼえこむだけならば、それは優れた悟りではなく、ただの知識に過ぎない。

ここにも、この当時、師弟間での教説の伝授があったこと、またその教説に縛られ自由を失う人のあったことがうかがわれる。

教法

ここまで見てきたように、『十規論』の基調は、多様性の背後にある唯一の原理を強調することにある。このような態度は経典に対した時も変わらない。しばしば法眼は「教禅一致」を提唱したと言われるが、『十規論』は単純に両者の一致を述べているわけではない。法眼は妄りな経典の引用を戒めると同時に、その根底にある原理を重視する。「教典に通ぜずして乱りに引証有り第八」では次のように言う。

凡そ宗乗を挙揚し、教法を援引せんと欲せば、須是《すべか》らく先に仏意を明《あき》らめ、次いで祖心に契《かな》いて、然る後に挙げて行い、疎密を較量すべし。儻或《も》し義理を識らざれば、只だ当《まさ》に専《もっぱ》ら門風を守るべし。如《も》し輒《すなわ》ち妄りに引証有らば、自ら譏誚を取らん。（『卍続蔵経』第一一〇冊、八八〇頁下）

凡欲挙揚宗乗、援引教法、須是先明仏意、次契祖心、然後可挙而行、較量疎密。儻或不識義理、只当専守門風、如輒妄有引証、自取譏誚。

禅の宗旨を挙揚し、そのために経典を援用しようとするのであれば、まずは仏の真意を明らかにし、次に禅の祖師の心を知らなければならない。そのようであってはじめて実践に移し、その経典の内容を弁別できるのである。もし経典の意味を知らないのならば、ただ禅の門風を守っているよりほかない。いい加減な引用などしようものなら、嘲笑されるのがおちである。

仏意、祖心とは、冒頭で述べられる「心地法門」「如来大覚性」に相当するものだろう。そのような根本の真理を明らめて、はじめて経典の引用も可能となるのである。またそのあとの部分では「教外別伝」の語を用いて次のように述べる。

頗る横経の大士、博古の真流有りて、舌辯、利鋒の如くなるを誇り、学の富むこと囷積《きんせき》の如くなるを騁《は》す。此に到りては須らく寂黙にして、語路伸べ難から教《し》むべし。従来、言辞を記憶せるは尽く是れ他の珍宝を数う。始めて信ず、此門の奇特は乃ち是れ教外別伝なりと。（『卍続蔵経』第一一〇

冊、八八〇頁下）

頗有横経大士、博古真流、誇舌辯如利鋒、騁学富如囷積。到此須教寂黙、語路難伸、従来記憶言辞、尽是数他珍宝、始信此門奇特、乃是教外別伝。

経典を知り尽くした高僧、いにしえのことに通暁した賢人がいて、刃物のように鋭い弁舌、蔵に積み上げたように豊かな学識を誇っているが、ここに至っては、彼らを沈黙させ、この真理が言葉によって表しがたいことを知らしめなければならない。これまで言葉を覚えたのはみな他人の宝を数えたようなものである。それが分かって初めて、この禅門の最も優れた真理は教外別伝であることを信じるだろう。

もちろん、これは教法を放棄せよというのではない。法眼はあくまで、まずは根本を明らめ、そのうえで経典の言葉も十分に理解して使用せよと言う。枝葉である経典の引用で誤っているようでは、根本である禅の真実も明らかにしたとは言えないのである。

名声を求める僧

法眼が生きたのは、割拠政権の庇護のもと、禅宗の社会的地位が安定した時代であった。これまで見てきたとおり、雪峰の教団は閩王室から、法眼やその同門は南唐の王室から庇護を受け、その教勢を拡大していた。このあとには、法眼宗の継承者が呉越国と特別な関係を結ぶことにもなる。それらはもはや地方の山中に作られた単独の教団とは異なる規模を持つものであった。

教団の規模が拡大し、そこに属する成員が増えれば、おのずから腐敗や堕落の現象も現れるだろう。『十規論』からはそのような情勢を読み取ることができる。このような変化が法眼の批判の背景となっていたことは間違いない。『十規論』の最後にあたる「己の短を護り勝負を争うを好む第十」は、ふたたび広く禅門の弊風を論じる章であるが、そこには次のようにある。

且《たと》如えば天下の叢林は至って盛んにして、禅社は極めて多く、衆を聚むること半千を下らざるも、法の為にするは況《かえ》って一二も無し。……蓋し風を望みて承嗣し、位を竊みて住持する有り。便ち我、已《すで》に最上乗、超世間法を得たりと為《おも》えり。己の短を護り、人の長を毀《そし》り、……然るに、像季の時に当りて、魔強く法弱し。如来の法服を仮《か》り、国王の恩威を盗み、口に解脱の因を談じ、心に鬼神の事を弄ぶ。既に愧恥無くんば、寧《いず》くんぞ罪愆を避けん。（『卍続蔵経』第一一〇冊、八八一頁下。「法の為にする」の「為」を『卍続蔵経』本で「無」とするのは誤り。諸本によって改める。）

且如天下叢林至盛、禅社極多、聚衆不下半千、為法況無一二。……蓋有望風承嗣、竊位住持、便為我已得最上乗、超世間法。護己之短、毀人之長、……然当像季之時、魔強法弱、仮如来之法服、盗国王之恩威、口談解脱之因、心弄鬼神之事。既無愧恥、寧避罪愆。

天下の叢林はたいへんに盛んで、禅宗寺院も極めて多く、一つの寺院の僧衆は五百人を下らないほどだが、そのうち真に仏法のために修行しているものは一人二人もいない。……おもうに、情勢をうかがって法を嗣ぐ相手を決めたり、その才徳もないのに住持を務めたりするものもいる。自分は最も優れた悟り、俗世を超えた法を得たと思いこみ、自らの欠点はごまかして、他人の長所は非難し、……今の世は像法の末期にあたり、邪悪なものは強く仏法は弱い。うわべばかり僧服を着ては、国王の庇護をだまし取り、口では解脱への道を説きながら、心の中でよこしまな思いを巡らせる。それを恥とも思わないのだから、過ちを避けようともしないのである。

すでに述べたように、誰の法を嗣ぐかということは、禅僧にとって極めて重要な問題であった。本来であれば、大悟の機会を与えてくれた師から法を嗣がなければならないはずである。ところが一部の僧は、自らの立身出世に有利となるよう、権勢ある僧を選んで法を嗣いだというのである。このような行為は、宋代になると比較的多くの記録が残されているが（Chao Zhang, "Chan Miscellanea and the Shaping of the Religious Lineage of Chinese Buddhism under the Song," 256–269）、法眼の時代にもすでに同様の事態があったとわかる。

そして、そのような堕落した僧が目指したのは住持の職であった。それが栄達の目標となっていたことは、第一章に次のようにあることからもうかがえる。

但知《た》だ急に住持を務め、濫りに知識を称するのみにして、且く虚名の世に在るを貴《ほっ》し、寧んぞ悪を身に襲うを論ぜん。惟《た》だに後人を聾瞽するのみにあらず、抑《そもそも》亦《ま》た風教を凋弊す。（『卍続蔵経』第一一〇冊、八七八頁上）

但知急務住持、濫称知識、且貴虚名在世、寧論襲悪於身。不惟聾瞽後人、抑亦凋弊風教。

ただあくせくと住持の職に努め、むやみに指導者を称すだけで、虚名ばかりを追い求め、身に俗悪さが染み込むことは気にしない。後の世代を愚かにするだけでなく、世の気風の衰退を招く行為だ。

これが法眼の見た禅門の現状であった。

法眼の時代

以上、『十規論』の概要を見てきた。最後の第十章には、名声を求める僧に対する批判が見られた。しかし、風紀の乱れや成員の堕落といった現象は、この時代の仏教界に限らずどこにでも見られるものである。法眼の時代だけが特別だったとは思えない。それでも法眼の時代に何らかの特徴があったのだとすれば、すでに述べたように、その本質は禅門の社会的地位の安定と組織規模の拡大だったと思われる。

当時、禅宗は割拠政権の支持を受けることで、仏教界の中心的な地位を占めるようになっていた。地位が安定したことで組織は拡大し、そこに属する成員も増加していたはずである。そのように成員が増えれば、悪質な人物も目立つようになる。また組織の拡大と社会的な認知度の高まりは、そこで得られる栄誉をより大きなものにもする。一寺の権力を一身に集める住持の職はより魅力的なものとなり、その地位をめぐる競争も激しくなっただろう。このようにして、腐敗現象はより目立つようになり、また修行をおろそかにして名声や権益ばかりを求める禅僧が増えていったと考えられる。

組織の安定と拡大は、もう一方で利用可能な文化資源の増加と文化的活動の多様化をもたらした。『十規論』では、禅門における接化の方法や各宗派に継承される師法、さらには経典や偈頌などに対する態度が問題とされている。宗派の分裂や「宗風」の成立はそのような文化資源の増加の結果である。

それらはある意味で、禅宗の繁栄や禅文化の成熟として肯定的に受け止められてもよい現象である。しかし、法眼はそのような多様性を、一種の分裂として否定的に捉えている。そして、そのような分裂に対する法眼の対処法は、多様性を貫く唯一の原理への回帰であった。『十規論』に現れた言葉を使えば、それは、第一章に出た「心地法門」「如来の大覚性」であり、また第二章に出た「直指人心、見性成仏」であり、あるいは第八章で経典と対比された「教外別伝」の「奇特」であった。『十規論』で論じられる宗教組織の腐敗や宗派の分裂が、古今東西どこにでも見られる現象だったとしても、それに対抗する手段が常に一様だったとはかぎらない。法眼がとった方法は、ある意味できわめて禅的なものであったと言える。

『十規論』は必ずしも当時の社会状況を書き留めることを目的とした文章ではない。そのため、そこから読み取れる情報には限界があるが、当時の禅宗の在りかたと、それに対する法眼の態度は、およそ以上のようなものであったことがわかる。それは、紆余曲折を経ながらも、唐代を通して発展してきた禅宗が行きついたもう一つの結末だった。これはちょうど、法眼の禅が唐代禅宗の思想的議論の一つの結果としてあらわれたのと並行した現象である。両者は矛盾することなく、法眼の歴史的な位置づけを示している。

ただ、これもまた禅宗の歴史の終着点ではない。禅宗はこのあとも、社会状況の変化に対応しつつ存続してゆくことになる。それではつづいて、法眼の後継者たちがどのような道をたどったのか見てみよう。

第二節　法眼の後継者と法眼宗の隆盛

法眼は南唐王室と特殊な関係を結ぶことで、大きな勢力を築くにいたった。その後、法眼の法系を受け継ぐ禅者たちは、南唐と呉越という中国南方の割拠政権との結びつきを強めながら、教勢をさらに拡大していった。こうして法眼宗は五代から宋初にかけて中国南方を代表する宗派になっていったのである。ここでは、そのような法眼宗の展開を知るため、法眼の法脈を承ける人々のうちでもとくに大きな役割を果たした天台徳韶《とくしょう》（八九一―九七二）と永明延寿《えいめいえんじゅ》（九〇四―九七五）という二人の禅者の伝記をたどってみたい。彼らの生涯から、この時代の法眼宗、ないしは禅宗が置かれた状況を知ることができるだろう。

一　天台徳韶

法眼の後継者のうち、筆頭に挙げられるのは天台徳韶である。徳韶は呉越忠懿王銭俶《せんしゅく》から篤い帰依を受け、国師として呉越の仏教界で中心的な役割を果たした。

徳韶の伝記を知るための基礎資料となるのは、『宋高僧伝』巻一三・徳韶伝と『景徳伝灯録』巻二五・徳韶章である。すでに述べたとおり、『宋高僧伝』の作者賛寧《さんねい》は徳韶とともに呉越国に仕えた律宗の僧で、『宋高僧伝』によれば徳韶の塔碑は賛寧自身が書いたものであった。また『景徳伝灯録』

の作者である道原は、ほかでもない徳韶の法嗣である。二人はいずれも徳韶の生前を知る人物であり、彼らの手による資料の信頼性は高い。以下、これらにもとづいて彼の生涯を見てゆこう。

出家・行脚

徳韶は、俗姓陳氏、唐昭宗の大順二年（八九一）に生まれ、宋太祖の開宝五年（九七二）に八十二歳で示寂した。法眼とは師弟関係にあるとはいえ、年齢は六歳しか違わず、ほぼ同世代の人と言ってよい。出身地は『宋高僧伝』で縉雲（現浙江省麗水市縉雲県）の人、『景徳伝灯録』で処州龍泉（現浙江省龍泉市）の人とする。ほかに証拠がないため、どちらか一方に決めることはできないが、いずれにせよ浙江処州（現浙江省麗水市）近辺の人であったと考えてよいだろう。

『景徳伝灯録』によれば、十五歳のとき梵僧に勧められて出家し、十七歳で処州の龍帰寺に学び、十八歳になると信州（現江西省上饒市）開元寺で受戒した。

その後、後唐の同光年間（九二三―九二六、徳韶三三歳―三六歳）に諸山を訪れ、多くの善知識に参じた。『景徳伝灯録』の記述では、徳韶がこの時に投子大同と出会って発心したとする。しかし、投子大同は後梁の乾化四年（九一四）、徳韶二十四歳のときに俗寿九十六歳で示寂しており、同光年間に二人が会うことは不可能である。一方で『宋高僧伝』徳韶伝は、「初め投子山和尚に発心す」とはしているが、かならずしも両者の相見を同光年間のこととはしていない。もし徳韶が大同に会っていたとすれば、同光年間の行脚においてではなく、受戒後まもない時期、大同最晩年の法会に参じたということだろう。そのときの経験が禅を志すきっかけになったということかもしれない。

さて、この同光年間の行脚であるが、実際にはもうすこし早い時期から始まっていたようである。徳韶とともに行脚したという師蘊の伝には次のようにある（可祥「天台徳韶及其禅法」一〇五頁参照）。

梁の龍徳中、徳韶禅師と侶を結びて遐征し、名師勝境を遊訪す。北代の清涼山に至りて、冥心して巡礼す。後に蒼梧の野に登り、祝融峰に陟《のぼ》る。然るに韶師は或いは随い或いは否《しか》らず。浙に迴《かえ》るに、来還して韶師の法会に棲息す。（『宋高僧伝』巻二三・師蘊伝、中華書局標点本、六〇〇頁）

梁龍徳中、与徳韶禅師結侶遐征、遊訪名師勝境。至於北代清涼山、冥心巡礼。後登蒼梧野、陟祝融峰。然韶師或随或否。迴于浙、来還棲息韶師法会。

梁の龍徳は同光のひとつ前の年号で九二一年から九二三年まで。この頃から、師蘊は徳韶と連れ立って、各地の高名な仏教者や名勝を訪ね歩いた。北は代州境内の清涼山、すなわち五台山（現山西省五台県にある）を訪れて礼拝し、南は湖南の蒼梧の野、祝融峰に登った。蒼梧の野とは、舜が葬られたとされる湖南寧遠県の九疑山を指す。また祝融峰は南岳衡山の一部でこれも今の湖南省にある。

徳韶はこの行程のすべてをともにしたわけではないようである。師蘊は最終的に浙江に帰り、天台山の徳韶の法会に寄寓したというのだから、二人はそれ以前に別れ、徳韶が先に天台山に来ていたのだろう。ただそれでも、徳韶が早い時期からかなり広い範囲を行脚していたことが窺われる。

参禅・開悟

この行脚で徳韶はたしかに多くの禅師に参じたようである。『景徳伝灯録』はこの間のこととして、龍牙居遁《りゅうげこどん》および疎山《そざん》との問答を載せる。

居遁は洞山良价の法嗣で、生没年は唐文宗の太和九年（八三五）から後唐荘宗同光元年（九二三）である。湖南を支配した楚王馬殷《ばいん》に請われて龍牙山妙済禅院に住し、常に五百の衆を集めたという。梁の貞明（九一五―九二一）の初めには馬氏の奏挙によって紫衣と証空大師の号を賜っており、尊崇を受けていたことがわかる。ただ、居遁は同光元年に世寿八十九歳で示寂している。したがって徳韶が参禅したとしても、行脚の初期のごく短い期間の出来事だったと思われる。

また疎山は、洞山良价の法嗣である疎山匡仁《きょうにん》を指すと考えてよい。その行跡については澄玉「疎山白雲禅院記」（『全唐文』巻九二〇）が詳しく、それによれば大順元年（八九〇）、当時撫州を支配していた危全諷《きぜんふう》の請によって撫州近郊の疎山に住したという。生没年について詳しいことはわからないが、「疎山白雲禅院記」では、危全諷よりあとに呉の部将として撫州を治めた李徳誠が白雲禅院に荘園を寄進した時、匡仁は七十三歳であったとする。朱玉龍編著『五代十国方鎮年表』は李徳誠の撫州赴任を後梁の乾化四年（九一四）とするから（四五四頁）、これによれば匡仁の生年の上限は八四二年となる（『祖堂集』、中華書局標点本、三九八頁参照）。したがって、匡仁は龍牙居遁より何歳か若く、徳韶が参禅するにはふさわしい年齢であったと思われる。後出の資料になるが、北宋の『碧巌録』第七則・本則評唱では、徳韶は長らく疎山のもとで修行してその禅を体得したと考え、疎山の文章や頂相を集め、衆を率いて行脚していたとされる。真相ははっきりしないが、当時から徳韶が疎山と深い関わりを持つと考えられていたことがわかる。

しかし、これらの禅師のもとでの修行で徳韶が真に開悟することはなかった。徳韶がほかにどのような禅師に参じたのか、これも詳しいことはわからないが、上に見た三名の禅師がみな石頭系で、しかもいずれもかなりの高齢だったことは、ひょっとすると徳韶の参じた禅師の傾向をある程度示しているのかもしれない。

最終的に、徳韶の大悟徹底は法眼との出会いによって果たされることになった。これまでも述べたとおり、法眼の禅は彼ら石頭系とは一線を画するものであった。年齢的にも法眼は比較的若く、徳韶にとってはまさに禅の新しい潮流を示す人物に見えたことだろう。徳韶と法眼の相見についてはすでに第三章で一度紹介しているが、そこに至るまでの経緯を『景徳伝灯録』徳韶章は次のように記す。

師、是《かく》の如く五十四の善知識に歴参するも、皆な法縁未だ契《かな》わず。最後に臨川に至り浄慧禅師に謁《まみ》ゆ。浄慧一見して之を深く器とす。師、叢林に遍く渉《わた》り亦《ま》た参問に倦《う》むを以って、但だ衆に随う而《の》已《み》。（禅文研本、五〇一頁上）

師如是歴参五十四善知識、皆法縁未契。最後至臨川謁浄慧禅師。浄慧一見深器之。師以遍渉叢林亦倦於参問、但随衆而已。

徳韶禅師はこのように五十四名の善知識を尋ねたが、いずれも法縁かなわず、大悟にはいたらなかった。最後に撫州曹山崇寿院の法眼禅師を尋ねたところ、法眼は一見してその才能を高く評価した。しかし、徳韶はそれまであちこちの禅寺を渡り歩き、参禅することに倦み疲れていた。そのため、ただほかの修行者にしたがって日々を過ごすだけであった。

すでに紹介した通り、徳韶はこのあと「曹源一滴水」の問答によって大悟に至る。徳韶は長い行脚の旅の末に法眼と出会った。法眼は石頭系の思想を吸収し、さらにそれを乗り越えた新しい禅を代表する禅僧だった。徳韶はこの出会いから大きな刺激を受けたのである。

天台山・銭俶との出会い

法眼のもとで大悟を果たした徳韶は、その後、自らの故郷である浙江へ帰った。そして天台山へと向かい、天台宗の祖師智者大師智顗の遺跡を訪れると、まるでかつて自分が住んでいた家に帰ってきたかのように感じ、そのまま天台山に留まることを決めた。徳韶が智顗とおなじ〝陳〟姓であったことから、人びとは彼を智顗の生まれ変わりではないかと噂した。

徳韶はここで、のちに彼にとってもっとも重要な外護者となる銭俶《せんしゅく》、すなわち呉越忠懿《ちゅうい》王と出会うことになる。銭俶は、呉越文穆《ぶんぼく》王銭元瓘《せんげんかん》の第九子で、もとの名を銭弘俶《こうしゅく》といったが、宋の建国後は宋太祖の父趙弘殷《ちょうこういん》の諱を避けて弘の字を除いた。本書ではこの銭俶の名で統一することにする。銭俶の生没年は後唐明宗天成四年（九二九）から宋太宗端拱元年（九八八）、徳韶とは三十八歳の年齢差がある。二人の出会いについて『景徳伝灯録』徳韶章は次のように述べる。

初め白沙に止《とど》まる。時に呉越忠懿王、国王子を以て台州に刺す。師の名を嚮《した》い延請して道を問う。

師謂いて曰く、「他日覇主と為らば、仏恩を忘るること無かれ。」（禅文研本、五〇一頁上）

初止白沙。時呉越忠懿王以国王子刺台州、嚮師之名延請問道。師謂曰、「他日為覇主、無忘仏恩。」

徳韶は天台山に入り、まず白沙にとどまった。白沙は天台山中の地名で、宝暦元年（八二五）成立の徐霊府『天台山記』で「陳田自《よ》り五里可《ばかり》西に入るに、一源甚だ平坦なり、号して白砂と曰う。僧有りて之に居る」（薄井俊二『天台山記の研究』、四九頁、二七二頁、三九七―三九九頁、四五二頁）というのがそれと思われる。山中に開けた平坦な場所で、徳韶が来る前から僧が住んでいたようである。徳韶がこの白沙にいたとき、銭俶が刺史として台州に赴任することになり、徳韶を慕って仏道を問うた。徳韶は銭俶に対し、「今後、君主となったあかつきには、仏恩を忘れてはなりませぬ」と言ったという。この出会いについて、銭儼『呉越備史』巻四にはより詳しい記載がある。

開運四年春三月庚寅、出でて丹邱を鎮《しず》む。即ち台州なり。下車して数月、僧徳韶有りて王に語りて曰く、「此の地は君の為治の所にあらず、当に国城に帰るべし。然らずんば、将《まさ》に不利ならんとす。」王、其の言に従い、即ち帰ることを求む。秋九月甲戌、丹邱自《よ》り発ち、帰観するなり。（『五代史書彙編』六二四四頁）

開運四年春三月庚寅、出鎮丹邱。即台州也。下車数月、有僧徳韶語王曰、「此地非君為治之所、当帰国城。不然、将不利矣。」王従其言、即求帰。秋九月甲戌、発自丹邱、帰観也。

これによれば、銭俶の台州赴任は後晋の開運四年（九四七）三月五日。このとき、銭俶は十九歳、徳韶は五十七歳である。任地に到着してから数カ月のころ、徳韶は銭俶にこう述べた。「ここはあなたが治めるべき場所ではありません。杭州に戻るべきです。さもなくば形勢は悪くなるでしょう。」銭俶はその言葉にしたがい、すぐに帰還を申し出た。九月二十三日、台州を出発し、王に目通りしたのである。

忠懿王と法眼宗

このころ呉越国の情勢はたしかに緊迫していた。銭俶着任後の同年六月、忠献王弘佐が二十歳の若さで死去すると、代わってその弟弘倧《こうそう》が国王の位に就いた。弘倧は激しい性格の持ち主で、法を軽んずる官吏を誅殺するなど果断な態度で政治に臨んだ。さらには文穆王時代からの旧臣で、呉越の実力者であった胡進思《こしんし》とたびたび衝突し、両者の関係はしだいに悪化していった。そのような中、銭俶は徳韶の助言に従い、十月に杭州に帰着したのである。

その年の十二月晦日、胡進思はついに反乱を決行した。胡は弘倧を宮殿の一室に幽閉すると、王命を偽って銭俶を王位に迎えようとした。胡は銭俶を御しやすい君主と見たのかもしれない。明けて乾祐元年（九四八）一月、銭俶は胡進思らの要請を受け入れて国王の位を継ぎつつ、その一方で兄弘倧の身を守りながら、不忠の者を誅するなどして乱を収拾した。胡進思はどうにかして弘倧を殺そうとしたが、銭俶に阻まれ果たせず、同年三月に憂懼しつつ世を去った。銭俶はこの後およそ三十年間、国王の位を保ち、宋太宗の太平興国三年（九七八）にいたって国土を献納して宋に帰順した。この間、呉越国は安定を享受し、徳韶をはじめとする仏教教団も栄えることになった。なお、銭俶は宋に降ったあとも王に封じられ、九八八年に天寿を全うして六十歳で世を去った。

さて、銭俶の王位継承に際し、徳韶の助言は結果として時機をとらえたものとなった。徳韶の伝記で、徳韶は「術数尤《もっと》も精」、すなわち予言が正確であったと言う。銭俶に対する助言もそのような予言のひとつだったということなのかもしれない。あるいはもう少し現実的に考えて、行脚の僧などからもたらされる情報によって、徳韶が呉越の政情をある程度把握していたということかもしれない。いずれにせよ、国王の位に就いた銭俶は徳韶を敬い、これを国師として礼遇したのである。『景徳伝灯録』は、「漢乾祐元年戊申（九四八）、王、国位を嗣ぐ。使を遣わし之を迎えて弟子の礼を申ぶ」（禅文研本、五〇一頁上）とし、『宋高僧伝』は「使を遣わして入山せしむること旁午《しきり》なり。後に大禅師号を署す」（中華書局標点本、三一七頁）とする。いずれも国師の号には触れていないが、同じく賛寧の『大宋僧史略』巻中〝国師〟条に、「呉越は徳韶を称して国師と為す」（『大正蔵』第五四巻、二四四頁下）とし、『景徳伝灯録』徳韶章でも「天台山徳韶国師」とするので、徳韶が国師とされたのは確かである。

慧明の法論

銭俶の王位継承と関連して注目されるのは、すでに第一章第三節でも触れた徳韶の同門、報恩寺慧明の動向である。彼は銭俶の命によって雪峰系の翠巌令参らの参加する法論で勝利し、これによって呉越国内における「玄沙の正宗」の地位を確立したとされる。玄沙—法眼系にとって非常に重要な出来事のひとつである。

この慧明の経歴は徳韶のそれとかなり似ている。慧明の伝は『宋高僧伝』巻二三、『景徳伝灯録』巻二五に見られるが、それらによると、慧明は銭塘（現杭州市）の人で、はじめ福建に行き、のち徳韶と同じく撫州崇寿院で法眼に参じて大悟した。その後、浙江に帰って大梅山に入り、さらに天台山白沙に隠れて庵を立てた。この白沙は、先ほども見たように徳韶もかつて住した場所である。慧明はここでも徳韶と接点を持ったと思われる。そして乾祐年間（九四八―九五〇）には、銭俶の招きに応じて山を下り、件の法論に臨んだ。銭俶は乾祐元年一月に王位についたばかりで、慧明に対する招請は銭俶即位から間もない時期のことであったことがわかる。これが、徳韶への礼遇と合わせ、呉越国内における玄沙―法眼系の優位を確立するための政治的な動きであったことは間違いない。

すでに述べたとおり、慧明の法論より以前、「玄沙の正宗」は呉越国内でほとんど力を持っていなかった。鈴木哲雄『唐五代禅宗史』第三章によれば、銭俶の即位よりも前、呉越国内で一定の影響力を有していたのは、雪峰系の禅僧であった（一五九―一七八頁）。それが銭俶即位ののち、法眼の系統の禅師が陸続と呉越国に進出することになる。鈴木哲雄は、この時期杭州の寺院に出世した法眼宗の僧として、法眼の法嗣に、報恩慧明、宝塔紹厳、永明道潜、永明道鴻、霊隠清聳、奉先法瓌、さらに徳韶の法嗣に永明延寿以下十六名の名を挙げている（一八五―一九一頁）。法眼宗の勢力がいかに伸長したかがわかる。徳韶と銭俶の結びつきによって呉越国内における法眼宗の地位は急速に上昇したのである。

天台典籍の収集

徳韶の事績として必ず触れられるのが、中国で失われた天台典籍を日本や高麗に求め、天台宗の再興に寄与したことである。『宋高僧伝』巻七・義寂伝には次のようにある。

是《これ》より先、智者の教迹、遠くは則ち安史の兵残、近くは則ち会昌の焚毀もて、零編断簡、本折れ枝摧《くだ》く。伝者、何に憑《よ》りてか其の学を端正にせん。寂、鳩集せんことを思うや、適《た》だ金華の古蔵中に『浄名疏』を得る而已《のみ》。後に款《ねんご》ろに韶禅師に告げ、人に嘱して日本国に舟を泛《う》かべ購獲して僅《わず》かに足る。是《これ》に由りて博聞多識なり。

先是智者教迹、遠則安史兵残、近則会昌焚毀、零編断簡、本折枝摧。伝者何憑端正其学？寂思鳩集也、適金華古蔵中得『浄名疏』而已。後欵告韶禅師、嘱人泛舟於日本国購獲僅足。由是博聞多識。（中華書局標点本、一六二頁）

それ以前、遠くは安史の乱、近くは会昌の廃仏によって、天台の教えは破壊され、わずかに断片的な資料があるだけで、学問の継承は途絶えてしまい、よりどころとするものもなかった。義寂はあらためて典籍を収集したいと思ったが、金華（現浙江省金華市）の古い書庫に『浄名経疏』を見つけただけであった。のちに徳韶禅師にお願いし、散逸した典籍を日本で買い求め、どうにか必要なものが揃った。このため義寂は博識だった。

またこのほかに、呉越国は高麗で天台典籍を求めたとする資料もある。この頃、呉越国は日本、高麗のいずれとも往来があったのでおかしなことではない。張風雷はこれらの資料を精査したうえで、おそらくはどちらの国からも天台典籍がもたらされただろうと推定している（張風雷「五代宋初天台教籍復帰中土問題的再検討」）。

ここで肝心なのは、徳韶が禅宗一宗だけでなく、天台宗にも関与していたことである。呉越における天台典籍の収集を伝える資料においては、まだ禅家と教家の違いが意識されているが、徳韶は呉越国の国師として、禅宗という一宗派の枠を超えて、呉越仏教の全体と関係を持つ存在になっていたのである。このような汎仏教的な活動の傾向は、次代の永明延寿にいたってより明確になっていく。

示寂

徳韶は宋太祖の開宝五年（九七二）六月に示寂した。その様子を『宋高僧伝』は次のように記す。

韶未だ終らざるの前、華頂に石崩れ、百里を振驚し、山は野焼の蔓莚するが如し。果たして韶の終るに応ず。焚《や》くに舎利繁多にして、塔を営み、都僧正賛寧に命じて塔碑を為さしむ。享年八十二、法臘六十四、即ち開宝五年壬申歳六月二十八日なり。『語録』大いに行わる。弟子の伝法するを出だすこと百許人、其の智者道場を又た興すこと数十所、功成りて宰せず、心地は坦夷なり。術数尤《もっと》も精にして、人を利するを上と為す。今に至るまで江浙間に謂いて「大和尚」と為す。（中華書局標点本、三一七頁）

韶未終之前也、華頂石崩、振驚百里、山如野焼蔓莚、果応韶終。焚舎利繁多、営塔、命都僧正賛寧為塔碑焉。享年八十二、法臘六十四、即開宝五年壬申歳六月二十八日也。『語録』大行。出弟子伝法百許人、其又興智者道場数十所、功成不宰、心地坦夷。術数尤精、利人為上。至今江浙間謂為「大和尚」焉。

徳韶禅師が亡くなられる前、天台山の華頂峰で岩が崩れ、周囲の人々は大変に驚いた。山はまるで野火が焼け広がったかのようであった。それははたして徳韶禅師の入寂の前触れであった。火葬したところ多くの舎利が獲れ、塔を作って、都僧正の賛寧に塔碑を作らせた。享年は八十二歳、法臘は六十四年、宋の開宝五年（九七二）壬申の年、六月二十八日のことであった。徳韶禅師の『語録』は広く行われた。嗣法の弟子は百人余り、天台智者大師智顗ゆかりの道場を再興することは数十か所であったが、そのような功績を誇ることもなく、人柄は率直で親しみやすかった。人の命運を知ることは特に正確で、人助けすることを大事にされた。いまにいたるまで江南地方では「大和尚」と言われている。

ここには、天台智顗ゆかりの道場をいくつも復興したことが述べられている。徳韶は天台典籍の収集にとどまらず、天台宗の復興に力を尽くしていたことがわかる。またこれを書いた賛寧は呉越国で中心的な役割を果たした律宗の僧で、このあとは宋王朝からも重用される。その賛寧が塔碑を作ったこと、徳韶が広く「大和尚」の名で呼ばれたということから、徳韶が呉越で占めた地位の高さがうかがわれる。彼のもとからは多くの禅僧がでて、法眼宗は隆盛に向かったのである。

南唐と法眼宗

徳韶が呉越で地位を確立していく一方で、法眼自身が活躍した南唐でも、法眼宗は政権と深い関係を築いていた。そもそも銭俶が即位して徳韶を師とした時、法眼はまだ六十四歳で、金陵で健在であった。ここから七十四歳の示寂まではさらに十年もの時間がある。すでに述べたように、法眼と徳韶はほとんど同世代と言ってよい関係である。二人はそれぞれの国でほぼ同時期に活躍していたのである。

また法眼の法嗣には南唐国内で活躍した禅師も多く、法眼宗の勢力は南唐でも拡大をつづけていた。代表的な例としては『景徳伝灯録』法眼章で有力な法嗣の一人として挙げられる報慈文遂《ほうじぶんすい》がいる。文遂の伝が述べるところでは、彼は宋太祖の乾徳二年（九六四）、南唐後主李煜《りいく》の招きで長慶寺に入り、つづいて清涼、報慈へと移った。また雷音覚海大導師の号を与えられ、特別に礼遇されたという（『景徳伝灯録』巻二五）。導師の号については、賛寧『大宋僧史略』巻中〝国師〟条にも、文遂が「国大導師」とされたとする。これは徳韶が国師とされたことと並んで記されるもので、文遂も南唐で徳韶と同様の指導的地位にあったことがわかる。北宋の馬令の『南唐書』には故老の説として、「南唐は釈を好み、而して呉越も亦た然り」とする（『南唐書（両種）』一七七頁）。南唐と呉越はいずれも仏教が盛んなことで有名だった。法眼宗は、この二つの崇仏国で権力者と深い関係を結び、主流的な地位を占めるに至ったのである。

二　永明延寿

徳韶の次の世代で大きな功績を残したのは永明延寿である。延寿は『景徳伝灯録』でも徳韶の法嗣のはじめに挙げられ、代表的な後継者のひとりと目されていたことがわかる。なにより彼の主著『宗鏡録』は宋代に至って禅林に広く流布し、さらには遠く日本や朝鮮にまで伝えられて、後の東アジア仏教に多大な影響を与えた。法眼宗の隆盛という点からいえば、やはり無視できない人物である。

延寿の伝記も、徳韶と同様に『宋高僧伝』巻二八・延寿伝や『景徳伝灯録』巻二六・延寿章を第一の資料とする。そのほかにも延寿の生涯に関する資料は多いが、柳幹康が指摘する通り、後世のものになるほど、物語的要素が増える傾向にある。柳によればこれは、延寿が後世、禅宗という枠を超えて、「禅浄一致」「教禅一致」を体現した祖師、あるいは浄土教の祖師として広く中国仏教界の尊崇を集めたことと関係している。そのような多様なイメージが時間を追うごとに加えられ、延寿の伝記は多様化していったようである。このような延寿伝の変遷は、それ自体が興味深い現象であるが、歴史上の延寿の生涯を考える際の資料とすることはできない（柳幹康『永明延寿と『宗鏡録』の研究』一六頁、三二六頁）。このほかにも延寿の伝記には検討を要する問題がいくつもあるが、これらについては、畑中浄園「呉越の仏教―とくに天台徳韶とその嗣永明延寿について」、冉雲華『永明延寿』、王翠玲『永明延寿の研究』、そして上掲の柳幹康『永明延寿と『宗鏡録』の研究』等がすでに詳細な検討を行っている。こまかな考証はそれら先行研究に譲り、ここでは主に『宋高僧伝』と『景徳伝灯録』にもとづいて延寿の伝記の概要を見ておきたい。

出家

延寿は俗姓王氏、『宋高僧伝』では銭塘(現浙江省杭州市)の人、『景徳伝灯録』では余杭(現浙江省杭州市余杭区)の人とする。これもまた徳韶と同様、どちらか一つに決めることができないが、現在の杭州一帯の出身であったと考えておいてよいだろう。生年は、没年から逆算して唐の天復四年(九〇四)となる。

延寿は幼いころから仏教に心を寄せ、『法華経』を誦したとされる。ただ、すぐに仏門に入ったわけではなかったらしい。若い時分にはまず地方の官吏となり、また家庭も持ったようである。『景徳伝灯録』延寿章には「年二十八、華亭の鎮将と為る」と言う(禅文研本、五三四頁上)。華亭県は現在の上海市松江区、「鎮将」は警察や徴税の業務を担う地方官である(王翠玲『永明延寿の研究』一九頁)。

このように地方官として生活していたころ、雪峰系の禅僧、翠巌令参が龍冊寺の住持として杭州に移ってきた。延寿はこの時に妻子を捨て、令参のもとで出家・受戒したのである。さて、延寿の最初の師となった翠巌令参であるが、この人物はこれまでにも何度か登場している。令参は雪峰義存の法嗣で、銭俶が呉越国王に即位したのち、法眼の法嗣である報恩慧明との法論に参加した人物である。この法論に慧明が勝利したことで、呉越における「玄沙の正宗」の地位が確立したのだった。延寿の出家はこの法論よりも前のことで、はじめはこの雪峰系の禅師について出家したのである。

延寿が出家した龍冊寺は杭州城内に位置する。これもすでに第一章で述べたが、龍冊寺は文穆王銭元瓘が清泰元年(九三四)に建立したもので、そのときは雪峰の法嗣である龍冊道怤《どうふ》を招いて住持とした。この道怤は九三七年に示寂している。令参はそれを受けて、その年のうちに遷住してきたものと思われる。延寿はその年、すなわち九三七年に、三十四歳でようやく出家を果たした。一般的な禅僧と比べると、かなりおそい出家生活の始まりであった。

延寿の出家した年次については、実は諸資料によって記述が少々異なっているが、右のように考えて問題ないものと思われる。細かな考証については畑中浄園「呉越の仏教」（三二六頁）、王翠玲『永明延寿の研究』（二〇頁）を参照されたい。

天台山での修行・徳韶からの嗣法・雪竇山での出世

龍冊寺での生活がどれほど続いたかはよくわからない。延寿は続いて天台山へと移り、天柱峰で九十日間にわたる禅定修行をおこなった。このとき、衣服のひだの中に小鳥が巣をつくったと言われる。延寿の禅定がそれほど深く、長期にわたるものだったと言うのであろう。そして、延寿はここで嗣法の師となる天台徳韶に出会うことになる。この時のやり取りを『景徳伝灯録』延寿章は次のように記す。

韶国師に謁《まみ》えるに曁《およ》びて、一見して之を深く器とし、密に玄旨を授く。仍《よ》って師に謂いて曰く、「汝は元帥と縁有り。他日大いに仏事を興こさん。」密《ひそ》かに記を受《さず》く。（禅文研本、五三四頁下）

曁謁韶国師、一見而深器之、密授玄旨。仍謂師曰、「汝与元帥有縁、他日大興仏事。」密受記。

天台徳韶国師に拝謁すると、徳韶は一見してその才能を高く評価し、奥深い道理を仔細に授けられた。そして徳韶は、「そなたは呉越国王と縁がある。こののち大いに仏法を盛んにするだろう」と、ひそかに予言されたのである。

元帥とは、呉越国王銭俶を指す。この予言もやはり徳韶がしばしば行ったとされる「術数」のひとつであろうか。あるいは、延寿の権威を高めるため後から作られた伝説かもしれない。いずれにせよ、徳韶の法を承けたことで、延寿が法眼―徳韶の法系につながり、呉越仏教界の主流派の一員となったことは確かである。延寿はこの人脈を背景に大いに活躍することになる。

つづいて、延寿は明州（現浙江省寧波市）雪竇山《せっちょうさん》に開法した。畑中浄園「呉越の仏教」（三三〇頁）は黄宗義『四明山志』および『浄慈寺志』を引いて、これを周の広順二年（九五二）のこととする。このとき延寿は四十九歳、銭俶が即位してから五年目のことである。雪竇山は、宋代になって資聖寺の寺額を受け、後には五山十刹のうちの十刹のひとつとして広くその名を知られるようになる。ここでの延寿の修行の様子を『宋高僧伝』は次のように言う。

遷《うつ》りて雪竇山に遁《かく》る。人を誨《おし》うるを除きての外は、瀑布の前に坐諷禅黙す。衣に繒纊無く、布襦にして歳を卒《お》え、食に重味無く、野蔬もて断中す。（中華書局標点本、七〇八頁）

遷遁于雪竇山。除誨人外、瀑布前坐諷禅黙。衣無繒纊、布襦卒歳、食無重味、野蔬断中。

延寿は雪竇山に住すると、学僧の接化のほかは、滝の前であるいは経を唱え、あるいは禅定修行を行った。暖かい衣服もなく、一年中簡素な身なりで通した。贅沢な食べ物はなく、山菜を昼食とした

（王翠玲『永明延寿の研究』二二頁）。延寿は住持の任に就いた後も、苦行僧的な生活をつづけていたようである。

霊隠寺、永明寺

さらに、北宋太祖の建隆元年（九六〇）、忠懿王銭俶の請により、霊隠《りんにん》山の新寺の第一世住持となる。ここで新寺というのは、『武林霊隠寺志』巻三上・住持禅祖の延寿伝によれば、銭俶によって重建されたということで、延寿がその重建後はじめての住持となったのである（一四〇頁）。霊隠寺は、これもまたのちに五山第二位とされる、杭州を代表する名刹のひとつである。ただ、ここに住した時間は長くなく、翌年には慧日永明院に第二世の住持として移住する。永明院も銭俶が建立した寺院で、開山には永明道潜が招かれた。道潜は法眼の法嗣で、銭俶に菩薩戒を授けた人物でもある。その後、道潜は建隆二年（九六二）九月十八日に示寂しており、延寿の移住はこれを受けてのものと思われる。永明院は、現在は浄慈《じんず》寺として知られ、これも五山第四位とされる名刹である。延寿はここで二千の衆徒をあつめたという。

このように、霊隠寺と永明院はいずれも銭俶と深い因縁を持つ寺院であった。その住持を歴任したことに、延寿に寄せる銭俶の信頼を見ることができる。『宋高僧伝』延寿伝は延寿が「漢南国王銭氏（すなわち銭俶）の最も欽尚《うやま》う所」であり、銭俶は延寿に方等懺や放生の実施を依頼したとある。銭俶にとって延寿は、単なる禅僧の役割を超えた重要な人物だったようである。

その他にも、延寿は人々に仏塔や仏像の制作を勧め、自らは『法華経』を唱えること一万三千回にのぼったとされる。さらに『景徳伝灯録』によれば、開宝七年（九七四）に天台山に入り、一万余りの人に授戒し、僧俗を問わずつねに菩薩戒を与えた。著作も多く、『万善同帰集』や『宗鏡録』などのほか、多くの詩偈も作成した。それらは遠く高麗国にも伝わり、それを見た高麗国王は使いを送って弟子の礼を述べ、袈裟や宝物を贈り、また僧を遣わして延寿に学ばせたという。

このように、延寿の活動は、典型的な禅僧のイメージにとどまらぬ多彩なものであった。これもまた、天台徳韶以来、諸宗融合的な傾向を強めていた呉越仏教の姿をよく示すものと言える。このような傾向は、以下に見る『宗鏡録』にもよく表れている。

北宋の開宝八年（九七五）十二月、延寿は病にかかり、二十六日、香を焚き、大衆に別れを告げ、結跏趺坐して入寂した。翌年の一月六日、杭州城西南の大慈山に塔が作られた。俗寿は七十二年、法臘は、上に見た通り資料によってずれがあるが、三十九年であったと考えられる。

三　永明延寿の『宗鏡録』

『宗鏡録』

後世において、延寿の名を高からしめたものは、なんといっても『宗鏡録』百巻の大著である。すでに伝記にも見える通り延寿の主著と目され、また高麗にも伝わって高い評価を受けていた。この『宗鏡録』の作成経緯や内容、また流伝の状況については、北宋の覚範慧洪の次の文章が参考になる。

予、嘗て東呉に游び、西湖の浄慈寺に寓《よ》る。寺の寝堂の東西の廡に両閣を建て、甚だ崇麗なり。寺に老衲有りて予の為に言わく、「永明和尚、賢首、慈恩、天台の三宗、互相に氷炭にして、大全心に達せざるを以て、其の徒の法義に精《くわ》しき者を両閣に館《やど》し、博く義海を閲《み》、更相《たがい》に質難せしむ。和尚は則ち心宗の衡を以て之を準平し、又た大乗経論六十部、西天此土の賢望の言三百家を集め、唯心の旨を証成し、書一百巻と為して世に伝え、名づけて『宗鏡録』と曰う。」其の法施の利を為すこと、博大殊勝と謂うべし。今、天下名山、之有らざる莫く、……(『林間録』巻下、『卍続蔵経』第一四八冊、六四五頁下。柳幹康『永明延寿と『宗鏡録』の研究』二六二―二六三頁、三四八―三四九頁参照)

予嘗游東呉、寓於西湖浄慈寺。寺之寝堂東西廡建両閣、甚崇麗。寺有老衲為予言、「永明和尚以賢首、慈恩、天台三宗互相氷炭、不達大全心、館其徒之精法義者於両閣、博閲義海、更相質難。和尚則以心宗之衡準平之。又集大乗経論六十部、西天此土賢望之言三百家、証成唯心之旨、為書一百巻伝於世、名曰『宗鏡録』。」其為法施之利、可謂博大殊勝矣。今天下名山莫不有之、……

かつて東呉に旅したおり、わたしは杭州西湖の浄慈寺に泊まった。寺の寝堂(住持が公務を行う建物)の東西に高殿が立っており、たいへん壮麗であった。これについて寺の老僧は次のように言うのだった。「むかし永明延寿和尚は、賢首(華厳)、慈恩(唯識)、天台の三宗がたがいに相容れず、全一なる心に考えが及んでいないのをみて、それぞれの教義に詳しいものをその高殿に住まわせ、広く教理を調べ、互いに議論させたのです。和尚はそれを一心という基準によって調停し、さらに六十部の経論、三百家におよぶインドと中国の聖賢の言葉をあつめ、唯心の教義を明らかにし、百巻の書として世に伝えました。これが『宗鏡録』です。」このように、延寿がはたした仏法流通のはたらきは、たいへん広く、偉大である。いまや天下の名山でこの書のないところはない。

ここに記される書物制作の経緯は興味深い。ここで高殿と言われる『宗鏡録』編纂のための建物は、後世まで残っていたことが『浄慈寺志』の記述からわかる（王翠玲『永明延寿の研究』一一一頁）。またこの記事によれば、延寿は華厳、唯識、天台の僧に議論させ、その違いをみずからの「心宗」の思想によって調停したという。王翠玲が疑問を呈するように、ここにいう議論が実際どのようなものだったかについては、ほかに資料がないため、これ以上明らかにすることができない。しかし、この記述が『宗鏡録』の基本的な性質を示していることは間違いないだろう。

延寿は確かに、みずからの「一心」の思想を基準として、仏教各派の思想を総合しようとした。柳幹康はこの書の内容について、「一心の鏡のうちに万法を照《うつ》し出すが如くに仏典の要文を遍く集成して百巻にまとめた文献」、「種々の教相を一心に集約するという論理構造」を持つもの、とする（柳幹康『永明延寿と『宗鏡録』の研究』二五―三〇頁）。これは諸宗融合的な呉越仏教の雰囲気をよく示すものである。延寿は、禅門で練られてきた「一心」の理論を基軸として、極めて広大で融和的な思想体系を打ち立てたのである。

宋代における『宗鏡録』の再発見

この書物は実際にのちの禅林に大きな影響を及ぼすことになった。その流布の状況については、慧洪が「題宗鏡録」という文章の中で次のように記している。

右『宗鏡録』一百巻、智覚禅師の所譔なり。……此の書初めて出ずるや、其の伝わること甚だ遠く、異国の君長、之を読みて、皆な風を望みて門弟子と称す。学者、海を航《わた》りて至り、法を受けて去る者、勝《あ》げて数うべからず。禅師、寂するに既《およ》びて、書、講徒に厄《くる》しみ、叢林は多く其の名を知らず。煕寧中、円照禅師始めて之を出し、普《あまね》く大衆に告げて曰く、……是に於いて衲子争いて之を伝誦す。元祐の間、宝覚禅師、龍山に宴坐す。徳臘倶《とも》に高しと雖《いえど》も、猶お手、巻を釈《お》かず、曰く、「吾、此の書を見るの晩《おそ》きことを恨む。平生未だ見ざる所の文、功力及ばざる所の義、備《つぶ》さに其の中に聚まる。」因《よ》りて其の要処を撮《と》りて三巻と為し、之を『冥枢会要』と謂い、世に盛んに伝わる。後世、是の二大老無くんば、叢林、宗尚する所無からん。（『石門文字禅』巻二五、『石門文字禅校注』三八〇一―三八〇二頁。柳幹康『永明延寿と『宗鏡録』の研究』二五五―二六一頁参照）

右『宗鏡録』一百巻、智覚禅師所譔。……此書初出、其伝甚遠、異国君長読之、皆望風称門弟子。学者航海而至、受法而去者、不可勝数。禅師既寂、書厄於講徒、叢林多不知其名。煕寧中、円照禅師始出之、普告大衆曰、……於是衲子争伝誦之。元祐間、宝覚禅師宴坐龍山、雖徳臘倶高、猶手不釈巻、曰、「吾恨見此書之晩也。平生所未見之文、功力所不及之義、備聚其中。」因撮其要処為三巻、謂之『冥枢会要』、世盛伝焉。後世無是二大老、叢林無所宗尚。

この『宗鏡録』百巻は智覚禅師延寿の著作である。……はじめこの書物が著されたときには遠く異国にまで伝わり、高麗国王は禅師の人柄を慕って門弟と称したほどである。海を渡って訪れ、仏法を学んで帰っていった学僧も数えきれない。しかし、禅師が入寂されると、教学の徒に邪魔をされ、禅林ではその名が知られなくなってしまった。……熙寧中（一〇六八―一〇七七年）に円照禅師宗本がこの書物を称賛すると、禅僧たちは競ってこれを伝えるようになった。元祐年間（一〇八六―一〇九四）、宝覚禅師祖心は、すでに名声もあり年齢も高かったが、これを愛読し、こう言われた。「この書に出会うのが遅かったことを恨むばかりだ。今まで見たことのない文章、理解の及んでいなかった意義、すべてこの本の中にある。」そして、この本の要点を三巻にまとめて『冥枢会要』とし、世間に広く流布したのである。もしこのお二人がいなければ、禅林は道しるべとなる書を失ったことであろう。

『宗鏡録』の流行

これによれば、『宗鏡録』は宋の初めに、一度その存在を忘れられるという事態に陥っていた。しかしその後、有力な禅師の紹介、さらにはダイジェスト版の作成などを通じて、ふたたび広く世に知られる書物となっていったのである。

柳はこの記事に加え、現行本に附される序などを参考にしながら、宋代における『宗鏡録』の刊行・流布の状況をまとめている。それによれば、宗本による紹介ののち、神宗の弟である趙頵《ちょういん》によって元豊年間（一〇七八―一〇八五）に初めての開版、刊行が行われた。しかしその発行部数は少なく、一部の名刹に配られただけだった。その後、元祐六年（一〇九一）、宗本の法嗣である善本《ぜんぽん》ら数名の手によって二度目の開版がなされると、世間に広くいきわたるようになった。さらに大観元年（一一〇七）から翌年にかけては、大蔵経に編入され、刊行の栄誉に浴することになった。大蔵経は、仏教の正典を集めた一大叢書であり、ここに編入されるということは、すなわちそれが正統学説として公認されたことを意味する。このようにして、北宋の後期には、さきの資料に見たとおり、「天下の名山でこの書を持たぬところはない」という程度にまで普及したのである。なお、この後、『宗鏡録』は清代に至るまで、ほとんどの大蔵経に収録されることになる。ここに至って『宗鏡録』は宋以降の中国仏教に決定的な影響を与える存在になったのである（柳幹康『永明延寿と『宗鏡録』の研究』二六一―二六九頁）。

『宗鏡録』と法眼宗

それでは、玄沙―法眼系の思想的系譜の中で、この書物はどのように評価されるべきであろうか。あるいは、この書にはどの程度、玄沙―法眼系の思想的特徴が反映されているのだろうか。法眼宗の思想の発展や後世に対する影響を考える際、これは無視できない問題である。

『宗鏡録』は非常に浩瀚な書物であり、この書の全体を議論するだけの準備を筆者はまだ持たないが、延寿の思想内容が法眼宗とまったく無関係に成立したと考えるのは難しいだろう。上文に引用したように、『宗鏡録』における「華厳六相義」への言及には法眼の影響を感じさせるし、またその一段は南宋の『人天眼目』で法眼宗の宗旨とされていた。

しかし一方で、柳幹康の指摘によれば、『宗鏡録』は玄沙―法眼系や雪峰系の禅僧に対する直接的な言及を意図的に避けていると見られる。このことについて柳はおよそ以下のように論じている。すなわち、延寿は『宗鏡録』において、一切の教説・実践徳目を等しく「一心」を指し示すものとして捉え、高度に融合的な思想体系を構築しようとした。そのような立場から見れば、雪峰・玄沙両系に両者の違いは大きな問題にはならなかった。またそれだけでなく、融合的な思想を志向する延寿にとっては、いかなる立場の思想も、最終的には「一心」にたどり着く手段なのであり、そもそも自派の立場を固定して、派閥的抗争における優位を主張する意図もなかったと考えられる。そのような理由から、延寿は雪峰系対玄沙系という現実的な論争に触れることを避けたようである（柳幹康「延寿の立ち位置」）。

延寿のこのような姿勢によって、『宗鏡録』は党派性を超えた諸宗融合的な書物として受け入れられることになった。後世の人々も、この著を法眼宗の書物とは捉えておらず、仏教全体の理論を総括するものとして受け入れている。このように考えれば、『宗鏡録』の内容を玄沙―法眼系という小さな宗派的枠組みの中だけで議論することは適切ではないだろう。

ただ、少し視野を広げてみてみれば、『宗鏡録』の諸宗融合的な特徴が、法眼以来続く文化的な雰囲気をよく体現していることにも気付く。すでに法眼の時代、南方崇仏国において禅宗は仏教の中心的な存在となっていた。そしてそこでは、禅的な思想によって仏教の諸要素を統合しようとする傾向が現れはじめていた。法眼の『宗門十規論』が「心地法門」を冒頭で掲げ、多様性の基底にある原理を強調していたことを、「一心」を中心として諸宗を融合するという『宗鏡録』の特徴の源流であったと考えることはおかしなことではない。さらに天台徳韶が活躍した呉越国では、諸宗融合的な傾向と、そこにおける禅宗の中心的地位がよりはっきりとしていた。『宗鏡録』はこのような文化を背景に生まれている。このような融合的姿勢にこそ、法眼宗の一貫した傾向を見て取ることができるだろう。

それはまたある意味で会昌の廃仏以後の大きな流れの結末と言えるものでもあった。法眼宗は廃仏後の仏教復興と、そのなかで行われた禅宗の思想的議論の結果として現れ、同時に宋代以降の融合的仏教を切り開く準備をした。『宗鏡録』はそのような大きな流れが生んだ果実なのであり、唐代の仏教が後の世へと伝わる最も主要な通路のひとつとなったのである。

第三節　法眼宗に対する評価と宋代禅の発展

一　ある宋代禅宗史観―三界唯心と看話禅

法眼の示寂から二年後の九六〇年、周の将軍であった趙匡胤《ちょうきょういん》は、周恭帝の禅譲を受けて帝位についた。宋の太祖である。ただ、このときはまだ全国に南唐、呉越を含む割拠勢力が存在していた。宋朝はこの後、太祖の弟である第二代皇帝太宗の代にかけ、これらの勢力をひとつずつ滅ぼし、中国の統一を進めていった。

太祖は即位の後、まずは南方の比較的小さな勢力から統一の事業をはじめ、湖北荊州（現湖北省荊州市）の高氏、湖南の周氏、さらに四川の後蜀、嶺南の南漢を次々に平定していった。この統一の動きはその後、南唐、呉越という法眼宗が栄えた地へも向かうことになった。それは天台徳韶や永明延寿の死とほぼ同時期のことであった。

その経緯を時系列にしたがってまとめると、およそ次のようになる。まず南漢滅亡の翌年、開宝五年（九七二）六月、呉越にいた天台徳韶が示寂した。その三年後、開宝八年（九七五）は、まず十一月に、一年近くにおよぶ金陵の包囲戦の末、南唐が滅亡した。そしてその翌月、十二月には、やはり呉越にいた延寿が示寂した。徳韶の示寂からおよそ三年後のことである。そのあくる年、開宝九年（九七六）十月には、北宋の太祖趙匡胤が死去し、弟の太宗趙光義がその後を継いだ。さらに太宗即位の二年後、太平興国三年（九七八）四月、福建の泉州、漳州に拠った陳洪進が宋に帰順すると、その翌月には、いよいよ独立を維持することの困難を悟った呉越王銭俶が領土を奉じて宋に帰順した。太宗は翌太平興国四年（九七九）五月、最後に残った北方の割拠政権である北漢を滅ぼした。これによって北方の遼を除き、ひとまずは内地の統一を完成させたのである（陳振『宋史』第一章、第二章第一節参照）。

表2　宋の中国統一と高僧の示寂

西暦	旧暦	出来事
960	建隆1年　1月	宋太祖趙匡胤即位。
971	開宝4年　2月	南漢滅亡。
972	開宝5年　6月	天台徳韶示寂。
975	開宝8年　11月	南唐滅亡。
	12月	永明延寿示寂。
976	開宝9年　10月	宋太祖死去。宋太宗即位。
978	太平興国3年 4月	福建の陳洪進、宋に帰順。
	5月	呉越王銭俶、宋に帰順。
979	太平興国4年 5月	北漢滅亡。宋の中国統一。

このように、徳韶、延寿という法眼宗の高僧の死と前後して、五代十国の分裂局面は急速に収束へと向かっていった。それは同時に、割拠政権との結びつきによって栄えるという仏教のあり方の終わりをも意味した。宋の成立直後は唐の文化の復興、あるいは模倣が目指されたが、政情の安定にともない、やがて宋代独自の文化が芽

生える。このような状況のなか、禅の思想もまた唐代とは違った展開を見せ始めることになる。統一王朝の出現は、中国の文化にそれまでとは異なる成長の土壌を与えたのである。以下では、法眼伝のエピローグとして、宋初禅林における法眼宗の境遇と、その後の宋代禅の発展について触れておきたい。

いささか法眼下に似る

宋代の初め、法眼宗はいまだ旧呉越・南唐領内に大きな勢力を維持し、仏教界の主流的な存在であった。このため法眼宗の思想は宋代禅の出発点となった。しかし、その後の禅宗はそれとはかなり違った方向へと変容していくことになる。そのような宋代禅の発展と法眼宗の関係について、まずは大慧宗杲《だいえそうこう》（一〇八九―一一六三）の以下の言葉を見てみよう。大慧は北宋から南宋にかけて活躍した臨済宗の禅僧で、看話禅の大成者としてよく知られる。宋代禅宗を代表する人物であり、彼の見方は宋代禅の到達点から振り返って見た禅宗の歴史を示していると言ってよい。四巻本『大慧普説』巻一「浄恭園頭請普説」に次のように言う。

旧時、小南和尚は是れ汀州（現福建省長汀県）の人、極めて聡明霊利なり。他《かれ》は雲居祐和尚の下にて三界唯心、万法唯識、未だ一法の心より生ぜざるもの有らず、未だ一法の心より滅せざるもの有らざることを理会するを愛す。有些《いささ》か法眼下に似たるも、只是《た》だ他《かれ》の這箇《これ》は又た活鱍鱍地なり。一時に許多の因縁を過ぎ、心性を理会し、都《すべ》て下落有り了《おわ》りて、相将《まさ》に他《かれ》を挙げて立僧せしめんとするに、『雲門語録』を読み、「僧問う、『如何なるか是れ仏。』雲門云く、『乾屎橛』」というを見るに因《よ》りて、這裏に向《お》いて忽然として瞥地し、方《はじめ》て知る、従前、許多の道理を要《もと》めて甚麽《なに》をか作《せ》ん、と。後来《のち》に禅を説きては便ち同じからず。何の故に。他《かれ》の正に鼻孔を摸著《さぐりあ》て、性上の巴鼻を知得せるが為なり。（『禅学典籍叢刊』第四巻、一七〇頁上。底本では「雲居祐和尚下」の「下」を「不」に作るが、『日本校訂大蔵経』本により改める。）

> 旧時小南和尚是汀州人、極聡明霊利。他雲居祐和尚下愛理会三界唯心、万法唯識、未有一法不従心生、未有一法不従心滅。有些似法眼下、只是他這箇又活鱍鱍地。一時過許多因縁、理会心性、都有下落了、相将挙他立僧、因読『雲門語録』、見「僧問、『如何是仏？』雲門云、『乾屎橛。』」向這裏忽然瞥地、方知従前要許多道理作甚麽。後来説禅便不同。何故？為他正摸著鼻孔、知得性上巴鼻。

「小南」とは羅漢系南《らかんけいなん》（一〇五〇—一〇九四）を指す。嗣法の次第は黄龍慧南—雲居元祐—系南と承ける臨済宗黄龍派の僧である。派祖の黄龍慧南と区別するため「小南」と呼ばれたという。系南はかつて雲居元祐のもとで「三界唯心、万法唯識」の道理を攻究することを好んだ。その思想は法眼宗のものに似ていたが、しかし生き生きとしたはたらきを具えたものでもあった。すでに多くの公案を理解し、十分な見識を身につけたので、「立僧」、すなわちその見識をみとめて、大衆のために説法させようとしていた（『禅林象器箋』一一五五頁上）。ところがその矢先、『雲門録』の乾屎橛の話を読んで忽然と悟り、これまでの知識が全く無用のものであることを知った。それからというもの、その説法はまったくの別物となった。なぜか。まさに「要所（鼻孔・巴鼻）」をつかんだからである。

ここで大慧は、法眼宗の思想が「三界唯心、万法唯識」と同様で、しかもそれが「活鱍鱍地」とは対照的な、つまりは自在な活力を欠いたものであるという認識を示している。そして、系南のこの「道理」に対する執着は、「乾屎橛」という自由な言語によって克服されるのである。ここに、「三界唯心の道理を説く法眼宗」と「自由な言葉によって悟りにいたる看話禅」を対立的に捉える大慧の認識を読み取ることができよう。

朱熹の見かた

もう一人、朱子学の大成者である朱熹（一一三〇―一二〇〇）の言葉にも、これとほとんど同様の見かたを見出すことができる。朱熹は禅に限らず仏教全般に対して強い批判を投げかけた人物であり、その点では大慧と正反対の立場に立つと言えるが、禅思想の展開に関しては、おもしろいことに大慧とよく似た認識を示している。『朱子語類』巻一二六・釈氏に次のように言う。

因《ちな》みに仏氏の学と吾が儒とに甚だ相い似たる処有るを挙ぐ。如《たと》えば云く、「物有り、天地に先んじ、形無くして本より寂寥たり。能く万象の主と為りて、四時を逐いて凋《しぼ》まず。」又た曰く、「樸落するは它物に非ず、縦横是れ塵ならず。山河及び大地は、全て法王の身を露《あら》わす。」又た曰く、「若し人、心を識得せば、大地に寸土も無し。」看よ、他《かれ》は是れ甚麽《いか》様なる見識ぞ。今の区区たる小儒、怎生《いかん》が他の手を出で得ん。宜《むべ》なり、其の他《かれ》の揮下と為ること。此は是れ法眼禅師下の一派の宗旨は此《か》くの如し。今の禅家は皆な其の説を破し、以為《おもえら》く、理路有り、窠臼に落ち、正当の知見を礙ぐる有り、と。今の禅家は多く是れ『麻三斤』『乾屎橛』の説にして、之を窠臼に落ちず、理路に堕せずと謂う。妙喜の説は便ち是れ此くの如し。然るに又た翻転して此くの如く説かざる時有り。（中華書局標点本、三〇一七―三〇一八頁。野口善敬ほか訳注『『朱子語類』訳注　巻百二十六』（上）一七五―一八三頁参照）

因挙仏氏之学与吾儒有相似処、如云、「有物先天地、無形本寂寥、能為万象主、不逐四時凋。」又曰、「樸落非它物、縦横不是塵。山河及大地、全露法王身。」又曰、「若人識得心、大地無寸土。」看他是甚麽様見識！今区区小儒、怎生出得他手？宜其為他揮下也。此是法眼禅師下一派宗旨如此。今之禅家皆破其説、以為有理路、落窠臼、有礙正当知見。今之禅家多是「麻三斤」、「乾屎橛」之説、謂之「不落窠臼」、「不堕理路」。妙喜之説、便是如此。然又有翻転不如此説時。

ここで朱熹は、仏教と儒教にはよく似たところがある、といくつかの言葉をとりあげる。「天地よりも先に存在するものがある。それは形が無くひっそりと静まっている。万物の主であり、時とともに衰えるようなことはない（傅大士の言葉）。」「いま落ちたのは自分と別のものではないし、四方八方は感覚の対象物ではない。山河大地はすべて仏の身体の表れなのだ（天台徳韶の法嗣、興教洪寿の言葉）。」「心を知れば、大地には寸土もない（出典未詳）。」これらは何とすばらしい見識だろうか、凡庸な儒者がここから逃れられるわけがない。禅僧の手下になってしまうのも当然だ。法眼禅師以下の一派の宗旨はこのようなものであった。しかし近頃の禅者は、これを「たどるべき論理があり、決まりきった型に陥り、正しい見解を妨げるもの」として批判し、そのような窠臼、理路に落ちないものとして「麻三斤」、「乾屎橛」を説いている。ちょうど大慧の説がこのようなものだが、かれは時に手のひらを返してそう言わないこともある。

ここで朱熹は大慧とちがい、法眼宗に対して比較的好意的で、看話禅には批判的である。しかし禅思想の展開に対する両者の認識は大筋で一致している。朱熹が挙げる言葉はいずれも「三界唯心」的な観点を述べるもので、法眼宗の思想はそれらと同じものだったとする。しかし、のちにそれは「理屈を語る、型にはまったもの」と考えられるようになり、それに落ちないものとして「麻三斤」「乾屎橛」等の公案を使用する大慧の看話禅が現れたとするのである。

二　薦福承古

以上の二つの資料を比べてみると、大慧と朱熹という宋代を代表する二人の思想家が、宋代禅思想の展開に対してよく似た見かたを持っていたことがわかる。ここで法眼宗は、「三界唯心」などの教理を重視する理論的な一派と捉えられている。それは、型にはまった理論に固執するという欠点を持ち、その欠点は自由な言葉によって克服される。そして、そのような言語が最終的に看話禅を生み出したのである。禅思想の発展に対する二人の理解が、単なる偶然でこれほど似かよったとは考えづらい。それに相応するなんらかの歴史的実態があったと考えるべきである。

そこで、彼らよりも早い時代、宋代初期における禅宗の情勢を表す事例として、宋初雲門宗の僧、薦福《せんぷく》承古《しょうこ》（九七〇―一〇四五）の思想に注目してみたい。北宋の前半に生きた彼の思想には、すでに唐代禅とは異なる宋代禅特有の問題意識が表れている。

承古の思想のなかでも重要なのは、彼がみずからの思想を体系的に説明するため提出した「三玄」という教説である。この「三玄」は、承古の思想を体系化しつつ、禅門に伝えられる機縁の語句や、当時存在した禅宗諸派の思想を三段階に分類、整序したものである。「三玄」のこのような内容は、玄沙「三句綱宗」と同様、教判的な性格を示すものと言ってよい。実際、以下に見る通り、承古の「三玄」は「三句綱宗」を模倣したものだという見かたもある。

玄沙の「三句綱宗」がそうだったように、「三玄」もまた当時の思想状況を俯瞰し、その在りかたを一つの枠組みのなかにまとめたものである。したがって我々は、この枠組みを通して宋初禅林の全体的な様子を知り、またそこにおける法眼宗の位置づけを理解することが可能である（以下、土屋太祐『北宋禅宗思想及其淵源』第四章を参照）。

承古の伝記と嗣法の問題

さて、これから承古の「三玄」の詳細を見ていきたいのだが、その前に、例によってまずはこの人物の伝記的事実を確認しておこう。承古を知るための資料としては、『建中靖国続灯録』巻二・薦福承古章、慧洪『禅林僧宝伝』巻一二・薦福古禅師章、そして彼の語録である『古禅師語録』がある。これらの資料によって彼の生涯を簡単に紹介すると、次のとおりである。承古は、俗姓不詳、西州の人。永井政之の考証によれば、その生没年は宋太祖開宝三年（九七〇）から宋仁宗慶暦五年（一〇四五）となる（永井政之『雲門』二〇五頁）。はじめ大光敬玄のもとで出家し、後に南岳福厳寺良雅に参じた。ある日、雲門の『対機』を見て悟るところがあった。江西省雲居山の雲居道膺塔院に住したため、「古塔主《たっす》」と称せられる。その後、芝山に出世し、『禅林僧宝伝』によれば、この時、雲門文偃に嗣法することを宣言した。さらに景祐四年（一〇三七）には、江西饒州（現江西省上饒市鄱陽県）の長官であった范仲淹の請により饒州薦福寺に住した。

彼の事績について、はじめに注目されるのは嗣法の問題である。上に見た通り、承古は雲門の法を嗣ぐと宣言したのだが、しかしその時、雲門の死からはすでに百年近くが経過していた。もちろん、承古は雲門に会ったことなどなく、嗣法の根拠となるのは雲門の語録に対する閲読の経験でしかなかった。このような嗣法は当時の禅林では異例のことであった。

当時、自らの立身出世のため、さほど縁がないにもかかわらず、著名な禅師の法を嗣ごうとする者は確かに存在した。そのような状況は『宗門十規論』にも言及されていた。しかし、承古はそういった動機から雲門への嗣法を主張したわけではないようである。彼の行いは、むしろ当時の雲門宗に対する異議申し立ての性質が強かったと見られる。

雲門宗への批判

雲門への嗣法を宣言する前、承古は大光敬玄と福厳良雅という二名の禅師のもとで修行していた。しかし彼はそのいずれにも心服できなかった。彼が薦福寺で開堂説法を行った際には、次のように述べて雲門に嗣法することを表明している。『古禅師語録』にいわく、

山僧、初め行脚せし時、先に大光敬玄和尚に参見す。這《こ》の和尚は荒艸裏に坐在す。後に南岳福厳寺

良雅和尚に参見す。這の和尚は又た只だ是れ箇の脱灑底の衲僧なるのみ。這の一瓣の香、大光和尚の為《ため》ならず、亦《ま》た福厳和尚の為ならず。大衆、記取せよ、唯だ韶州雲門山匡真大師ありて稍《や》や些子《しゃし》を較《たが》えり。這の一瓣の香は、且《しばら》く雲門山匡真大師の為に焼《た》く。（『卍続蔵経』第一二六冊、四三七頁上）

山僧初行脚時、先参見大光敬玄和尚。這和尚坐在荒艸裏。後参見南岳福厳寺良雅和尚。這和尚又只是箇脱灑底衲僧。這一瓣香、不為大光和尚、亦不為福厳和尚。大衆記取、唯有韶州雲門山匡真大師稍較些子。這一瓣香且為雲門山匡真大師焼也。

はじめ私が行脚していたおり、まずは大光敬玄和尚に参見した。しかし、この和尚は煩悩が抜けきれていなかった。そのあとでは、福厳良雅和尚に参見した。しかしこの和尚は、ただキレイさっぱりというだけの禅僧だった。この嗣法の香は、このどちらの和尚のためにも焚かない。諸君、よく覚えておいてほしい。ただ雲門禅師だけがまずまずの禅僧だ。この香は、ひとまず雲門禅師のために焚く。

このうち敬玄の事績は未詳で、どの法系に属するか不明である。もう一人の良雅は、雲門文偃―洞山守初―良雅と承ける雲門宗の僧である。良雅の師となる洞山守初《しゅしょ》（九一〇―九九〇）は雲門門下でも著名な禅師の一人であった。その弟子である良雅は、『広灯録』で守初の門下の筆頭に列せられており、また洞山守初の語録の編集を行ったことも知られる（土屋太祐『北宋禅宗思想及其淵源』一〇七頁）。つまり、良雅は洞山守初門下の中心的な人物のひとりであった。雲門宗全体から見ても、かなり主流的な立場にあった禅師と言っていいだろう。

しかし承古はその法脈を嗣がなかった。以下に詳しく見るとおり、承古は良雅のもとで修行したにもかかわらず、というよりはむしろそこで修行し、その禅を知っていたからこそ、洞山守初の系統に対してしばしば激しい批判を浴びせた。時代を超えて雲門文偃の法を直接に嗣ぐという異例の行為も、じつはそのような、雲門宗第二代以降の禅師に対する批判の表れであった。

承古の思想の全体像を知るうえで、この事実は大きな意味を持っている。当時の雲門宗に対する批判は承古の思想形成における重要な契機となっているからである。ただし、承古と当時の雲門宗の関係は少々複雑である。これについてはあとで詳しく論じることにしよう。

三　薦福承古の「三玄」

承古「三玄」の構造

このような承古の思想を代表する体系的な教説が「三玄」である。そのまとまった内容は慧洪の『禅林僧宝伝』巻一二・薦福古禅師章に見え、その解釈においては承古の語録である『古禅師語録』の一部を参考とすることができる。

「三玄」は玄沙の「三句綱宗」とおなじく、禅の思想を三段階に類型化して整理したものである。その三段階はそれぞれ、「体中玄」、「句中玄」、「玄中玄」と呼ばれ、ひとつずつの段階を追って思想が漸次深まっていくという構成をとる。この全体を通じて承古の思想体系と最終的な立場が表明される。

「三玄」の語自体は、もともと臨済義玄の「三玄三要」に由来するとされ、承古も北宋臨済宗の僧、汾陽善昭の偈を引用して「三玄」の根拠としている。しかし、内容的に両者がどのような関係を持つかはあまり明確に説明されていない。承古「三玄」にとって、臨済宗の思想との関係はさほど重要ではないように思われる。むしろ承古「三玄」に関する事実のうち、我々にとって重要なのは次の二点である。一つは、この説を紹介する北宋臨済宗の覚範慧洪《かくはんえこう》が、「三玄」は玄沙「三句綱宗」の変奏だと見ていること。もう一つは、すでに述べた通り、「三玄」が教判的性質を持ち、当時実際に存在していた禅宗諸派を意識しているということである。

第一の点について言うと、すでに見た通り玄沙の「三句綱宗」は玄沙系の思想を代表する教説であった。我々は慧洪の言葉を参考にしながら両者を比較することで、禅門における関心の変化を読み取ることができる。この点は後文で詳しく検討する。第二の点について言えば、承古は「三玄」を通して当時存在した思想傾向を類型化し、さらにそれらを批判しつつ、自らの立場を主張している。すでに述べた通り、思想類型の分類とその優劣の判断は教判の大きな特徴であり、「三玄」にもこれが当てはまる。したがって我々はここから、宋初禅林の状況と、またそこにおける法眼宗の位置付けを、承古がどのように捉えたのか知ることができるのである。

では承古の「三玄」とは具体的にどのようなものだろうか。まずは以下に、『禅林僧宝伝』薦福古禅師章に載せる「三玄」の内容を三つの段階を追いながら見てみたい。そしてそのあとで、上記の二つの問題について考えることとしよう。

体中玄

「三玄」の第一段階は「体中玄」である。「体中玄」は「三界唯心」をその内容とする。

僧問う、「何の聖教に依りて参詳せば、体中玄を悟得すや。」古曰く、「如《たと》えば肇法師云く、『万物を会して自己と為す者は、其れ唯だ聖人か。』又た曰く、『三界唯心、万法唯識。』又た曰く、『諸法の所生は唯心の所現にして、一切の世間の因果、世界の微塵は、心に因りて体を成す。』六祖云く、『汝等《なんじら》諸人、自心は是れ仏、更に狐疑すること莫かれ。外に一法無くして而して能く建立するは、皆な是れ自心。心は万種の法を生ず。』又た云く、『一毫端に於いて宝王刹を現じ、微塵裏に坐して大法輪を転ず。』此《かく》の如き等は方《まさ》に是れ正見にして、纔《わず》かに繊毫をも缺けば即ち邪見と成り、便ち剰法有りて、唯心を了せず。」

僧問、「依何聖教参詳、悟得体中玄?」古曰、「如肇法師云、『会万物為自己者、其唯聖人乎?』又曰、『三界唯心、万法唯識。』又曰、『諸法所生、唯心所現、一切世間因果、世界微塵、因心成体。』六祖云、『汝等諸人、自心是仏、更莫狐疑。外無一法而能建立、皆是自心。心生万種法。』又云、『於一毫端現宝王刹、坐微塵裏転大法輪。』如此等方是正見、纔缺繊毫、即成邪見、便有剰法、不了唯心。」

これは「体中玄」について、教理学上の根拠となるような言葉を述べた一段である。いわく、僧が問う、「どのような教えにしたがって参究すれば、体中玄を悟ることができるでしょうか。」承古が答える、「例えば『肇論』に『万物を自らの体とするものは、聖人だけであろうか』と言う。また『三界唯心、万法唯識。』また、『現れ出る諸法はすべて心が現れたものであり、すべての因果、存在物は、心を体とするのである。』また六祖が言う、『お前たち、自らの心は仏であることを疑ってはいけない。心の外には一つの法もなく、これを作り出しているのは心である。心は万種の法を生じるのである。』また、『楞厳経』にも『一つの毛先に仏国土を現し、微塵の中で大法輪を転ず』と言う。これらはみな正しい見解である。これが少しでも不足すれば邪見となり、心の外に余計な存在があることになり、唯心の道理が解ってないないということになる。」

ここで引用される言葉は、いずれもこの心が世界を作り上げるのだという、唯心的な道理を説明するものである。これが承古の思想体系の基礎となる。このような考え方は、すでに玄沙の三句でも繰り返し紹介したもので、これ以上の説明はいらないだろう。一つだけ注意すべき点は、承古の場合「一毫端に於いて宝王刹を現じ、……」というような言葉がこの第一段階ですでに現れているということである。これは『楞厳経』巻四（『大正蔵』第一九巻、一二一頁上）で如来蔵が法界に遍周することを説く一段に出るもので、その内容はすでに個人存在を越えた仏性の遍在を含み、華厳の法界縁起に近い。玄沙の三句において、このような言葉は第三句に至って始めて現れていた。それが第一段階から出ていることに、両者がおかれた歴史的状況の違いが表れている。玄沙にとって第三句は最終段階でようやく到達する結論であったが、承古「三句」においてはこれが出発点になっているのである。

体中玄の問題

以上が「体中玄」であるが、承古はこのような思想には問題が残ると言う。すなわち「体中玄」の立場は、まだ理屈や道理に対する執着を払拭できていないと言うのである。

僧曰く、「既に体中玄を悟れば、凡有《あらゆ》る言句は、事理倶《とも》に備う、何ぞ句中玄を須《もち》いん。」古曰く、「体中玄は機に臨みて須らく時節を看、賓主を分かつべし。又た法身法性は能く万象を巻舒し、聖凡を縦奪するを認む。此の解見に纏ぜられ、脱灑たることを得ず。所以《ゆえ》に須らく句中玄を明らむべし。……」

僧曰、「既悟体中玄、凡有言句、事理俱備、何須句中玄?」古曰、「体中玄、臨機須看時節、分賓主。又認法身法性、能巻舒万象、縦奪聖凡、被此解見所纏、不得脱灑。所以須明句中玄。」

僧が問う、「すでに体中玄を悟ったからには、すべての言葉は理と事を兼ね備えています。どうして句中玄が必要なのでしょうか。」承古は答える、「体中玄は、相手に応じて時節や問答における賓主の立場を見極めなければならない。この立場は、法身が森羅万象や凡聖観念を生みだしたり、収め取ったりするという考えを認めるものだが、このような知解に絡め取られてかえって自由になれない。だから句中玄を知らなければならないのだ。」

「体中玄」は三界唯心を旨とする。しかし、「体中玄」で紹介された言葉はみな道理を表すものであり、この立場に立つ限り、結局は言葉や概念に縛られることになる。これが「体中玄」の欠点である。この欠点を克服するためには、次の「句中玄」の段階へと進まねばならないのである。

句中玄

「体中玄」の欠点は理屈や道理への執着を生むことであった。そこで次の「句中玄」では、意味を決定できない言葉によって、そのような道理への執着を断ち切ることが目指される。

僧曰く、「何等の語句か是れ句中玄。」古曰く、「……又た雲門に問う、『如何なるか是れ超仏越祖の談。』答えて曰く、『餬餅。』『如何なるか是れ向上関捩。』曰く、『東山に西嶺青し。』又た洞山に問う、『如何なるか是れ仏。』答えて曰く、『麻三斤。』若し此等の言句中に於いて一句に悟入せば、一切総て通じ、所以に体中玄の見解は一時に浄尽せられ、此より已後、総て仏法の知見無し……」

僧曰、「何等語句是句中玄？」古曰、「……又問雲門、『如何是超仏越祖之談？』答曰、『餬餅。』『如何是向上関捩？』曰、『東山西嶺青。』又問洞山、『如何是仏？』答曰、『麻三斤。』若於此等言句中悟入一句、一切総通、所以体中玄見解一時浄尽、従此已後、総無仏法知見……」

僧、「いかなる言葉が句中玄でしょうか。」承古が言う、「……雲門に問う、『仏祖を超え出たところとは、どのようなものでしょうか。』答え、『胡餅《えびすもち》。』『一段上の境地へと至るためのからくりとは、いかなるものでしょうか。』『東の山で西の峰が青々している。』また洞山守初に尋ねる、『仏とはいかなるものでしょう。』『麻三斤。』もしこれらのなかの一句に通じれば、すべての言葉に通じる。それで『体中玄』の見解はきれいさっぱり洗い流され、これ以後『仏法』などという思いはかりはなくなるのである。」

「句中玄」の特徴と問題はここによく説明されている。ここに挙げられる言葉は、いずれも問いと答えがどうかみ合うのかわからない、いかにも「禅問答」的なやりとりである。なかでも「麻三斤」は、前に朱熹も挙げている通り、「理路・窠臼に落ちない言葉」の典型として知られる。承古によれば、これらの晦渋な言葉はみな道理に対する執著を解消するために使われたものなのである。この「句中玄」の段階に至り、道理に対する執着は、自由な言葉によってすべて解消されることになる。

しかし、この句中玄にもやはり問題が残る。上の引用に続けて承古はさらに言う。

然るに但だ知見・見解を脱得するのみにして、猶《な》お生死に在りて自在を得ず。何を以ての故に。未だ道を悟らざるが為の故なり。他《かれ》の分上に於いては、所有《あらゆ》る言句は、之を「答話《こた》えず」と謂う。今世は此を以て極則と為し、天下に大いに行われ、祖風は歇滅す。言句有るが為なり。若し言句に渉らざらんと要さば、須らく玄中玄を明かすべし。

然但脱得知見見解、猶在於生死、不得自在。何以故。為未悟道故。於他分上、所有言句謂之不答話。今世以此為極則、天下大行、祖風歇滅。為有言句在。若要不渉言句、須明玄中玄。

しかし、上に見たような見地は、道理に対する知的理解を脱しただけであって、生死の問題から自由になってはいない。なぜならまだ道を悟っていないからである。「句中玄」の立場に立つ人々は、すべての言葉を「（問いに対して正面から）答えない」ものと言う。近頃はこれが最上の真理と見なされて、大いに流行しているが、おかげで祖師の禅風はまったく消え失せてしまった。なぜなら、ここにはまだ言葉が残っているからである。もし言葉にかかわらないようにしたけば、「玄中玄」を悟らなければならない。

承古の「三玄」はこのようにして、全く言葉に関わらない最終的な境地、「玄中玄」へと進むことになる。

玄中玄

玄中玄は、句中玄がいまだ残していた言語表現を徹底的に排し、沈黙と無心に徹する段階である。

僧曰く、「何等《なんら》の語句、時節因縁か是れ玄中玄。」古曰く、「如《たと》えば外道、仏に問う、『有言を問わず、無言を問わず。』世尊、良久す。外道曰く、『世尊は大慈にして、我が迷雲を開き、我をして得入せ令《し》む。』又た僧、馬大師に問う、『四句を離れ、百非を絶して、請う師、西来意を直指されよ。』答えて曰く、『我、今日、心情無し、但だ智蔵に問取せよ。』僧、蔵に問うに、蔵曰く、『我、今日、頭痛し、海兄に問取せよ。』又た海に問うに、海曰く、『我遮裏《ここ》に到りては却って会せず。』又た臨際、黄檗に問う、『如何なるか是れ仏法的的の大意。』三たび問うて三たび打たる。此等の因縁は、方便門中に以て玄極と為し、唯だ悟れる者にして方《はじ》めて知るも、若《も》し上祖初宗を望まば、即ち未だ可ならざるなり。」（以上、『禅学典籍叢刊』第五巻、三六頁下—三七頁上）

僧曰、「何等語句、時節因縁是玄中玄？」古曰、「如外道問仏、『不問有言、不問無言。』世尊良久。外道曰、『世尊大慈、開我迷雲、令我得入。』又僧問馬大師、『離四句、絶百非、請師直指西来意。』答曰、『我今日無心情、但問取智蔵。』僧問蔵、蔵曰、『我今日頭痛、問取海兄。』又問海、海曰、『我到遮裏却不会。』又臨際問黄檗、『如何是仏法的大意？』三問三被打。此等因縁、方便門中以為玄極、唯悟者方知。若望上祖初宗、即未可也。」

僧が問う「どのような言葉や機縁が玄中玄に当たるでしょうか。」承古が答える、「例えば外道が仏にこう問う、『言葉があることも問わず、言葉が無いことも問わない。』そこで世尊は沈黙した。外道は言った、『世尊は慈悲深く、我が迷いを除き、悟らせたもうた』と。またある僧が馬祖大師に問うた、『四句の分別もあらゆる否定の形式も離れ、単刀直入に祖師西来意をお示しください。』すると馬祖が答える、『今日は気が乗らないな、智蔵さんに尋ねなさい。』そこで智蔵に問いに行くと、『今日は頭が痛いから、懐海師兄《すひん》に尋ねなさい。』そこで懐海に尋ねると、『ここのところとなると、私にもわからないな。』また臨済が黄檗に尋ねた、『そのものずばりの仏法の真理とはいかなるものでしょう。』このように三度尋ねて、三度とも殴られた。これらの因縁は方便門中の究極で、悟った者にしかわからない。とはいえ、仏祖の立場に立てば、まだまだ不十分である。」

ここに挙げられる問答には、言語の使用を回避する、あるいは拒絶するという共通の特徴が明らかである。承古の語録でも、「休心」や沈黙によって「本来性の自己」へ立ち返ることこそが最高の境地であるという主張がなされている。ここに示されるのも、そのような思想に外ならない。これが承古の最終的な立場であった。

以上が「三玄」の基本的な内容である。それなりに体系だった思想ではあるが、しかし、唐代の禅僧が苦心して「本来性」と「現実性」の微妙な関係を言い表そうとしたことに比べると、かなり単純な印象を受ける。事実、承古の思想はのちに様々な形の批判を受けることになる。とはいえ、そのような経緯は本書の範囲を越える問題なので、ここでこれ以上深入りすることはやめておこう。以下には、あらためてこの「三玄」の構造が示す宋初禅林の状況を考えてみたい。

四　「三玄」が示す宋初禅林の動向

「三玄」と諸宗の対応

上に述べたように、「三玄」は教判的な性質を有する。この教説は禅門の思想を分類し序列化することを意図しており、当時実在した禅宗諸派を念頭に置いて作られたものと思われる。では、「三玄」の各段階は、具体的にどの宗派の思想を意識したものであろうか。先に述べた「三玄」に関する二つの問題のうちの一つ目として、まずはこの点について考えてみたい。

まず第一の「体中玄」については、おそらくすでに察しがついていると思うが、法眼宗の思想を指したものと考えてよいだろう。慧洪『石門文字禅』巻二四「記西湖夜話」にいわく、

昔、薦福古禅師、三玄の旨趣を論じ、号して明眼と為す。亦《ま》た曰く、「体中玄は甚だ法眼宗枝に合す」と。（『石門文字禅校注』三七三八―三七三九頁）

昔薦福古禅師論三玄旨趣、号為明眼。亦曰、「体中玄甚合法眼宗枝。」

かつて薦福承古禅師は「三玄」を論じて、見識があるとされた。また、「体中玄は法眼宗によく合致する」と言っていた。

また後出の資料になるが、万松行秀『従容録』第七〇則・本則評唱にも、「諸方は皆な、法眼下は一味平実に体中玄なりと言う……」（『大正蔵』第四八巻、二七一頁下）とあり、このような評価が定着していたことがうかがえる。「体中玄」には「三界唯心、万法唯識」などの言葉が出ていた。すでに大慧の言葉で見たように、「三界唯心」は法眼宗の思想を連想させるものである。承古は主要には当時の法眼宗を想定しながら「体中玄」の内容を述べたと見てよいだろう。

ではつぎの「句中玄」は誰の思想を述べたものか。この段階はひとまず広く当時の雲門宗と臨済宗の思想傾向を指したものと考えてよい。以下に、『禅林僧宝伝』薦福古禅師章の一段を見てみよう。これは僧の、「三玄は同時にすべてを円満に具えなければならないと言われますが、そうでないとどのような過ちがあるでしょうか」という問に対する承古の回答の一部である。

若し但だ句中玄を悟らば、即ち法身を透得するも、然るに返って此の知見に奴使せられ、並びに実行無く、憎愛人我有り。心外に境有り、未だ体中玄を明かさざるを以ってなり。雲門、臨際下の児孫、多く此の如し。（『禅学典籍叢刊』第五巻、三七頁下）

若但悟句中玄、即透得法身、然返為此知見奴使、並無実行、有憎愛人我、以心外有境、未明体中玄也。雲門、臨際下児孫多如此。

もしただ「句中玄」を悟っただけならば、法身は透過しているが、かえってそのような知見に縛られ、実際の実践は伴わず、人を憎んだり争ったりする気持ちが残る。心の外にまだ執着の対象があり、「体中玄」が分かっていないからである。雲門・臨済下の禅僧にはこういったものが多い。

これは「三玄」の三つの側面すべてを修得する必要があるとする一段である。そして、当時の雲門宗、臨済宗の僧には「句中玄」、すなわち自由な言葉の使用を重視し、「体中玄」、すなわち三界唯心の道理を軽んずる弊風が多く見られたという。以上のことからひとまず、「体中玄」は法眼宗、「句中玄」は臨済・雲門二宗の思想に当たることがわかる。

玄沙「三句綱宗」との対応

さて、「三玄」の歴史的背景を考えるため、つづいてもう一つの問題である「三玄」と「三句綱宗」の対応について考えてみたい。これは承古自身が主張したことではなく、後世の人である慧洪が「三玄」の性質を解釈するなかで述べたものである。とはいえ、「三玄」の理解について重要な示唆を与える視点であることは間違いない。慧洪は「三玄」を玄沙「三句綱宗」の変奏と考えており、『臨済宗旨』では次のように言う。

臨済は但だ「一句中に三玄を具し、一玄中に三要を具す。玄有り要有り」と曰う而已《のみ》にして、初《はじ》めより未だ嘗て目して句中玄、意中玄、体中玄と為さざるなり。古塔主《こたっす》は玄沙三句を悞《あやま》り認めて三玄と為し、……（『卍続蔵経』第一一一冊、一七二頁下）

臨済但曰、「一句中具三玄、一玄中具三要、有玄有要」而已、初未嘗目為句中玄、意中玄、体中玄也。古塔主者悞認玄沙三句為三玄……

臨済はただ「一句の中に三玄を具し、一玄の中に三要を具す。玄もあり要もある」と言っただけで、けっして「句中玄」、「意中玄」（玄中玄）、「体中玄」と名付けたりはしなかった。古塔主は玄沙の三句をまちがって認めて三玄とし……。

ここに見られるように、慧洪はしばしば「玄中玄」を「意中玄」とするが、その理由はよくわからない。二つが同じ内容を示していることは明らかなので、ここでは特にこだわらないでおこう。慧洪は言う、「三玄」の語は確かに臨済の言葉より出たものであるが、臨済が具体的に三玄の内容を述べたことなどなく、承古が言うところの「三玄」は玄沙の「三句綱宗」を誤認したものに過ぎない、と。そして慧洪は両者の対応関係を次のようにまとめる。

「体中玄」――「第三句」
「句中玄」――「第一句」
「玄中玄」――「第二句」

慧洪の説では、「三玄」と「三句」の順序は大きく異なっている。両者はともに三段階の体系的理論であり、その全体的な構成に強い類似性がある。したがって、それぞれの順番を入れ替えて対応関係を考えるのは、いささか奇妙に見える。では慧洪はいかなる理由によって対応関係を決定したのか。それはおそらく一つ一つの項目の思想内容、とくにそれぞれが表す心性論的な構造であったと考えられる。

対応関係の内実

たとえば、「玄中玄」を玄沙の第二句に対応させるのは比較的わかりやすい。「玄中玄」は、沈黙に徹し、「本来性の自己」に回帰しようとする内容であった。玄沙の第二句も同様に、「見聞覚知」という作用とは異なる次元にある、本来性の仏性としての「元常」を強調する内容であった。両者はいずれも現実性の作用を捨象したあとに残る、本来性の次元の自己のみを重視するという点で確かに類似している。

「体中玄」を第三句に当てるのもの同様の観点であろう。「体中玄」は法眼宗の思想に対応するもので、内容的にも玄沙が第三句で到達した「個物が個物として円成する」という華厳的な観点までを含んでいる。「三玄」では第一段階に過ぎないが、玄沙にとっての最終段階である第三句と対応させても不思議ではない。

残る「句中玄」を第一句と対応させるのは、すこし無理があるようにも思われる。あるいは慧洪もそれほど深く考えていなかったのかもしれないが、あえて解釈すれば、慧洪はこれを「作用即性」的に捉えたのかもしれない。つまり、上に見たような自由な言葉を述べるという「はたらき」が「仏性の作用」に当たると考えたのではないだろうか。いささか苦しい説明であるが、ここではひとまずそう理解しておくことにする。慧洪の目的はあくまで、承古の「三玄」が臨済の「三玄三要」に対する正当な注釈ではないと主張することにあったのであり、対応関係の説明が不十分でも慧洪の瑕疵となるものではないだろう。

それよりも、慧洪の分析が我々に与える最大の示唆は「体中玄」と第三句の対応である。たしかに、「体中玄」は法眼宗の思想を念頭に置いたものであり、法眼宗の基礎となった「三句綱宗」の結論部分と対応するというのは、当然といえばきわめて当然である。

つまり、玄沙にとっての最終到達点が、承古にとっては出発点となっているのである。この事実は、承古個人の思想だけにとどまらない、禅宗史的な意味を持つだろう。玄沙の結論であり、法眼宗の基盤となった理論は、このころの禅門ではすでに常識となっていた。そして、宋代の禅師たちはそれを前提として、自由な言語表現という新たな模索を始めていたのである。このことは、大慧や朱子の言葉にもすでに表れていた。

それでは、自由な言葉の模索とは、実際にどのようなものであったのだろうか。我々は最後にこの問題を手がかりとして、雲門宗に対する承古の批判の意味、そして雲門宗の発展と法眼宗の終焉について考えてみたい。

五　「活句」の思想、および雲門宗の発展と法眼宗の終焉

巴陵顥鑑の三転語

承古は当時の雲門宗に対して確かに批判的な意見を持っていた。『古禅師語録』は承古の次のような言葉を記録している。

且《しばら》く、往日親しく雲門に見《まみ》えし尊宿の大声価を具するが如きは、徳山密、洞山初、智門寛、巴陵鑑に若《し》くは莫し。佗《かれ》は親しく雲門に見《まみ》ゆと雖《いえど》も、只だ雲門の言教を悟得するのみにして、要且《ようか》つ悟道見性せず。何を以てか之を知る。且く如《たと》えば僧、鑑和尚に問うて云く、「如何なるか是れ提婆宗。」鑑云く、「銀碗裏に雪を盛る。」又た問う、「如何なるか是れ吹毛剣。」鑑云く、「珊瑚、枝枝に月を撐著す。」又た問う、「仏教と祖教は、是れ同なるか是れ別なるか。」鑑云く、「鶏寒くして樹に上り、鴨寒くして水に下る。」鑑和尚云く、「我、此の三転語を下して、已に雲門の恩に報じ了《お》われり。」後来、更に雲門の与《ため》に忌斎を設けず。大衆、雲門は分明に道えり、「此の事若《も》し言句に在らば、一大教、豈に言句無からんや」と。又た云く、「饒《たと》い你、問い得、答え得るとも、只だ口滑を贏得するのみにして、道を去ること転《うた》た遠し」と。作麽生《いかん》が、三転語を下して、便ち我、雲門の恩に報じ了れりと道《い》わんや。（『卍続蔵経』第一二六冊、四三九頁下—四四〇頁上）

且如往日親見雲門尊宿具大声価、莫若徳山密、洞山初、智門寛、巴陵鑑。佗雖親見雲門、只悟得雲門言教、要且不悟道見性。何以知之？ 且如僧問鑑和尚云、「如何是提婆宗？」鑑云、「銀碗裏盛雪。」又問、「如何是吹毛剣？」鑑云、「珊瑚枝枝撐著月。」又問、「仏教祖教、是同是別？」鑑云、

「鶏寒上樹、鴨寒下水。」鑑和尚云、「我下此三転語、已報雲門恩了也。」後来更不与雲門設忌斎。大衆、雲門分明道、「此事若在言句、一大教豈無言句。」又云、「饒你問得答得、只赢得口滑、去道転遠。」作麽生下三転語、便道我報雲門恩了也。

かつて雲門文偃禅師から親しく教えを受けた尊宿のなかで、名声の高いものといえば、徳山縁密、洞山守初、智門師寛、巴陵顥鑑の四禅師に過ぎるたるものはない。しかし彼らは、親しく雲門に見えたとはいえ、ただその言葉を得たのみで、道を悟ってはいないのだ。なぜそうだとわかるのか。例えばある僧が巴陵顥鑑禅師に問うた、「提婆宗とはどのようなものでしょうか。」顥鑑が答える、「銀のお椀に雪を盛る。」またこう問うた、「吹毛剣とはどのようなものでしょうか。」顥鑑が答える「珊瑚は、その一枝一枝の先に月をささげている。」また問う、「仏の教えと禅の祖師の教えは、同じでしょうか、別でしょうか。」顥鑑が答える、「鶏は寒くなると樹に上り、鴨は寒くなると水に入る。」そして顥鑑和尚は、「私はこの三転語で、雲門の恩に報いおわった」と言って、それ以降、雲門の命日に法事を設けなかった。しかし諸君、雲門ははっきり言っているではないか、「もし禅の要諦が言葉の上にあるならば、すでに経典にはたくさんの言葉があるではないか」と。また「たとえ問答が上手にできても、それはただ弁舌の巧みさを手に入れたというだけで、悟りそのものからはかえって遠くなるばかりだ」と。どうして三転語で雲門の恩に報いたなどと言えようか。

ここで承古は雲門下の高名な尊宿として四名の禅師の名を挙げ、そのうちでもとくに巴陵顥鑑の三転語を取り上げて批判を加えている。ここに見られる顥鑑の言葉は、「句中玄」的な雲門宗の動向をよく示す一例と言えよう。一方で承古は、顒鑑のこのような難解な言葉も、言葉そのものを離れていない以上、悟りとは言えないと批判するのである。

活句の思想

承古のこの説は慧洪『禅林僧宝伝』薦福古禅師章にも引かれる。しかし、慧洪は承古の意見に同意せず、最後にはこれに対する反駁を行っている。

何をか巴陵三語を罪するは、活句を識らずと謂うや。曰く、巴陵、真に雲門の旨を得。夫《そ》れ語中に語有るを、名づけて死句と為し、語中に語無きを、名づけて活句と為す。……今、所答の三語を観るに、之を語と謂わば則ち理無く、之を非語と謂わば、則ち皆な来機に赴く。活句なり。（『禅学典籍叢刊』第五巻、三八頁上―下）

何謂罪巴陵三語不識活句耶。曰、巴陵真得雲門之旨。夫語中有語、名為死句、語中無語、名為活句。……今観所答三語、謂之語、則無理、謂之非語、則皆赴来機。活句也。

承古が巴陵顒鑑の三転語を断罪したのは、活句を知らないからである。どういうことか。顒鑑は真に雲門の思想を体得しているのである。そもそも、語の中に語があるのを死句と名付け、語の中に語がないのを活句と名付ける。……いま、顒鑑の三転語を見るに、これは語であるといっても、そこにはたどるべき道理がない。しかし語ではないといっても、やはり問いに対する応答になっている。だからこれは活句なのである。

ここで慧洪は、顥鑑の言葉は「活句」なのだから、これを「いまだ言葉を残したもの」として批判するのは間違いだ、と言うのである。実にこの「活句」こそは当時の雲門宗の言語観を表すキーワードである。慧洪はここで「活句」の説明として「語中に語有るを名づけて死句と為し、語中に語無きを名づけて活句と為す」と言うが、これは洞山守初の語録に見られる一句である。つまりこの「活句」という概念は、洞山守初が自らの言語観を説明するために使った言葉であった。

前にも見たとおり、承古は守初の法嗣である福厳良雅を批判していた。一方で雲門宗の言語観を弁護する慧洪も守初の言葉を使っている。雲門宗を批判する承古も、それを弁護する慧洪も、いずれもが守初と一定の関係を持ちながら議論を展開していることが分かる。

これまで見たように、宋初雲門宗では理論にしばられることを避けるため、自由な言葉が追求された。守初はそのような動きにおける重要な思想家の一人であり、「活句」はその自由な言葉をあらわす重要概念であった。では「活句」とはいかなるものか。上の言葉をまとめれば、「言葉のなかに言葉が無いような一句」ということになる。一見したところ、いかにも「禅的」なつかみどころのない説明に感じるが、つまるところ、情理によって理解可能な固有の意味内容を持たない言葉を指す概念である。後世にはより端的に「無義句」、すなわち「意味のないことば」とした解釈も見られる（小川隆『語録の思想史』二九五頁）。

この「活句」の思想は後に公案の解釈に援用されることになった。公案とは、『祖堂集』や『景徳伝灯録』において集成された唐代禅師の問答や行いに関する記述が、一つの形に固定され、やがて規範的な古典として分析や参究の対象となったものである。宋代には、この公案の解釈が盛んになり、「活句」の思想はそこに影響を及ぼすことになった。とくに宋代公案禅の代表的作品として知られる『碧巌録』の公案解釈はその代表例と言ってよい。小川隆はこの「活句」の概念を『碧巌録』評唱における公案の取り扱いの核」（小川隆『語録の思想史』三〇八頁）と評する。圜悟は公案を字義通りに、つまりは固定的、一義的な意味に解釈することを拒絶し、より脱意味的で自由な言葉――つまりは「活句」として理解しようとしたのである。「活句」としての公案とは、小川の言葉を借りれば「語としての理路は含まないが、しかし、それゆえに却って活きたはたらきをもつコトバ」ということになる（『語録の思想史』三一四頁）。

自由な言葉に対する宋初雲門宗の探求は、臨済宗の公案解釈に受け継がれた。そしてこの公案禅は、やがて大慧の看話禅に結実する。本章の初めに見た大慧や朱熹の禅宗観は、実にこのような歴史の流れを反映したものだったと言える。

しかし、ここで翻って法眼宗を見れば、宋代の初め、すでにこのような潮流から彼らが徐々に外れ始めていたことがうかがわれるだろう。承古の「三玄」が示すとおり、「活句」―自由な言葉に対する探求は、「三界唯心」などの道理に対する執着を乗り越えるという使命を持ち、宋代禅の新たな潮流を作っていった。一方でその乗り越えの対象となったのはまさに法眼宗の思想であった。ある意味で法眼宗は、その歴史的役割を終えようとしていたのである。

法眼宗の凋落

台湾の研究者黄庭碩は、八世紀から十一世紀末にいたる禅僧の活動拠点の分布について詳細な統計を作成し、それにもとづいて禅宗の歴史的発展や禅宗諸派の消長を論じている。この俯瞰的な研究は当時の情勢の全体傾向を把握するための大きな助けとなる。その成果にもとづけば、宋代に入ってから、法眼宗の勢力はおよそ次のように変化していった（黄庭碩『禅運与世縁』三二一―三二六頁）。

まず宋代に入ってのち、宋朝は南方の禅宗教団に対する管理を強化したが、住持の人事に強く干渉することまではしなかった。そのため、宋初の法眼宗は、旧南唐・呉越領内におけるそれまでの勢力を維持していた。一方で、広東の雲門文偃に参じた雲門宗第二代の禅師には、広東に留まる者のほか、江西、湖北、湖南といった地域に進出する者もいた。このうち特に成功を収めたのは湖北、湖南に進出した禅師であった（黄庭碩『禅運与世縁』二四七―二五三頁）。このことは、上で承古が「かつて雲門文偃禅師から親しく教えを受けた尊宿のなかで、名声の高いもの」として挙げた四名の禅師がすべて湖北・湖南に出世していることからも窺われる。これは法眼宗の地盤である南唐・呉越の旧領をはずれた地域であった。

そのような状況に変化が見られるのは、およそ一〇三〇年代から四〇年代のことであった。この頃、浙江や江西といった旧南唐・呉越領内で、雲門宗の勢力が拡大していったことが観察される。黄は自らの考証も交えつつ、以下のような具体例を指摘している。

たとえば明州（現寧波市）にある天童寺は、後に五山のひとつとされる名刹であるが、一〇世紀末から一〇二〇年代までは何名かの法眼系の禅僧が住持していたことが確認できる（黄庭碩『禅運与世縁』二五〇—二五一頁)。しかしその後、法眼系の住持は見られず、黄の考証によれば、かわって何名かの雲門僧が続けて住持を務めたと思われる。そのうち瑞新(?—一〇五三?、福昌重善嗣)は一〇四九—五〇年には住持の任に就いたことがわかる。

同じく後の五山のひとつ明州阿育王寺は、九八八年から一〇二一年まで法眼宗の居素が住持を務めていたとみられる。しかし、第二代の住持の法系は不明、第三代の住持は瑞新の同門である常坦(生没年不詳)が務め、その後、第四代、第五代は雲門宗の僧が住持している(『明州阿育王山続志』巻一六「先覚攷」)。この常坦は、やはり四〇年代末には住持の職に就いていたことがわかる。第五代住持には、著名な雲門宗の禅僧大覚懐璉《えれん》(一〇〇九—一〇九〇)が、治平年間(一〇六四—一〇六七)に開封の十方浄因禅院を辞した後に就いている(蘇軾「宸奎閣記」、『蘇軾全集校注』一八二〇—一八二二頁。黄庭碩「聖地的変容」一一三—一一五頁も参照)。

江西では雲門宗の自宝《じほう》(九七八—一〇五四)の活躍が目を引く。江西に最も早く進出した雲門宗の僧は、洞山暁聡《とうざんぎょうそう》(?—一〇三〇)で、一〇一〇年に筠州(現江西省高安市)洞山の住持となったが、この頃はまだ例外的な存在であった(黄庭碩『禅運与世縁』二五六—二五七頁)。この暁聡が一〇三〇年に示寂すると、雲門宗の自宝が洞山の住持を継いだ。自宝はその後、一〇三七年に黄檗山(江西省宜春市宜豊県付近)に移った。その際には法嗣の鑑遷が洞山の住持を継いでいる(余靖「筠州洞山普利禅院伝法記」、『全宋文』巻五七二)。さらに、おそらくは慶暦年間(一〇四一—一〇四八)、南康軍(現江西省廬山市)の知事の要請によって廬山帰宗寺へ、おなじく慶暦年間中には新しく赴任した知事の要請で雲居山へと遷り、その後ふたたび帰宗寺へ戻った。それ以降、自宝は至和元年(一〇五四年)の示寂まで帰宗寺に住持した（余靖「廬山帰宗禅院妙円大師塔銘」、『全宋文』巻五七六）。黄の考証によれば、雲居山は、その後も暁舜《ぎょうしゅん》（治平年間（一〇六四―一〇六七）寂）など数名の雲門宗の僧が住持を務めたと見られる。

同じく廬山にある棲賢寺も似たような経過をたどっている。およそ一〇一〇年から一〇二〇年の頃は法眼宗の澄禔《ちょうし》（生没年不詳）が住持を務めており、その後は弟子の智通が継いだようだが、これが文献上に見られる最後の法眼系の住持である。これも黄の考証によれば、十一世紀中ごろには雲居山の住持も務めた暁舜が住持となり、その後は雲門宗の僧が住持を継承したと見られる。

この通り、おおよそこの時期に雲門宗が急速に勢力を伸ばし、法眼宗に取って代わっていったことがうかがえる。このような雲門宗の台頭には士大夫の支持が大きな役割を果たしていた。また黄庭碩は、このような士大夫との交流で詩の応酬など文学的な活動が大きな役割を果たしたことを指摘している（黄庭碩『禅運与世縁』三六一―三六二頁）。以下には雲門宗台頭の初期に活躍した二名の禅師の事績を通して、このような雲門宗の発展の実情を見てみたい。

雪竇重顕

雲門宗の発展において、特筆すべき活躍を見せたのは雪竇重顕《せっちょうじゅうけん》（九八〇―一〇五二）である。重顕は遂州（現四川省遂寧市）の人、俗姓は李氏。雲門宗の智門光祚《ちもんこうそ》の法を嗣いだ。その後、蘇州の翠峰山に出世し、さらに明州の知事となった曾会《そうかい》の推薦によって、雪竇山資聖寺の住持となった。雪竇山はかつて延寿も住したことのある禅宗寺院である。

重顕とその推薦人となった士人の曾会との交遊は古く、重顕はかつて光祚のもとでの参禅を終えた後、曾会の推薦状を携えて霊隠寺へ赴き逗留している。ただ、重顕はその推薦状を当時の住持に見せなかったため、霊隠寺では人に知られぬまま過ごしたという。

翠峰山、雪竇山に重顕が赴任した時期ははっきりした記録がないが、黄はこれをそれぞれ、一〇二〇年前後、一〇二四年とする（黄庭碩『禅運与世縁』三二五頁）。曾会の明州知事赴任は、『宝慶四明志』巻一によれば天聖二年（一〇二四年）であり（李之亮『宋両浙路郡守年表』二五九頁参照）、重顕の雪竇山入住はこれとほぼ同時期のことであろう。

重顕が活躍した時期については、『禅林宝訓』巻四に次のような後年の証言も見られる。

心聞曰く、「……天禧の間、雪竇、辯博の才を以て、意を美しくして変弄し、新を求め巧を琢《みが》き、汾陽を継ぎて頌古を為し、当世の学者を籠絡す。宗風、此《これ》由り一変せり。……」（『大正蔵』第四八巻、一〇三六頁中）

心聞曰、「……天禧間雪竇以辯博之才、美意変弄、求新琢巧、継汾陽為頌古、籠絡当世学者、宗風由此一変矣。……」

これは臨済宗の心聞曇賁《どんぴ》（生没年未詳）が『碧巌録』の成立と影響について述べた一段である。いわく、天禧年間（一〇一七―一〇二一）に、重顕はその雄弁と博識の才をもって、すばらしいイメージをさまざまに変化させ、また新味をもとめて技巧をみがき、汾陽善昭の後を継いで頌古をつくり、当時の修行僧たちを魅了した。禅の宗風はこれによって一変したのである。

曇賁は北宋末から南宋の人で、重顕からはだいぶ後の時代の証言になるが、当時の認識として、およそ一〇二〇年前後から、重顕の頌古が禅林の評判になり、禅の宗風に大きな影響を与えたと考えられていたことがわかる。これは、上に見た歴史的経緯や黄の考証と矛盾しないもので、おおむね信用してよい。雲門宗の勢力が大きく拡大するのにやや先んじて、重顕は注目を集め始めていたのである。

文学と士大夫

この曇賁の言葉にも見えるとおり、重顕こそはその類まれな文学の才によって士大夫たちの支持を受け、禅の言語に大きな影響を与えた人物であった。重顕の『頌古百則』は、のちに圜悟克勤が評唱を加えて『碧巌録』となる、宋代禅宗文学の傑作である。曇賁は重顕の『頌古百則』のみならず、『碧巌録』もまた修行僧たちを虜にしたと述べている。これはたしかに、我々がこれまで見てきた玄沙―法眼系の禅に比べ、「宗風、一変せり」と言えるような変化である。

この重顕の法系はたして北宋の禅門に大きな勢力を築いた。この重顕の法嗣には天衣義懐《ぎかい》（九九三―一〇六四）が、義懐の法嗣には慧林宗本《そうほん》（一〇二〇―一〇九九）が出る。一〇八二年、北宋の東京開封の大相国寺が再編され、新たに慧林禅院が創設されると（段玉明『相国寺』七〇―七二頁）、宗本はその初代住持となり、雲門宗の全盛期を現出した。このような隆盛のきっかけはあきらかに重顕の活躍にある。『禅林僧宝伝』巻一一・雪竇顕禅師章では重顕が「雲門中興」と呼ばれたとするが、適切な評価であろう。

ここに我々は、唐末五代とは異なる禅門の隆盛の形を見ることができる。これまでは、雪峰教団と閩、法眼と南唐、天台徳韶と呉越など、いずれも地方割拠政権との特殊なつながりが、その地域における教団の独占的発展をもたらしていた。宋初法眼宗はまさにそのような勢力を引き継いだものである。しかし、宋王朝の中国統一後、そのような形の隆盛は起こりようがなくなった。宋代には、士大夫官僚が政治・文化の中心となり、禅院住持の人事に対しても大きな影響力を持った（劉長東『宋代仏教政策論稿』二四八―二七四頁。張超「宋代禅門と士大夫の外護」一六九―一七〇頁）。禅門の隆盛はひとえに士大夫官僚の支持にかかっていたのである。文学に秀でた重顕が、士大夫官僚の支持によって、旧来の法眼宗の地盤で発展の足掛かりを得たのは、いかにも宋代的な在りかただったといえる（黄庭碩『禅運与世縁』三三七頁参照）。

洞山暁聡と活句

このような発展の過程では、上に見たような自由な言葉に対する追求も一定以上の役割を果たしたと思われる。先ほども挙げた江西省における雲門宗の先駆者、洞山暁聡は、『禅林僧宝伝』巻一一・洞山聡禅師章によると、次のような経歴をたどっている。

暁聡は諸方を行脚していた折、雲居山にとどまっていた。その時、泗州僧伽和尚が揚州に現れたという噂が立った。僧伽和尚とは、唐中宗の景龍四年（七一〇）に逝去して泗州（現安徽省宿州市泗県）普光王寺に葬られた伝説的な僧で、後には観音菩薩の化身とされて信仰を集めていた。

雲居山の修行僧達はそのような噂を受けて、つぎのような問いを立てた。「泗州の僧伽であるのに、なぜ揚州に現れたのか」と。そのとき暁聡がふらっと通りかかると、みなは暁聡にこの問いに答えさせた。暁聡の答えは次のようなものであった。「君子は財を愛せど、之を取るに道有り。」君子たるもの、財貨を愛すとはいえ、それを手に入れるときには正当な方法をもってするのだ、と。衆僧はこの答えに、にやにやと笑うだけであった。ところが、廬山蓮華峰（やや後出の資料に天台山とするものもある）の祥庵主だけはこれを聞いて驚き、「なんと雲門の児孫がまだ残っていたか」と言って、はるかに雲居山を拝した。つまり、暁聡の言葉は雲門宗旨にかなったものだと評価したのである。これによって暁聡の名前は叢林に知られるようになった。のち大中祥符二年（一〇〇九）、暁聡は洞山に出世するると、はたして雲門宗の文殊応真の法を嗣いだのであった。

この暁聡について、慧洪は次のように評している。

賛に曰く、聡の所問に答うること両句なるのみ。而して蓮華祥公は便ち是れ雲門児孫と知る。古人の人を験《ため》すこと、何ぞ其の明なること此の如きや。予、洞山に留まること最も久し。蔵中に聡の語要一巻有りて、雲水僧楚円《そえん》の請益《しんえき》、楊億大年の百問語を載す。皆な来機に赴き、而して意は句語の外に在り。（『禅林僧宝伝』巻一一・洞山聡禅師、『禅学典籍叢刊』第五巻、三四頁上）

賛曰、聡答所問両句耳、而蓮華祥公便知是雲門児孫。古人験人、何其明也如此。予留洞山最久、蔵中有聡語要一巻、載雲水僧楚円請益、楊億大年百問語。皆赴来機、而意在句語之外。

慧洪の賛は次のように言う。暁聡が雲居山で答えたのはたった二言であった。それなのに、蓮華峰祥庵主はこれが雲門の児孫であると見抜いた。古人の人を見る目は何とも鋭いものである。私はかつて洞山に長く滞在したが、その蔵には暁聡禅師の語要一巻があって、当時雲水であった石霜楚円禅師の質問や、士人の楊億の百の問いが載っていた。暁聡の言葉はいずれも、問いに対する応答になってはいるが、真意は言葉の外にあるというものであった。

ここで慧洪が言う、「問いに対する応答になっている（来機に赴く）」は、巴陵顥鑑の三転語を「活句」だとして弁護する際にも使った言葉である。暁聡に対して慧洪がもっとも評価するのは、そのような自由な言葉であり、また祥庵主が雲門の児孫と見抜いたのも、実にこの点だったというのである。雲門宗の自由な言葉は、雲門二世の弟子たちだけのものではなく、十一世紀の初めまでもその重要な特徴と認められていたのである。

祥庵主はのち、南昌に赴任するため近くを通りかかった士人の許式に対し、暁聡は人天の眼目なので、訪れるとよいと勧めた。許式は果たして赴任ののち暁聡の家風を聞き、これに詩を贈ったという。許式は咸平三年（一〇〇〇年）の進士、『嘉泰普灯録』巻二二には暁聡の法嗣として立伝される。そこでは洑潭懐澄等の禅師との対話が記され、暁聡に送った詩も話題にされている。許式についてはほかにも禅門に関する逸話がいくつか伝えられ、重要な外護者の一人であったことがわかる。暁聡はその言葉の巧みさを評価され、士大夫と詩を介して交流した。これも極めて宋代的な交流のあり方といえよう（黄庭碩『禅運与世縁』二八三頁参照）。

法眼宗の終焉

皇祐元年（一〇四九）、内侍李允寧が宋の都開封の邸宅を喜捨し、十方浄因寺とした（『仏祖統紀』巻四五、『大正蔵』第四九巻、四一二頁中）。『仏祖統紀』によれば、それ以前、開封には義学があるのみで、禅宗は行われていなかった。翌年、紆余曲折ありながら、雲門宗の僧である懐璉が住持に招かれた。この懐璉について、蘇軾は「宸奎閣碑」で次のように述べる（黄庭碩『禅運与世縁』四―六頁、三〇四―三〇五頁参照）。

皇祐中、詔有りて盧山僧懐璉をして京師十方浄因禅院に住まわしめ、化成殿に召対し、仏法の大意を問う。奏対旨に称い、大覚禅師と賜号す。是《こ》の時、北方の仏を為す者、皆な名相に留まり、因果に囿《とら》わる。故を以て、士の聡明超軼なる者、皆な其の言を鄙《いや》しみ、詆《そし》りて蛮夷下俚の説と為す。璉、独り其の妙の孔老と合する者を指す。其言は文にして真、其の行は峻にして通、故に一時士大夫喜びて之に従いて游ぶ。休沐日に遇わば、璉未だ盥漱せざるに、戸外の屨《くつ》満つ。（『蘇軾全集校注』一八二二頁）

皇祐中、有詔盧山僧懐璉住京師十方浄因禅院、召対化成殿、問仏法大意、奏対称旨、賜号大覚禅師。是時北方之為仏者、皆留於名相、囿於因果、以故士之聡明超軼者皆鄙其言、詆為蛮夷下俚之説。璉独指其妙与孔老合者。其言文而真、其行峻而通、故一時士大夫喜従之游、遇休沐日、璉未盥漱、而戸外之屨満矣。

皇祐二年（一〇五〇）、懐璉は開封にまねかれ、仁宗と対問し、大覚禅師の号を賜った。このとき北方の仏教者は、みな教理にこだわり、因果の説にとらわれた教学の徒であった。そのため聡明で洒脱な士大夫は、その説をさげすみ、野蛮で下等と評価していた。しかし懐璉だけは、仏説のうち、円妙にして孔老の説と合致するものを示した。またその言葉は文雅にして真、その行いは峻厳にして道理に通じていた。そのため、士大夫たちは懐璉と交流することを好み、休日になると懐璉が身支度を整える前に、来客がいっぱいになるありさまであった。

ここには当時の士大夫の仏教に対する好みと期待が表れている。ここに示される「北方の為仏者」とは、『仏祖統紀』によれば義学の徒を指すが、一方で禅宗の内部に目を向ければ、「三界唯心」の道理を述べるものと認識された法眼宗が、士大夫たちの好みに合わなくなっていたことも推測される。士大夫たちは仏教教理学の複雑な議論よりも、自らの文化習慣と親和性のある詩文や中国土着思想と共通する問題に興味を持ったようである。

雲門宗の僧は、禅僧としては「活句」の思想に示されるように、言語面での工夫を重視した。また士大夫とは詩の応酬などによって交流し、その支持を取り付けた。このようにして雲門宗が法眼宗に取って代わるにつれ、禅の思想や文化のあり方も大きく変容していった。

黄庭碩の指摘によれば、灯史に見られる最後の法眼系禅師は、『建中靖国続灯録』巻二六に立伝される四名である。黄はここから、『建中靖国続灯録』が成立した一二世紀初め以降、十二世紀の中ごろには法眼宗の法系は途絶えただろうと推測する（黄庭碩『禅運与世縁』三四〇頁注一七五）。法系の断絶は法眼宗が時代に追いつけなかった結果であった。あるいは、法眼宗を上回って雲門宗や臨済宗が新しい体制に順応したのだと言ってもいいかもしれない。いずれにせよ法眼宗は呉越・南唐という唐末五代崇仏国の遺産であり、宋代の新たな文化土壌で大きく発展することはなかった。法系としての法眼宗は、こうして消えていったのである。

しかし、玄沙―法眼系によってなされた貢献のすべてが、これによって消え去ってしまったわけではない。たしかに宋代以降、禅師たちの主要な関心は言語表現の領域へと移り、認識論や心性論といった思想的な問題で新たな進展が見られることはなくなった。しかしそれは、認識論や心性論が存在しなくなったことを意味するものではない。法眼宗によって完成された思想は、禅の思想の基本的な枠組みとして継承され、その基礎の上に新たな文化が展開していったのである。延寿『宗鏡録』の流布に大きな貢献をしたのが雲門宗の慧林宗本であったことも、その証左のひとつであろう。

玄沙―法眼系の思想は唐代禅における思想的議論の帰結であった。そして法眼宗の僧はそれを宋代以降の禅に伝えた。彼らは唐宋二代の禅宗を結ぶという役目を果たし、そして歴史の舞台から退場していったのである。

参考文献

原典類（『大正蔵』本、『卍続蔵経』本は省略する。）

『葛藤語箋』、『禅語辞書類聚』二、京都：禅文化研究所、一九九二年。

『景定建康志』、王暁波・李勇先・張保見・荘剣点校『宋元珍稀地方志叢刊』甲編、成都：四川大学出版社、二〇〇七年。

『景徳伝灯録』、京都：禅文化研究所、一九九〇年。

『呉越備史』、傅璇琮・徐海栄・徐吉軍主編『五代史書彙編』、杭州：杭州出版社、二〇〇四年。

四巻本『大慧普説』、柳田聖山・椎名宏雄主編『禅学典籍叢刊』第四巻、京都：臨川書店、二〇〇〇年。

『朱子語類』、北京：中華書局、一九九四年。

『宗門統要集』、柳田聖山・椎名宏雄共編『禅学典籍叢刊』第一巻、京都：臨川書店、一九九九年。

『淳熙三山志』、王暁波・李勇先・張保見・荘剣点校『宋元珍稀地方志叢刊』甲編、成都：四川大学出版社、二〇〇七年。

『趙州語録』、『古尊宿語要』巻一、柳田聖山主編『禅学叢書』之一、京都：中文出版社、一九七三年。

『神会語録』、鈴木大拙『禅思想史研究第三』、『鈴木大拙全集』第三巻、東京：岩波書店、一九六八年。

『石門文字禅』、周裕鍇校注『石門文字禅校注』、上海：上海古籍出版社、二〇二一年。

『全宋文』、曾棗庄・劉琳主編、上海：上海辭書出版社・合肥：安徽教育出版社、二〇〇六年。

『全唐文』、北京：中華書局、一九八三年。

『禅林象器箋』、柳田聖山主編『禅学叢書』之九、京都：中文出版社、一九七九年。

『禅林僧宝伝』、柳田聖山・椎名宏雄共編『禅学典籍叢刊』第五巻、京都：臨川書店、二〇〇〇年。

『蘇軾全集校注』、張志烈・馬徳富・周裕鍇主編、石家荘：河北人民出版社、二〇一〇年。

『宋高僧伝』、北京：中華書局、一九八七年。

『祖堂集』、北京：中華書局、二〇〇七年。

『大明一統志』、西安：三秦出版社、一九九〇年。

『天聖広灯録』、柳田聖山主編『禅学叢書』之五、京都：中文出版、一九七五年。

『投子語録』、『古尊宿語要』巻一、柳田聖山主編『禅学叢書』之一、京都：中文出版社、一九七三年。

『南唐書』、馬令撰、『南唐書（両種）』、南京：南京出版社、二〇一〇年。

『裴休拾遺問』、石井修道「真福寺文庫所蔵の『裴休拾遺問』の翻刻」、『禅学研究』第六〇号、一九八一年。

『白居易文集校注』、謝思煒校注、北京：中華書局、二〇一一年。

『武林霊隠寺志』、杜潔祥主編『中国仏寺史志彙刊』第一輯第二三冊、台北：明文書局、一九八〇年。

『碧巌録』、岩波文庫、東京：岩波書店、一九九二―一九九六年。

『臨済録』、岩波文庫、東京：岩波書店、一九八九年。

『明州阿育王山続志』、杜潔祥主編『中国仏寺史志彙刊』第一輯第一二冊、台北：明文書局、一九八〇年。

『咸淳臨安志』、中華書局編輯部編『宋元方志叢刊』第四冊、北京：中華書局、一九九〇年。

日本語著書・論文

荒木見悟『中国撰述経典二　楞厳経』、仏教経典選14、東京：筑摩書房、一九八六年。

――『新版仏教と儒教』、東京：研文出版、一九九三年。

石井修道「曹山本寂の五位説の創唱をめぐって」、『宗学研究』第二八号、一九八六年。

――『宋代禅宗史の研究』、東京：大東出版社、一九八七年。

――「潙仰宗と曹洞宗」、『宗学研究』第二九号、一九八七年。

――『中国禅宗史話―真字「正法眼蔵」に学ぶ』、京都：禅文化研究所、一九八八年。

――「潙山教団の動向について―福州大安の「真身記」の紹介に因んで」、『印度学仏教学研究』第四〇巻第一号、一九九一年。

――「新出の福州大安の〈真身記〉をめぐって」、東国大学仏教文化研究院編輯『顕庵印幻蔡沢洙博士華甲記念仏教学論叢』、東国大学仏教文化研究院、一九九一年。

――「百丈教団と潙山教団」、『印度学仏教学研究』第四一巻第一号。一九九二年。

石井修道訳『大乗仏典〈日本・中国篇〉』第十二巻「禅語録」、中央公論社、一九九二年。

伊藤瑞叡「華厳教学における六相説の伝播と融和―縁起の思想の展開の意義」、『大崎学報』第一六二号、二〇〇六年。

入矢義高「玄沙の臨済批判」、『空花集』、京都：思文閣出版、一九九二年（初出、『財団法人松ヶ岡文庫研究年報』第五号、一九九一年）。

――「雪峰と玄沙」、『増補自己と超越』、岩波現代文庫、東京：岩波書店、二〇一二年（初出、『禅文化』第一〇六―一〇七号、一九八二―一九八三年）。

――「雲門の禅・その〈向上〉ということ」、『増補自己と超越』、岩波現代文庫、東京：岩波書店、二〇一二年（初出、『図書』、一九八四年八月）。

――「驢事と馬事」、『増補自己と超越』、岩波現代文庫、東京：岩波書店、二〇一二年（初出、『ブッディスト』第二四号、一九八五年）。

――「自知ということ」、『増補自己と超越』、岩波現代文庫、東京：岩波書店、二〇一二年（初出、『ウォンバット』第一巻第二号、一九九一年）。

入矢義高編『馬祖の語録』、京都：禅文化研究所、一九八四年。

入矢義高監修、唐代語録研究班編『玄沙広録』上―下、京都：禅文化研究所、一九八七―一九九九年。

入矢義高監修、景徳伝灯録研究会編『景徳伝灯録』三―四、京都：禅文化研究所、一九九三―一九九七年。

薄井俊二『天台山記の研究』、福岡：中国書店、二〇一一年。

王翠玲『永明延寿の研究―『宗鏡録』を中心として』、東京大学博士論文、二〇〇〇年。

小川隆『語録のことば―唐代の禅』、京都：禅文化研究所、二〇〇七年。

――『続・語録のことば―『碧巌録』と宋代の禅』、京都：禅文化研究所、二〇一〇年。

――『語録の思想史―中国禅の研究』、東京：岩波書店、二〇一一年。

――「不知最も親切なり」、『思想』二〇一二年第八号。

――『「禅の語録」導読』、禅の語録20、東京：筑摩書房、二〇一六年。

――「禅宗語録入門読本」27―28「巌頭と雪峰（上）―（下）」、『禅文化』二四一―二四二号、二〇一六年。

――「禅宗語録入門読本」31「玄沙（上）―達磨不来唐土　二祖不往西天」、『禅文化』二四五号、二〇一七年。

尾崎正善『潙山―潙仰の教えとは何か』、京都：臨川書店、二〇〇七年。

賈晋華著、齋藤智寛監訳、村田みお訳『古典禅研究―中唐より五代に至る禅宗の発展についての新研究』、東京：汲古書院、二〇一七年（原著：『古典禅研究―中唐至五代禅宗発展新探（修訂本）』、上海：上海人民出版社、二〇一三年）。

鎌田茂雄『宗密教学の思想史的研究―中国華厳思想史の研究第二』、東京：東京大学出版会、一九七五年。

――『華厳五教章』、仏典講座28、東京：大蔵出版、一九七九年。

衣川賢次「祖堂集札記」、『禅文化研究所紀要』第二四号、一九九八年。

――――『『祖堂集』異文別字校証―『祖堂集』中の音韻資料」、『東洋文化研究所紀要』第一五七冊、二〇一〇年。

――――「徳山と臨済」、『東洋文化研究所紀要』第一五八冊、二〇一〇年。

衣川賢次訳注「臨済録」、齊藤智寛・衣川賢次訳注『六祖壇経・臨済録』、新国訳大蔵経・中国撰述部①―7〈禅宗部〉、東京：大蔵出版、二〇一九年。

木村清孝『中国華厳思想史』、京都：平楽寺書店、一九九二年。

景徳伝灯録研究会編『景徳伝灯録』五、京都：禅文化研究所、二〇一三年。

椎名宏雄『洞山―臨済と並ぶ唐末の禅匠』、京都：臨川書店、二〇一〇年。

鈴木哲雄『唐五代禅宗史』、東京：山喜房仏書林、一九八五年。

――――「閩国忠懿王王審知における仏教」、『塩入良道先生追悼論文集―天台思想と東アジア文化の研究』、東京：山喜房佛書林、一九九一年。

――――『雪峰―祖師禅を実践した教育者』、京都：臨川書店、二〇〇九年。

禅文化研究所唐代語録研究班訳注『唐末五代転型期の禅宗―九、十世紀福建禅宗の思想史的動向（一）『祖堂集』巻七雪峰和尚章訳注』、私家版、二〇一四年（初出：「『祖堂集』巻七雪峰和尚章訳注（上）―（下）」、『禅文化研究所紀要』第三一―三二号、二〇一一―二〇一三年）。

禅文化研究所唐代語録研究班編「『祖堂集』巻一〇訳注（一）」、『禅文化研究所紀要』第三三号、二〇一六年。

高崎直道『如来蔵思想の形成―インド大乗仏教思想研究』、東京：春秋社、一九七四年。

――――「法性、法界、法身、仏性―大乗仏教に於ける究極的価値の構造」、『如来蔵思想Ⅰ』、京都：法蔵館、一九八八年。

竹内弘道「神会と宗密」、『印度学仏教学研究』第三四巻第二号、一九八六年。

竹村牧男「法蔵の「蓮華蔵世界」観をめぐって」、『仏教学』第四六号、二〇〇四年。

張超著、小川隆訳「宋代禅門と士大夫の外護」、『駒澤大学仏教学部論集』第五〇号、二〇一九年。

土屋太祐「百丈懐海の「三句」の思想について」、『印度学仏教学研究』第五七巻第一号、二〇〇八年。

土屋太祐訳注「法眼録」、土屋太祐・柳幹康訳注『法眼録・無門関』、新国訳大蔵経・中国撰述部①―6〈禅宗部〉、東京：大蔵出版、二〇一九年。

永井政之『雲門―立て前と本音のはざまに生きる』、京都：臨川書店、二〇〇八年。

中村元『龍樹』、講談社学術文庫、東京：講談社、二〇〇二年。

南条文雄校訂『梵文入楞伽経』、京都：大谷大学、一九二三年。

西口芳男「玄沙の伝記」、入矢義高監修、唐代語録研究班編『玄沙広録』上、京都：禅文化研究所、一九八七年。

野口善敬・廣田宗玄・本多道隆・森宏之訳注『『朱子語類』訳注　巻百二十六』（上）、東京：汲古書院、二〇一三年。

畑中浄園「呉越の仏教―特に天台徳韶とその嗣永明延寿について」、『大谷大学研究年報』第七集、一九五四年。

馬場紀寿『初期仏教―ブッダの思想をたどる』、岩波新書、東京：岩波書店、二〇一八年。

平井俊榮「〈無住〉の概念の形成と展開」、『駒澤大学仏教学部研究紀要』第三四号、一九七六年。

柳幹康『永明延寿と『宗鏡録』の研究―一心による中国仏教の再編』、京都：法藏館、二〇一五年。

――――「延寿の立ち位置―時代の転換期における禅の捉えなおし」、『中国―社会と文化』第三七号、二〇二二年。

柳田聖山「『祖堂集』の資料価値―唐期禅籍の批判的措置に関する一つの試み」、『柳田聖山集』第一巻『禅仏教の研究』、京都：法藏館、一九九九年。

――――「法眼文益と法眼宗」、『柳田聖山集』第三巻『禅文献の研究』下、京都：法藏館、二〇〇六年。

柳田聖山編『禅の文化―資料編』、京都：京都大学人文科学研究所、一九八八年。

湯浅邦弘「類書と成語（三）―類書の変容と「出藍」の成立」、『島根大学教育学部紀要（人文・社会科学）』第二八巻、一九九四年。

吉川忠夫「裴休伝―唐代の一士大夫と仏教」、『東方学報（京都）』第六四冊、一九九二年。

吉田叡禮訳注「法界玄鏡」、木村清孝・吉田叡禮訳注『華厳五教章（宋本）・金師子章・法界玄鏡』、新国訳大蔵経・中国撰述部①―1〈華厳宗部〉、東京：大蔵出版、二〇一一年。

林鳴宇・吉田叡禮「教学仏教の様相」、沖本克己編集委員、菅野博史編集協力『興隆・発展する仏教』、新アジア仏教史07中国Ⅱ隋唐、東京：佼成出版社、二〇一〇年。

外国語著書・論文

陳葆真「南唐三主与仏教信仰」、李志夫主編『仏学与文学―仏教文学与芸術学術研討会論文集（文学部分）』、台北：法鼓文化、一九九八年。
陳振『宋史』、中国断代史系列、上海：上海人民出版社、二〇二〇年。
段玉明『相国寺―在唐宋帝国的神聖与凡俗之間』、成都：四川出版集団巴蜀書社、二〇〇四年。
馮国棟『『景徳伝灯録』研究』、北京：中華書局、二〇一四年。
黄庭碩「聖地的変容―十至十三世紀政治変動下的寧波阿育王寺」、釈果鏡・廖肇亨主編『撞倒須弥―漢伝仏教青年学者論壇論文集』、台北：法鼓文化、二〇二〇年。
――『禅運与世縁―唐宋世変下的禅宗及其開展（740–1100）』、台湾大学文学院歴史学系博士論文、二〇二一年。
可祥「天台徳韶及其禅法」、『中国仏学』、二〇一四年第一期。
李之亮『宋両浙路郡守年表』、成都：巴蜀書社、二〇〇一年。
劉長東『宋代仏教政策論稿』、成都：四川出版集団巴蜀書社、二〇〇五年。
冉雲華『永明延寿』、台北：東大図書公司、一九九九年。
史為楽主編、鄧自欣・朱玲玲副主編『中国歴史地名大辞典（増訂本）』、北京：中国社会科学出版社、二〇一七年。
湯用彤『隋唐仏教史稿』、南京：江蘇教育出版社、二〇〇七年。
土屋太祐『北宋禅宗思想及其淵源』、成都：四川出版集団巴蜀書社、二〇〇八年。

王栄国『福建仏教史』、厦門：厦門大学出版社、一九九七年。
――――「雪峰義存的生平考述」、楊曾文主編『雪峰義存与中国禅宗文化』、北京：中国社会科学出版社、二〇一〇年。
――――「雪峰義存生平再研究―兼与日本学者鈴木哲雄商榷」、『世界宗教研究』二〇一一年第一期。
王頌『華厳法界観門校釈研究』、北京：宗教文化出版社、二〇一六年。
小川隆「西来無意―禅宗与仏教本土化」、方立天・末木文美士主編『東亜仏教研究』第二輯「仏教的本土化研究」、北京：宗教文化出版社、二〇一四年。
徐文明「雪峰義存生平中的幾個問題」、楊曾文主編『雪峰義存与中国禅宗文化』、北京：中国社会科学出版社、二〇一〇年。
張風雷「五代宋初天台教籍復帰中土問題的再検討」、『江西師範大学学報（哲学社会科学版）』第三七巻第六期、二〇〇四年。
張雲江『法眼文益禅師』、厦門：厦門大学出版社、二〇一〇年。
朱玉龍編著『五代十国方鎮年表』、北京：中華書局、一九九七年。
Brose, Benjamin. "Disorienting Medicine: Fayan Wenyi's *Ten Admonishments for the Lineage*." *Journal of Chinese Buddhist Studies* 28, 2015.
Zhang, Chao. "Chan Miscellanea and the Shaping of the Religious Lineage of Chinese Buddhism under the Song." *Journal of the International College for Postgraduate Buddhist Studies* 21, 2017.

あとがき

ここまで、法眼文益が現れてくる歴史的背景からはじめ、法眼宗の断絶に至るまでの過程をたどってきた。本書は法眼文益という一人の禅僧を主たる対象とした評伝であるが、話は法眼個人の生涯を越えて前後に大きく膨らんでいる。その前後の過程は、法眼という人物を理解するための補助線でありつつ、同時にまた唐代禅の最後と宋代の禅の始まりを結びつけるひとつながりの物語でもある。

本書執筆の背景として個人的なことを述べれば、本書は拙著『北宋禅宗思想及其淵源』に対する補足と修正でもある。『北宋禅宗思想及其淵源』は筆者の博士論文をもとにして二〇〇八年に出版したもので、ここでは馬祖道一から北宋の圜悟克勤に至るまでの禅の思想史を扱った。そこでは本書と重なる内容として、馬祖系の「作用即性」説に対する批判の文脈から玄沙の思想を論じたり、また玄沙の三句綱宗と薦福承古の三玄を比較することで、唐代禅と宋代禅の接続や宋代禅特有の課題について考えるなどした。ただ、唐代の禅と宋代の禅をつなぐ時期の具体的な状況については十分に明らかにすることができず、それが気になっていた。

雪峰以後の禅について考え直す一つのきっかけとなったのは、新国訳大蔵経シリーズで『法眼録』の訳注を担当したことであった。訳注稿作成の過程では、法眼と子昭首座の問答や、雪峰と玄沙の関係、法眼宗の思想史的な位置づけなどについて改めて考えることができた。この経験がなければ、本書は完成しなかったと思う。ただ、法眼の問答に対する理解はその時もまだ不十分だった。一つの語録の全体を解釈して注釈を施すということに大きな困難を感じ、とりまとめ役であった小川隆先生のお助けでどうにか訳注稿を完成させ提出にこぎつけた。しかし、法眼の思想が相手どっている歴史の文脈はあまり理解できていなかった。本書でも『法眼録』の訳注を参考文献として引用しているが、法眼の思想の全体像に対する理解は、本書執筆の過程で変化していくことになった。

さらに、『法眼録』訳注の準備期間を含め、本書の準備と執筆の段階では、段階的な成果を以下の論考によって発表した。

「雪峰の法系と玄沙の法系」（『中国―社会と文化』第二八号、二〇一三年）
「大慧宗杲における華厳と禅―雪峰集団における華厳思想の受容とその宋代禅への影響」（『仏教学報』第七三輯、東国大学校仏教文化研究院、二〇一五年）
「玄沙の臨済批判の思想的背景」（禅文化研究所編『臨済録』研究の現在―臨済禅師一一五〇年遠諱記念国際学会論文集』、京都：禅文化研究所、二〇一七年）
「玄沙師備の仏性観」（『比較宗教思想研究』第一九輯、二〇一九年）
「行脚時代の雪峰義存と会昌破仏前後の禅林」（『仏教文化』第五八号、二〇一九年）
「教判から看話へ」（末木文美士監修、榎本渉・亀山隆彦・米田真理子編『中世禅の知』、京都：臨川書店、二〇二一年）
「万象明明として理事無し―法眼文益による華厳思想の援用とその意義」（『中国―社会と文化』第三七号、二〇二二年）

「宋初雲門宗の台頭と「活句」の思想」（京都フォーラム「世界哲学としての禅仏教」での口頭発表、二〇二三年）
「万観禅籍⑦ 馬祖禅の理論と実践」（『参禅の道』第七八号、二〇二三年）
「万観禅籍⑧ 心は指すべからず」（『参禅の道』第七九号、二〇二三年）
「万観禅籍⑨ 石頭系の登場」（『参禅の道』第八〇号、二〇二四年）

これらの論文の中には、それ以前の考察内容を次の論文が引用するなど、相互に関連や重複のあるものがある。特に雪峰や玄沙の思想については、繰り返し似たような問題を論じることになってしまった。それは一つにはそれぞれの研究会のテーマや筆者の能力による制約のためでもあるが、またこれらの論考がなお試行錯誤の段階にあったことも理由の一つである。ある論文で一つの問題を論じると、まだ考えるべき問題があるように感じ、すこしずつ考えを進めることになった。

以上の著書、論文は本書執筆の基礎となっており、本書においてもその内容を踏襲している。しかし、これらを一つにまとめていった際には、やはり前後のつながりの悪さや説明不足があるように感じ、処々の記述を改めることになった。博士論文を書き終えた段階では、唐宋間の不明部分はその部分だけが分かっていないのだと思っていた。しかしいま見返してみれば、その前後の段階、馬祖から玄沙に至る禅の思想の発展や宋初雲門宗の動向に対する理解にも不十分なところが多々あったとわかる。当然のことながら、歴史の中の一段階は孤立したものではない。本書の執筆を通して、結局この過程全体に対する認識が変化していったように思う。

近年、禅の歴史と思想に対する理解は急速に進展した。二〇〇〇年代以降、「問答」の読解が進み、馬祖以降の禅の歴史が客観的に理解できるようになってきた。またそこから、唐代の禅と宋代の禅それぞれの特質に対する理解も進んでいった。そのような中で、唐宋両代の禅がどのように接続するかについては不明な点が多く、さらなる研究の必要があることが指摘されていた。

二〇一六年刊行の小川隆『「禅の語録」導読』は、二十世紀の禅学研究を周到に総括したうえで、残された課題を、「今後は、唐代禅の二つの思潮（馬祖系と石頭系―引用者注）が五代の時代にいかに総括され転換されて宋代禅が生み出されていったか、という連続的な過程の解明が不可避であろう。そこで必要なのが、入矢が晩年に注目していた五代の雪峰の一門―雲門や玄沙―の思想的・歴史的動向の究明であるが……」と指摘し、最新の研究として禅文化研究所唐代語録研究班訳注『唐末五代転型期の禅宗―九、十世紀福建禅宗の思想史的動向（一）『祖堂集』巻七雪峰和尚章訳注』をあげている（二六四―二六五頁）。

本書は、法眼文益という個人に焦点をあてたものであるが、右に指摘されるような課題を意識しながら書かれたものでもある。もとよりその過程のすべてを明らかにできたわけではないが、唐末五代から宋初に至る禅思想史の一端に触れることができたのではないかと思う。

本書の執筆期間中には、東京大学東洋文化研究所での研究会で執筆途中の内容を発表する機会を得た。「東アジア仏典講読会」幹事の柳幹康先生、また現在は閉会してしまったが、かつての「中国禅語録の研究」研究班班長の馬場紀寿先生には大変お世話になった。お二人には初稿完成後に原稿をお読みいただくことができた。柳先生には特に文章修正のための具体的なご意見をいただいた。研究会では、本書の内容について多くの方と討論し、自分の考えを進め原稿を改めることができた。特に小川隆先生には内容の全般にわたって多くの貴重なご意見をいただいた。石井公成先生には、初稿へのご意見をいただき、また特に華厳関係の問題について多くのお教えをいただいた。衣川賢次先生には資料の閲覧に便宜をお図りいただいた。宝暦六年本『宗門十規論』の調査では駒澤大学の舘隆志先生にご協力いただいた。また宝暦六年本『宗門十規論』序跋の行草書の読解では新潟大学の岡村浩先生、新潟大学大学院博士後期課程の朱剣題氏のご教示にあずかった。最後に、九四頁図2の木のイラストは娘の睦美が描いてくれた。

執筆期間中には、JSPS科研費17H00904、22K00054の助成を受けた。また二〇二二年六月から九月まで、台湾の漢学研究中心より外籍学人来台漢学奨助の助成を受けて中央研究院を訪問することができた。訪問期間中には中央研究院の廖肇亨先生に受け入れ研究者となっていただき、また廖先生のご紹介で黄庭碩先生とお知り合いになることができた。訪問中に本書の内容の一部を報告し、お二人を含む台湾の専門家と議論ができたことは大変な幸運であった。

本書の出版に際しては臨川書店の小野朋美さんにお世話になった。記録を見ると、小野さんとはじめてお会いしたのは二〇一五年の十二月だったようである。当初はもう少し早く書きあげられると思っていた。時間の流れの速さにも、自分の見積もりの甘さにもため息が出るばかりである。結局、小野さんには大変なご迷惑をおかけしてしまった。

そのほかにも多くの方のお助けによってどうにか本書を完成させることができた。内容にはまだ誤りがあるのではないかと恐れている。諸賢のご批正をいただければ幸いである。

土屋 太祐（つちや・たいすけ）
1976年生まれ。2007年、四川大学文学与新聞学院中国古典文献学専業修了、文学博士。現在、新潟大学経済科学部准教授。著書に『北宋禅宗思想及其淵源』（四川出版集団巴蜀書社、2008年）がある。

法眼《ほうげん》　唐代禅宗の変容と終焉

唐代の禅僧 12

二〇二四年九月三十日　初版発行

著　者　土屋太祐
発行者　片岡　敦
印刷・製本　亜細亜印刷株式会社
発行所　株式会社　臨川書店
606-8204 京都市左京区田中下柳町八番地
電話（〇七五）七二一-七一一一
郵便振替　〇一〇七〇-二-八〇〇

落丁本・乱丁本はお取替えいたします
定価はカバーに表示してあります

ISBN 978-4-653-04002-6　C0315
〔ISBN 978-4-653-03990-7　C0315　セット〕